UMA
BIOGRAFIA
DA DEPRESSÃO

CHRISTIAN DUNKER

UMA BIOGRAFIA DA DEPRESSÃO

PAIDÓS

Copyright © Christian Ingo Lenz Dunker, 2021
Copyright © Editora Planeta do Brasil, 2021
Todos os direitos reservados.

Preparação: Departamento editorial da Editora Planeta do Brasil
Revisão: Thais Rimkus, Thiago Fraga e Vanessa Almeida
Diagramação: Márcia Matos
Capa e ilustração de capa: Filipa Damião Pinto / Foresti Design

Dados Internacionais de Catalogação na Publicação (CIP)
Angélica Ilacqua CRB-8/7057

Dunker, Christian
　Uma biografia da depressão / Christian Dunker. – São Paulo: Planeta, 2021.
　240 p.

ISBN 978-65-5535-228-3

1. Psicologia 2. Depressão. Saúde mental. - História I. Título

20-4170　　　　　　　　　　CDD 616.891523

Índices para catálogo sistemático:
1. Depressão

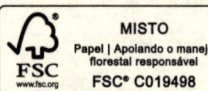

Ao escolher este livro, você está apoiando o manejo responsável das florestas do mundo

2024
Todos os direitos desta edição reservados à
EDITORA PLANETA DO BRASIL LTDA.
Rua Bela Cintra, 986 – 4º andar
01415-002 – Consolação
São Paulo-SP
www.planetadelivros.com.br
faleconosco@editoraplaneta. com. br

Para Marina Rogano

Porque escutar é preciso
Viver não é preciso...
Viver é impreciso e contingente

Sumário

1. Introdução — 9
2. Antecedentes familiares: melancolia e tristeza — 16
3. O nascimento da Depressão — 22
4. Uma infância infeliz — 30
5. A irmã do meio — 37
6. O rapto da Depressão pela nova psiquiatria — 47
7. Ascensão e queda da rainha depressiva — 75
8. Normalização da Depressão — 92
9. Entrevista com a Depressão — 111
10. A Depressão em tempos de felicidade compulsória — 153
11. Pequena história da Depressão no Brasil — 189
12. O caso Brás Cubas: um deprimido literário — 201
13. Últimas eternas palavras — 217

1
INTRODUÇÃO

Biografar a depressão significa que aqui ela será retratada como uma entidade real, sujeita a documentos e arquivos que comprovam sua existência, que testemunham seus feitos e que elaboram suas razões de ser, mas também como uma ficção, uma hipótese ou um mito. Esse procedimento é uma maneira de contornar um problema clássico da psicopatologia: será que as doenças mentais são verdadeiras doenças? As doenças, em seu sentido estritamente médico, têm um início definido, um curso mais ou menos regular e um desenlace previsível. Elas se agrupam em famílias, em causalidades e até mesmo em tipos de terapia que se mobilizam para revertê-las. Mas uma coisa é relativamente consensual: são processos biológicos que alteram o funcionamento normal dos órgãos e dos tecidos. Você pode chamar a infecção por bacilo de Koch de peste branca, tísica ou tuberculose, e ela continuará sendo a mesma doença. A forma como você nomeia a coisa não a modifica.

Agora algo um pouco diferente se passa quando falamos em doenças mentais. Primeiro porque a maior parte delas não apresenta, até hoje, marcadores biológicos que possam nos informar quantos gramas de serotonina ou dopamina estão faltando para que eu apresente uma sintomatologia depressiva. Segundo porque o curso das doenças mentais é extremamente irregular; algumas vezes elas se transformam e seus sintomas desaparecem sem que se saiba qual teria sido a causa disso. Outras vezes elas se mostram insidiosas e resistentes a todos os tratamentos, igualmente sem que se consiga explicar a gravidade do caso para além da descrição que ele nos mostra.

Até aqui podíamos estar às voltas com um processo chamado patoplastia das doenças, ou seja, elas também se alteram porque possuem uma história natural e porque a ação das práticas humanas sobre elas pode alterar seus mecanismos causais e expressivos. No caso das doenças mentais, porque não temos uma referência exata do que seria o funcionamento "normal" da subjetividade, ficamos sem saber qual é a natureza exata dos desvios, e, além disso, os desvios podem ser a norma. Se somos definidos por uma variedade muito grande de modalidades de funcionamentos mentais, de gramáticas culturais, de reconhecimento, os tipos clínicos que descrevemos e as regularidades que propomos podem ser apenas convencionais ou operacionais, não, como no caso das doenças, tipos naturais. É por isso que os manuais mais usados para definir as doenças mentais mudaram a expressão-chave de "doença" para "transtorno" (*disorder*).

Dito isso, pode ser que nossa biografada não seja exatamente equivalente à de uma pessoa, mas à de várias. Por exemplo, há teorias que dizem que aquela pessoa que chamamos de Homero, que teria escrito *Ilíada* e *Odisseia*, era, na verdade, um conjunto de várias pessoas. Teria havido uma acumulação de vários Homeros que retinham inicialmente o conteúdo dessas epopeias na memória e que, ao longo de muitas gerações, passaram as histórias para o papel. Freud[1] argumentou que Moisés, personalidade bíblica, era um personagem compósito desse tipo, feito de vários Moisés (alguns chamados pelo mesmo nome) e que viveram em épocas diferentes no Egito e na Palestina. Textos muito antigos, em geral feitos em uma época em que não se assinavam os trabalhos, compilados e revistos por outros, reeditados e modificados ao longo de seu curso

---

1. FREUD, S. *Sigmund Freud:* obras completas, volume 19 – Moisés e o monoteísmo, compêndio de psicanálise e outros textos (1937-1939). Trad. Paulo César de Souza. São Paulo: Companhia das Letras, 2018 [1927].

histórico, dificilmente respondem a uma unidade sólida e coerente. É esse exatamente o primeiro traço biográfico da Depressão. Ela tem tantos nomes que não podemos saber exatamente se é uma única entidade ou várias. Ela foi descrita por tantos pontos de vista diferentes que não sabemos se tem uma única personalidade ou se é uma personalidade múltipla e mutante, ou uma fusão retrospectiva de perfis diferentes, ou talvez apenas um traço constante, ocorrente em muitas situações, mas sem individualidade.

A versão popular e corrente que temos da depressão sugere fortemente a unidade e uma mesma personagem. Olhando de perto, mas também bem de longe, surge um retrato repleto de incongruências, restos históricos e várias demãos de tinta encobridora. Há tanto verniz depositado para aparar as arestas de uma origem múltipla ou de uma autoria mista que às vezes se pode imaginar um verdadeiro mito, sem base material.

Aliás, o importante teórico da ciência e estudioso da psicopatologia Ian Hacking (1936-)[2] mostrou que a própria categoria de personalidade múltipla era um ser inventado por um conjunto de circunstâncias como a descoberta do papel causal dos traumas infantis, o contágio semântico mobilizado por gêneros literários e formas religiosas que descreviam estados alterados de consciência. Mas há raríssimos casos reais de personalidades múltiplas antes dos anos 1950; ademais, eles tendem a ser pouco frequentes fora das culturas anglo-saxônicas. Isso sugere que a doença pode ter sido "inventada", mas que nem por isso ela carregaria menor capacidade de representar e exprimir modalidades de sofrimento real. Para ele, nossas formas de sofrimento não dependem apenas da descrição de tipos naturais, mas da invenção de tipos históricos. Assim, certas formas de vida que hoje consideramos inadequadas ou patológicas podem, em outro contexto, ser absolutamente funcionais, a ponto de se mos-

---

2. HACKING, I. *Múltipla personalidade e as ciências da memória*. Rio de Janeiro: José Olympio, 2000 [1995].

trarem imperceptíveis ou até mesmo normalopáticas[3] para aquela situação. A abordagem de Hacking significou um passo além na antiga dicotomia psicopatológica que é dividida entre a família dos quadros psíquicos ou mentais, que poderiam ser acessíveis por meio do tratamento pela palavra e pela escuta, e a família dos quadros orgânicos, de origem cerebral ou neurológica, e que deveriam ser tratados preferencialmente por intervenções farmacológicas.

Essa perspectiva nos ajudaria a entender por que a narrativa de sofrimento depressivo tornou-se tão visível e proeminente a partir da segunda metade do século XIX, não antes. Algo mudou em nosso processo de individualização, e os sinais que definem a depressão começaram a saltar aos olhos, tornando-se fonte de reconhecimento e identificação para um número cada vez maior de pessoas. Ela, por assim dizer, saiu do anonimato e tornou-se uma estrela, cada vez mais reconhecida em uma cultura global, com características cada vez mais homogêneas entre si.

É importante ressaltar que, para os propósitos deste livro, a Sra. Depressão atende exclusivamente por seu nome, ou seja, o significante, a palavra específica que a designa, ou seus correlatos traduzíveis. Uma constatação da novidade representada pelo termo é que, na maioria dos idiomas, depressão se diz como *"depression"* ou seus cognatos. Por exemplo, a par do seu uso para designar uma concavidade ou um acidente geográfico ou barométrico, segundo Robert,[4] o uso da palavra para designar um sofrimento psicológico remonta a 1851. Portanto, para os objetivos desta obra, outros termos aparentados – por exemplo, lipotímia, *"spleen"*, melancolia, declínio, naufrágio (*senkun*), banzo, hipocondria – são apenas, como se diz, parentes. Para entender quem alguém é precisamos da sua genealogia, da lista dos ascendentes e descendentes, mas como

---

3. DUNKER, C. I. L. *Mal-estar, sofrimento e sintoma:* uma psicopatologia do Brasil entre muros. Boitempo: São Paulo, 2015.
4. PETIT, R. et al. *Nouveau Petit Le Robert*. Paris: Le Robert, 1995.

uma pessoa tem apenas um nome consideramos que a Depressão é tudo o que tem esse nome, e não o conceito semelhante. Com base nesse método, chegamos a uma data de nascimento: 1851.

Os manuais de psicopatologia reservam cada vez mais espaço para as chamadas síndromes culturais específicas, como o *ataque de nervios*, caraterizado por "intensa contrariedade emocional, ansiedade aguda, pressão no peito, gritos e tremores acompanhados de agressividade"; a *síndrome dhat*, da África do Sul, na qual o cansaço extremo se liga com a convicção da perda de sêmen; o *ataque de khyal cap*, do Camboja, em que o ataque de pânico se associa a tremores; análogo da *kugungisisa*, do Zimbábue, causada pelo excesso de pensamento.[5] Isso sem falar na terrível *koro malaia*, em que a pessoa tem a sensação de que seus órgãos genitais ou seus mamilos estão encolhendo em processo de retração.[6] A depressão talvez seja o exato contrário desses personagens raros e locais, porque ela conseguiu se apresentar de modo transversal em quase todas as culturas conhecidas, com uma surpreendente regularidade de sintomas e com uma correlata reversibilidade por meio de medicação antidepressiva. Para alguns, a depressão seria o protótipo de uma nova constelação cultural pela qual certas formas de sofrer, nomear e tratar são exportadas por determinados centros irradiadores de autoridade sobre o assunto e consumidas por outros centros ainda mais periféricos, um autêntico processo de colonização.[7] O caso da operação conjunta entre indústria farmacêutica e o *megamarketing* de saúde mental. Até que ponto os depressivos curam a depressão, e onde começamos a chamar de depressão tudo aquilo que é curado pelos antidepressivos? Qual o ponto separa os efeitos primários

---

5. AMERICAN PSYCHIATRIC ASSOCIATION. *DSM-V Diagnostic and Statistical Manual of mental Disorders*. Washington DC: APA, 2013, pp. 833-844.

6. ASSOCIAÇÃO AMERICANA DE PSIQUIATRIA. *DSM-IV Manual diagnóstico estatístico de transtornos mentais*. Porto Alegre: Artes Médicas, 1995. p. 796.

7. ATTERS, E. *Crazy like Us: The Globalization of the American Psyche*. Nova York: Free Press, 2010.

dos antidepressivos do poder de "cura" dos seus efeitos colaterais, como a redução da libido e a redução da dor crônica? Qual é a exata medida em que o antidepressivo reduz um estado patológico e onde ele começa a ser usado como um aperfeiçoador (*enhancer*) de nossas formas de vida?

Nossa posição nesse debate será considerar que, além das descrições naturais e das ficções culturais, a depressão não é uma lenda psiquiátrica nem o efeito residual das narrativas de normalidade-felicidade que pressionam a visibilidade moral da depressão. Há um real em jogo na depressão, a questão é saber a qual verdade esse real se refere. Essa deve ser seus grandes monumentos, e sim com resíduo das versões e perspectivas que se pode formar sobre ela. Então, a posição e a interpretação que cada qual possa formar sobre essa modalidade de sofrimento virá a compor e participar da definição histórica em devir. É possível que um dia a depressão deixe de existir como entidade clínica autônoma e passe a fazer parte dos anais genealógicos, como hoje fazemos com suas ancestrais, como a melancolia e a acídia, terrível paixão que acometia os monges medievais, corroendo sua fé.

O método biográfico aqui empregado nos ajudará não só a inferir as encarnações passadas, mas a participar mais ativamente, com a colaboração do leitor, de suas versões futuras. Nossa época está intimidada demais com as nomeações médicas do mal-estar e com a força presumida da ciência para arbitrar sobre elas. Isso concorre para o excesso de medicalização, para a cronificação alienante dos sintomas, para os diagnósticos fáceis e para a conformação passiva diante do sofrimento. Tendo em vista a banalização proliferante da depressão, só nos restaria, então, ajoelhar e engolir a hóstia tranquilizante.

Tenhamos em mente que a forma como descrevemos ou narramos o sofrimento determina a maneira como ele pode ser revertido. Se descrevo a depressão como experiência cerebral imune e indiferente à minha forma de vida, meus hábitos e interpretações sobre mim mesmo e sobre o mundo, a única ação possível é aquela que interfere sobre suas causas cerebrais. Isso não significa que, se dizemos que a depressão tem a ver com nossas formas de vida, ela será tratada com pensamento positivo, descrita com um tipo especial ou existencial de tristeza e muito menos como passível de ser abordada apenas por meio de discursos morais, disciplinares e reeducativos. O nominalismo dinâmico de Ian Hacking é perfeitamente compatível com a teoria psicanalítica dos sintomas mentais, ainda que isso implique abordagens diferentes quando pensamos em um autor mais realista, como Freud, ou em outro mais fundamentado nas ciências da linguagem, como Lacan (1901-1981).

Ao contrário das doenças propriamente ditas, a depressão compreende sua própria história, e, se ficarmos apenas com seu último capítulo, conseguiremos recontar e consequentemente transformar apenas parte dela.

Este livro é uma tentativa de se aproximar desse problema, assumindo como tarefa a construção de uma biografia conjectural: a biografia da Depressão. Cansado de dizer a meus pacientes que a depressão é provavelmente um nome demasiado pequeno para tantas formas e cores, que reúne coisas que não andam juntas, decidi tentar mostrar isso, com mais detalhamento, por meio desta obra. Tentarei refazer os passos genealógicos da Depressão a partir de seus parentes distantes nas famílias da tristeza e da melancolia, mostrar como ela se tornou personagem decisivo na idade moderna – notadamente com os grandes trágicos da virada do século XVI e XVII, como Shakespeare (1564-1616) e Molière (1622-1673) –, como ela emergiu enquanto personagem secundário na psicopatologia do século XIX e na psicanálise do século XX, ganhando um inesperado reconhecimento a partir da segunda metade do século passado.

2
ANTECEDENTES FAMILIARES: MELANCOLIA E TRISTEZA

Admitimos com relativa facilidade que cada época tem sua própria visão de mundo ou de homem, com seus valores, ídolos e demônios, mas é menos claro que cada época tenha também sua visão do que vem a ser o sofrimento. Um dos problemas mais difíceis de resolver, quando se trata de psicopatologia, é saber se o que Hipócrates chamava de *melancolia* (a bílis negra) é o mesmo que os medievais temiam pelo nome de *accidia* (em português, "acedia"), sentimento, perigosamente contagioso, de descrença e de suspensão da fé que assolava os mosteiros cristãos, e se esses dois quadros seriam variantes antecedentes da depressão. Aristóteles apontou que a melancolia acometia certo tipo de pessoa:

> Todos os homens que foram excepcionais no que concerne à filosofia, à política, à poesia ou às artes aparecem como melancólicos, a ponto de serem tomados pelas enfermidades oriundas da bile negra [...]. E, entre os heróis, muitos outros parecem sofrer o mesmo *páthos* que esses. Entre os mais recentes, Empédocles, Platão e Sócrates e muitos outros ilustres. E, ainda, a maior parte dos que se ocupam da poesia.[8]

---
8. ARISTÓTELES (IV a.C.) *Problema XXX, 1*.

Além do fato de que esse parente distante incidiu sobre poetas, filósofos e heróis e hoje é conhecida como a doença dos perdedores e improdutivos, chamo atenção para o fato de que a melancolia não é uma doença, e sim um *páthos*. O termo que deu origem ao patológico e à paixão originalmente descreve "algo que acontece" estabelecendo uma situação, um estado de coisas ou uma atmosfera. Por exemplo, o sofrimento que transforma, educa e torna alguém um herói trágico é um páthos, e isso significa que é um acontecimento que toca tanto o corpo quanto a alma. *Pathe*, cognato de *páthos*, é o estado de espírito que um discurso causa e as emoções pelas quais alguém pode ser convencido ou persuadido. Por isso, *páthos* envolve certa passividade, mas também a capacidade de resposta ou reação a isso que nos afeta. Um *páthos* pode ser interpretado como potências em conflito, qualidades que virão a ser um sujeito, dependendo de seu tipo: dor, medo, desejo ou prazer. Um *páthos* pode ser curado por uma *experiência homeopática*, ou seja, de textura equivalente ou semelhante, por uma *experiência catártica*, ou seja, purificação ou extirpação, ou por uma *experiência estética*, que corrige ou introduz uma modificação na forma como somos afetados.[9] Percebe-se que estamos falando em cura em um sentido substancialmente diferente do que encontramos hoje na medicina, e ainda que Freud tenha começado seus experimentos terapêuticos pela catarse ou ab-reação dos afetos retidos, ele inaugura a psicanálise ao se afastar desta.

Se Aristóteles descreveu tipos ideais que seriam acometidos por esse antigo ancestral da depressão, Hipócrates, o pai da medicina, ofereceu a primeira descrição do composto de medo e tristeza determinado pela expansão da bílis negra (a *mellum collis*) diante dos outros humores (sangue, fleuma e sêmen):

---

9. PETERS, F. E. *Termos filosóficos gregos*. Lisboa: Calouste Gulbenkian, 1974 [1967].

> Abatimento, enfermidade difícil: o enfermo parece ter nas vísceras um espinho que o pica; a ansiedade o atormenta, foge da luz e dos homens, prefere as trevas; é presa do temor; o diafragma avança até o exterior; lhe dói quando o tocamos, tem medo, tem visões espantosas, sonhos horrorosos e às vezes vê mortos. Em geral a enfermidade ataca na primavera.[10]

Notemos como a descrição aclara alguns sinais depressivos menos acessíveis para o entendimento popular, ou seja, as dores no corpo. Depois disso vêm a ansiedade, a aflição e o medo. Pesadelos são comuns em depressivos, quando estes conseguem sonhar; ao mesmo tempo, muito raramente eles relatam alucinações. Portanto, eis o principal sinal de reconhecimento da depressão em nossa época: a tristeza está ausente do primeiro quadro. Hipócrates atenta para o momento mais propício ao desencadeamento da melancolia: na primavera. Voltaremos a esse traço, mas por ora é possível reunir essa condição atmosférica ou ambiental com o que Aristóteles dizia sobre algo que é um *páthos*, ou seja, é sentido como determinada experiência de mundo, que nos envolve e nos afeta como totalidade. Muitas depressões são associadas a uma visão de mundo pessimista, ranzinza ou tendencialmente "negativa". Isso não significa que o *páthos* possa ser revertido apenas por alterações ambientais, mas leva à crença insidiosa de que há algo de errado no lugar em que se está, na ambiência em que se vive e à tão constante equivalência entre a cura e a mudança de casa, de cidade, de país, de profissão ou de amor.

A depressão teria se originado do casamento dessa longínqua afecção grega com um novo vocabulário oferecido pela linhagem cristã. Os santos-filósofos medievais descreviam os estados de acídia da seguinte forma:

---

10. HIPÓCRATES (350 a.C.) *Epidemias II e VIII*, 31.

a. A alma é tomada por temores e perturbações, a mente é tumultuada, abatida, sente ódio por quem conduz vida ascética, sente desconforto, tristeza, saudade dos familiares, medo da morte. (São Evario de Antioquia, 388 d.C.) [11]
b. Fadiga ou aflição de coração, desânimo, solidão e imaginação de inimigos perigosos, dizem tratar-se do "demônio do meio-dia", que produz antipatia pelo lugar, aversão à cela, e desdém e desprezo pelos irmãos, tornando o homem indolente e lento em todos os tipos de trabalho. (São Athanasius, 36 d.C.)[12]
c. Amargura da mente que não pode ser satisfeita por qualquer coisa alegre ou saudável, tristeza do mundo que inclina para desespero, desconfiança e suspeitas e às vezes leva a vítima ao suicídio quando está oprimida pela dor irracional. Uma impaciência prévia pelo próprio desejo ter sido adiado ou frustrado, abundância de humores melancólicos. Torpor indolente que ama dormir e todos os confortos do corpo, abomina as dificuldades, foge de tudo que é duro, preguiça (*pigritia*). Fadiga em algumas coisas e atividade e espírito elevado em outras, pensa em outras coisas para que não seja muito aborrecido pela oração. (David de Augsburgo, 1200-1272)[13]

Vemos aqui a abundância dos traços morais e emocionais que tantas pessoas insistem na caracterização popular da depressão: a preguiça e a covardia, o desespero e a tristeza, a antipatia e o mau humor. Há também a associação com o ponto de vista da totalidade, representada pela "tristeza do mundo". Junto com isso, emerge a narrativa do trabalho, ao qual o depressivo seria refratário porque é egoísta, incapaz de adiar satisfações, demasiadamente lento nas respostas e desconcentrado em suas orações.

---

11. pp. 266-267.
12. Vita Antonii Athanasius, citado em JACKSON, op. cit., p. 67.
13. Citado em Wenzel, 1960, p. 160.

Se temos duas linhagens que parecem ter dado origem à depressão na Antiguidade, seria preciso situar uma mutação substancial dessa família grega com a chegada da modernidade. No tratado *Anatomia da melancolia*, de mil páginas, publicado como best-seller por Richard Burton, em 1621, a melancolia foi reformatada como doença da moda. Seu autor se assume melancólico e, como tal, propenso ao exagero e à especulação metafísica. Compilando tudo o que se havia dito até aquele momento sobre a melancolia, ele exemplifica mais um caso de fascinação pela totalidade. Seu pessimismo existencial recomendava fugir da solidão e do ócio, que ele mesmo experimentara como recluso professor universitário. Estamos aqui diante de um tratado médico e filosófico, irônico e descritivo, ficcional e documental. Sua obra nasce de "vasto caos e confusão de livros", ademais como muitos depressivos descrevem seu entorno. Sua terapêutica ainda é baseada na disciplina: dieta e retenção, ar puro e exercício, repouso e sono. No fundo, Burton descreve uma face decisiva do indivíduo moderno: sua tendência à dissolução, sua propensão ao excesso e sua crise de autorrepresentação, sempre insuficiente diante da utopia que ele cria para si.[14] A melancolia teria se tornado, assim, uma espécie de paradigma mórbido do indivíduo moderno, ou seja, uma espécie de doença de base que nos faz olhar para nós mesmos como seres fora do lugar, que perdemos nossa identidade fixa e natural (como se um dia houvéssemos tido), nossa ligação orgânica com a família e com a comunidade, nos tornando seres de perda, exílio e decepção, oprimidos por sonhos maiores que aqueles que podemos realizar.

Até aqui, a nobre família depressiva apresenta as credenciais que a habilitam a representar um passado que, em certa medida, se não é o de todos nós, seria o de grande parte do Ocidente judaico-cristão. Mas a fusão entre vocabulário médico e forma literária,

---

14. STAROBINSKI, J. *A tinta da melancolia:* uma história cultural da tristeza. São Paulo: Companhia das Letras, 2016, p. 152.

entre conteúdo moral e expressão corporal, reúne no mesmo texto as características de sua origem dinástica.

As coisas vão mudar de figura quando, em 1785, William Cullen (1710-1790), um dos fundadores da semiologia médica moderna, fixa a *melancolia* como uma das quatro formas de doenças dos nervos. A melancolia deixa de ser pensada como *páthos*, como hábito ou como utopia política definida por uma disposição que incluía desde pena, carência e tristeza até sentimentos difusos de perigo, medo e luto, ocasionando uma perturbação geral da mente. Ela deixa de se mostrar como uma forma persistente de descontentamento ou de ser acompanhada de pensamentos de angústia, vergonha de si e culpa. Para Cullen, este pai da medicina moderna, a melancolia era um tipo de perturbação dos nervos. Perturbação que ocorre sem febre, sem espasmos, sem perda de consciência nem fraqueza muscular. Temos aqui o corpo como referência negativa da melancolia. Lembremos que é um momento de invenção do método clínico, no qual as exigências da investigação e da descrição científica estão inaugurando as bases das ciências médicas.

3
O NASCIMENTO DA DEPRESSÃO

Os séculos XVII e XVIII caracterizam-se pelo grande esforço das diferentes áreas médicas em estabelecer e reescrever os sintomas segundo uma base vocabular segura e consensual, de forma a entabular as relações de causalidade ou etiologia que concorrem para a determinação das doenças. Por isso, os nomes antigos ou populares das doenças começam a ser revistos como forma de separar o saber antigo da nova cientificidade exigida. A psiquiatria e a psicopatologia encontravam-se em uma situação particularmente embaraçosa nesse processo. Ao contrário das outras áreas da medicina que dispunham de esqueletos, dissecções e cadáveres para descrever as alterações funcionais ou fisiológicas dos tecidos, essas não encontravam na matéria cinzenta do cérebro nada que pudesse esclarecer os adoecimentos mentais. Quando isso acontecia, como no caso da substância branca de Alzheimer, da desmielinização de Duchenne ou da crise elétrica das epilepsias, isso só reforçava a consolidação da neurologia, não da psiquiatria.

Por isso, a versão primeira da psiquiatria é uma estranha disciplina chamada alienismo, que tinha como programa a emancipação e a recuperação da razão humana, não apenas a eliminação de doenças. Philippe Pinel (1745-1826) mostrou, em 1807, que a melancolia, como correlata da mania, não estava remetida às estações do ano, mas à constituição da pessoa. Ele acentuou as modificações das inclinações morais e das variações da energia física e moral durante os episódios. Por sua confiança no órgão do entendimento, caracterizou a melancolia com a presença de delírios, que são distorções incorrigíveis na maneira de pensar e que levam a convicções às vezes dotadas de conteúdos estranhos – às vezes não. Além disso, ele observou algo muito importante para a futura linhagem depressiva: os pacientes perdem a capacidade de sentir dor e prazer, eles resistem mais ao frio e ao calor porque parecem privados de metabolizar certas sensações.[15]

Muitos já notaram que o surgimento da depressão é contemporâneo ao romantismo nas artes e que sua estabilização como quadro clínico acompanha a fixação da proposta modernista nas artes visuais. Se a bílis negra era, antes de tudo, uma experiência do mundo captado na atmosfera, a depressão é uma doença do palco, lugar destacado no mundo, onde nós o metaforizamos, reduzimos e onde nos tornamos atores e personagens da tragédia que escrevemos. Por esse lugar de passagem, de intervalo ou de parênteses, entre a vida e a morte, entre o humano e o inumano, entre o mundo e o palco, todos passamos; o depressivo, porém, parece ter decidido habitá-lo. Por isso seus sonhos são sempre os de alguém andando com o sol a pino, em uma praia ou um deserto, outras vezes uma cidade em ruínas ou perigosa, ambicionando desesperadamente chegar... ou partir. Por isso também ele parece estar em outra realidade temporal, em um tempo que não passa ou que passa rápido demais.

O depressivo é um pintor monocromático ou formalista, obcecado por ver o mundo, separando dois problemas clássicos da teoria da representação visual: a forma e a cor, que depois se duplicam na relação entre a perspectiva e a textura. Ali onde a vida tem forma, ordem e nexo, faltam-lhe a cor e o movimento. Ali onde há cor, não se discernem mais as figuras, os contrastes e os contornos.

---

15. PINEL, P. *Tratado médico-filosófico sobre a alienação ou a mania*. Porto Alegre: UFRGS, 1807, p. 89.

A gênese desse problema de representação se encontrará no tema das ruínas, que desde o renascimento, figuram ao fundo das telas como que a lembrar, alegoricamente, o paraíso, o estado de beatitude ou de esplendor que ficou para trás e que se encontra consequentemente perdido. A melancolia das ruínas atravessará o barroco, o neoclássico e o romântico incorporando temas com o da *vanitas* (a caveira que nos lembra de nossa mortalidade), técnicas como a do claro-escuro e códigos expressivos como o retrato com a cabeça inclinada para a esquerda, apoiada no braço direito. Contudo, na segunda metade do século XIX, em que estamos localizando o nascimento da Depressão, acontece uma mutação importante: as ruínas são trazidas ao primeiro plano, e não mais ao fundo, para indicar a natureza e o passado perdido (como nos trabalhos de Hubert Robert [1733-1808], Caspar Friedrich [1774-1840] e Carl Spitzweg [1808-1885]); além disso, o indivíduo retratado começa a ser gradualmente focado em sua face e nos movimentos expressivos do rosto. O texto de Darwin[16] sobre *A expressão das emoções no homem e nos animais* é de 1871; o desenvolvimento da ideia de empatia, a partir dos trabalhos de Vischer[17] sobre a estética, de 1873; a pintura *Vista Dresden com a Torre da Igreja e o Castelo*, do pintor e protopsicólogo Carl August Carus, de 1830. Ou seja, ao mesmo tempo que a paisagem, como estado da alma, individualiza-se em temas como a solidão, o refúgio e a solitude, o retrato interioriza as ruínas, como destruição presente e atual de si.[18] Nesse momento de irrupção da fotografia nascem as primeiras tentativas de usar a imagem para retratar os estados patológicos da alma. Proliferam os retratos dos asilados, as pranchas de codificações de emoções (como as de

---

16. DARWIN, C. *A expressão das emoções no homem e nos animais*. São Paulo: Companhia das Letras, 2009.

17. VISCHER, R. On the Optical Sense of Form: A Contribution to Aesthetics. In: *Empathy, Form, and Space:* Problems in German Aesthetics, 1873-1893.

18. CLAIR, J. *Mélancolie:* genie et folie en Occident. Paris: Gallimard, 2005.

Darwin), os fotógrafos de manicômios,[19] os desenhistas da alma, os retratos da autodecomposição de si.

O pintor romântico inglês William Turner (1775-1851) representa muito bem esse período de nascimento da depressão como quadro autônomo e não mais como espécie de febre a indicar desde o mais simples resfriado até a mais temível tísica. Pintando por encomenda para exposições anuais da academia, Turner pôde, gradualmente, negociar com seu público a exclusão da forma retrato como paradigma ascendente do processo de individualização que criava subjetividades dependentes de seu rosto, de sua fisionomia, de sua identidade única. Ao renunciar ao retrato, ele pôde imigrar para o mundo dos grandes volumes de cor em representações majestosas e grandiloquentes, que só um verdadeiro depressivo sabe idealizar para sentir-se cada vez menor. Imagens cativantes do mar e de avalanches de neve, junto com seu tema depressivo maior: o naufrágio. Estamos aqui diante de um sentimento de mundo, de um *páthos* que não é só parte da história dessa narrativa de sofrimento, mas também condição e princípio pelo qual as coisas se revertem a seu próprio tempo.

A atmosfera, com claros e escuros, nos dá a temperatura e a qualidade do ar, para manter o alento ou nos asfixiar psicologicamente, como se vê em uma tela de Edvard Munch (1863-1944). O norueguês pinta seu famoso *O grito*, na primeira versão, de 1983, depois de visitar a irmã internada em um sanatório e em meio a uma grave tristeza provocada pelo desenlace de seu próprio romance. Na paisagem, as formas assumem sombras mais longas ou a iluminação torna-se opressiva, como mais à frente ainda se observará nas telas de Edward Hopper (1882-1967), depressivo norte-americano.

Turner chegou à velhice afetado por estados confusionais, provavelmente em decorrência do acúmulo de chumbo, presente nas

---

19. DIDI-HUBERMAN, G. *Invention of Hysteria:* Charcot and the Photographic Iconography of the Salpêtrière. Massachusetts: Cambridge, 1982.

tintas usadas em seu ofício. Essa também seria a origem hipotética de Lewis Carroll (1832-1898), em *Alice no país das maravilhas*, em relação ao Chapeleiro Maluco. Os que faziam chapéus tinham que lidar com chumbo usado nas abas e, assim, terminavam "loucos". A fim de diminuir os efeitos do chumbo, Turner ingeria doses cavalares de *cherry* todos os dias, tornando-se mais provavelmente alcóolatra, condição tão imperceptivelmente comum com a depressão.

Devemos acrescentar ao problema clínico e estético do "último Turner", foco da exposição em questão, o fato de que ele sofria de catarata, que o fazia perceber, com maior dificuldade, certos tons de amarelo. Isso o levou a explorar tão a fundo tal cor que ela se torna inigualavelmente viva e impressionante em seus derradeiros trabalhos. Ou talvez tenhamos aqui mais um caso de depressão senil e da tentativa desesperada de sair desta? Muitos quadros neurológicos, como o Parkinson, Alzheimer e as Coreias, são precedidos por depressões. Sabemos também que estados terminais do alcoolismo (Síndrome de Korsakoff) e infecções e dores crônicas criam estados depressivos. Na terceira idade, estes se confundem com a sobreposição de lutos e muitas vezes passam desapercebidos como se o traje depressivo fosse a vestimenta social mais adequada ao idoso.

Turner tinha um método de produção baseado em sucessivas retomadas de uma mesma tela, o que resultava em mais de uma centena de trabalhos praticamente iguais em seu ateliê. Tal como a cabeça perfeita, obsessivamente procurada por Alberto Giacometti, ou o fracasso perfeito, perseguido por Samuel Beckett, ele parecia fascinado por um aspecto decisivo da repetição, uma espécie de instante no qual poderíamos segurar o tempo, como monumento decisivo da perda da experiência. Isso ocasionou um impasse para seus críticos: seriam essas obras inacabadas, obras que não couberam no tempo de uma vida, ou trabalhos em série, que de modo visionário antecipam o inacabamento e a precariedade daquilo que parece mais idêntico a si mesmo? Estaria ele antecipando e radicalizando a tendência da obra à decomposição entre forma e cor, tal como se mostraria na arte vindoura? Se é verdade que poetas e artistas antecipam sofrimentos e terapêuticas, o que os psicanalistas redescobrirão depois, que tipo de sofrimento é esse? Assinalemos por enquanto como a dúvida aqui é parte da definição: até onde vai a química do chumbo e onde começa o delírio de grandeza? Até onde o problema é a catarata dos olhos e onde ele se torna parte da realidade experimentada? Até onde isso é parte do envelhecimento e do luto de si que acompanha essa época da vida ou apenas a manifestação de uma disposição que já estava lá?

Turner morre em 1851, dois anos depois do nascimento de Van Gogh, outro grande depressivo tão obcecado pela luminosidade das paisagens quanto pela deformação das fronteiras. Van Gogh está para o retrato, assim como Turner está para a paisagem, do ponto de vista da fusão de modos expressivos que presidiu o nascimento da Depressão. Os retratos cruzados que ele faz de seu médico, Paul Gachet, e que seu médico faz de Van Gogh, representam um corte com a melancolia, como figuração da bílis negra e da regra da tristeza como noite do mundo. Desde então a depressão pode aparecer não apenas como déficit de forma, mas como excesso de cor, como a luz que queima, ao modo do "sol do meio-dia" e das pinturas de Hopper ou do "Iluminado" de Kubrick.

Nascida em 1851, a certidão de batismo da depressão moderna, só será expedida definitivamente em 1854. Diferença que denuncia a pouca importância conferida à época para a chegada desse novo membro da família psicopatológica. O termo foi empregado, na ocasião, pelo psiquiatra Jean-Pierre Falret (1794-1870) a fim de descrever a fase depressiva da loucura circular. A fase depressiva se alterna com a fase maníaca de excitação, havendo entre elas, talvez, um "intervalo lúcido". As palavras tornam-se "volúveis e mais lentas", o sujeito se mantém apartado e fala pouco, "mostra-se humilde", abatido, os sentimentos não são nem "simpáticos nem antipáticos". Seu rosto é pálido, e ele sente um "mal-estar geral", os "órgãos da locomoção estão *dormindo*", a digestão é lenta e o sono está alterado. Ele se sente "culpado, envenenado e arruinado". Há uma "languidez da alma".[20] Como se vê, a ideia de pensar o sofrimento mental como um "quadro" não é apenas alusão ao enquadramento em categorias ou "caixinhas", mas uma tentativa de pintar um retrato subvertendo sua atmosfera, um debate real sobre o que fazer com a quarta parede no teatro, um equivalente do problema formal da distribuição das letras na página, tal como aparece na poesia de Stéphane Mallarmé, cujo "Um lance de dados jamais abolirá o acaso" vem à luz no mesmo ano do nascimento da psicanálise, 1897. Um enquadramento é um método para produzir um ponto de vista que é correlato, por sua vez, de uma perspectiva. Só se apreende o sentido de um enquadramento considerando a série na qual ele se encontra, ou seja, na série dos humores de uma vida. Por outro lado, o quadro (*frame*) tem seu valor determinado pela sua posição na sequência de planos, ou seja, nos estados de mundo.

Há o uso de metáforas e a construção narrativa da *fase depressiva* como parte de uma série maior, que se tenta aprender pela passagem do olhar para a escuta, da estátua para o movimento. A depressão surge, como conceito psicopatológico, ainda atrelada ao vocabulário moral. Mais que qualquer outra forma de loucura, ela se desenvolve em certo hiato, ou até mesmo pelo reconhecimento de um hiato entre a verdade de nossos modos de representação e a realidade do objeto que tentamos apreender. Ou seja, ela é como a rainha de *A carta roubada*, de Edgar Allan Poe,[21] que acompanha impotente a carta comprometedora que estava em suas mãos ser roubada pelo ministro, na sua frente, porque qualquer movimento denunciaria a importância da carta para o rei. O rei está ali, presen-

---

20. FALRET, J.-P. Acerca de la locura circular o forma de enfermedad mental caracterizada por la alternación regular de la mania e de la melancolia (1851-1854). In: CONTI, N. A. *Historia de la depression*. Buenos Aires: Polemos, 2007, pp. 164-177.

21. POE, E. A. *A carta roubada:* e outras histórias de crime e mistério. Porto Alegre: L&PM, 2003.

te na situação, mas não se dá conta do furto que presencia. O lugar da verdade é o lugar da carta, da qual não sabemos nada, apenas que compromete a rainha e que, como tal, deve permanecer secreta. Entre a verdade contida na carta ou representada na tela, entre a verdade em estrutura de ficção e a realidade do poder, há um intervalo. O ministro exerce seu poder e paralisa a rainha justamente porque ele não usa a carta. Ele mantém a rainha na iminência de um colapso. Ela está sendo chantageada, mas sem um pedido real de resgate. A realidade em que ela se fixa é também composta por essa indeterminação real que prende, asfixia. Escrito em 1844, dez anos antes nascimento oficial da Depressão, *A carta roubada* inaugura o romance policial, definindo um leitor que habita o hiato entre a verdade do criminoso e a realidade do crime.

4
UMA INFÂNCIA INFELIZ

É somente no fim do século XIX que a expressão "estados depressivos" passa a ser usada por Emil Kraepelin (1856-1926), mais precisamente no ano de 1899, para indicar sintomas da melancolia. Mas os *estados depressivos* não eram uma doença à parte, e sim um sintoma entre outros, que podiam aparecer na melancolia simples, no estupor, na melancolia grave, na melancolia fabulante e no delírio melancólico. O interesse de Kraepelin em tornar as doenças mentais verdadeiras doenças fez com que ele enfatizasse a alternância entre estados de exaltação maníaca e bruscas quedas na melancolia, o que, em 1853, Falret chamou de *loucura circular*. A circularidade e a alternância do quadro produziam, assim, uma impressão de regularidade que talvez tenhamos de reter nesta história. As estações do ano, o sentimento de mundo, a repetição temática, a noção de continuidade e ruptura, que depois emergirá com a grande metáfora do "gatilho", talvez sejam aspectos narrativos da depressão. No entanto, para o raciocínio emergente da psiquiatria dos anos 1850, esse era o motivo clínico a justificar a irreversibilidade do quadro. Com isso, cortavam-se as ligações históricas com a melancolia, com as patologias do intelecto e com a experiência do *páthos*. Surgia uma doença autônoma dos afetos, emoções e sentimentos, condensados na noção de humor.

Importante notar que nesse mesmo período encontramos muitas descrições da melancolia nas quais o termo "depressão" está gritantemente ausente, por exemplo:

a. Gradualmente ocorreu um desgosto com todas as coisas, um tédio profundo e universal. Até então, eu tinha percebido apenas o lado brilhante da vida. A partir dessa época, vi o lado sombrio. Logo, as ideias de suicídio vieram pela primeira vez, perturbando e apavorando minha imaginação. Esse estado moral perdurou um ano. Então, outras ideias substituíram aquelas de suicídio. Eu me acreditei ridículo; parecia-me a expressão de minha fisionomia e meus modos provocavam uma insultante gaiatice nos outros.[22]
b. A pessoa de mim mesma não tem nome. Ela perdeu seu nome, a pessoa de mim mesma não tem idade, ela não tem pais, ela jamais os teve. Meu fígado e meu estômago me foram retirados. Não tenho mais corpo e já estou morta.[23]
c. Os traços mentais distintivos da melancolia são um desânimo profundamente penoso, a cessação de interesse pelo mundo externo, a perda da capacidade de amar, a inibição de toda e qualquer atividade e uma diminuição dos sentimentos de autoestima a ponto de encontrar expressão em autorrecriminação e autovilania, culminando numa expectativa delirante de punição.[24]

O primeiro é um extrato de um caso de melancolia com delírio de negações, feito por Cotard, em 1880; o segundo descreve um paciente com melancolia estrita, segundo Wilhelm Griesinger (1817-1868), em 1865; e o terceiro é uma caracterização apresentada por Freud sobre a melancolia em contraste com os processos normais de luto, em 1917. Observemos como Freud começa ressaltando a inibição dos afetos, passa pelo clássico tema do mundo e chega às ilações sobre o juízo e o pensamento, preservando o excesso crítico e punitivo.

---

22. COTARD, J. Del delírio de negaciones. In: Stagnaro, J.C. (org). *Alucinar y Delirar*. Buenos Aires: Polemos, 2006, pp. 79-102 [1882].
23. GRIESINGER, W. *Pathologie und Therapie der psychischen Krankheiten*. Stuttgart: Krabbe, 1845; second edition, Braunschweig, 1861 [1845].
24. FREUD, S. *Luto e melancolia*. São Paulo: Cosac Naify, 2010 [1917].

Junto à criação por Kraepelin dos estados depressivos, em 1899 há uma importante mutação. A depressão deixa de ser um excesso, uma elevação e um exagero, como se pensava sobre a melancolia, e passa a ser descrita como inibição, redução e declínio. A manobra está tipicamente marcada pela tentativa de ganhar objetividade e dignidade médica, uma vez que a expressão *"depression"* era usada com frequência por cardiologistas para descrever a redução do batimento cardíaco.[25] A palavra concorrente *"lipemania"*, proposta pela escola francesa, sofria com seu passado bem menos científico, tanto por estar ligada aos afetos (*lipes*) quanto por se definir negativamente em relação à mania. Em 1868, a expressão "depressão mental" foi usada para designar a lentificação que ocorria junto com outra doença mental, a mais popular da época – a saber, a hipocondria. As conclusões retiradas pelo chamado consenso de Esquirol-Kraepelin, formuladas entre 1860-1910, são chocantes à luz de qualquer teoria da prova empregada, hoje, para construir evidências científicas. Segundo tal concepção, os estados depressivos:[26]

a. primariamente são patologias do afeto;
b. têm uma psicopatologia estável;
c. têm uma representação no cérebro;
d. têm natureza periódica;
e. têm origem genética;
f. aparecem em indivíduos com predisposição de personalidade;
g. têm natureza endógena.

Simplesmente não havia recurso em ciência genética e neurologia, nem mesmo nas teorias da personalidade, para afirmar cinco das sete teses – e as duas restantes se mantinham com confirmação de descrições anteriores de aspectos da melancolia.

---

25. BERRIOS, G. E. *The History of Mental Symptoms:* Descriptive Psychopathology Since the Nineteenth Century. Londres: Cambridge, 1996, p. 300.

26. Ibidem, p. 299.

Nos primeiros manuais de transtornos mentais, bem como na psicanálise e na teoria psicodinâmica, que vigoraram na primeira parte do século XIX, a depressão permanecia coadjuvante no grande baile dos sofrimentos mentais. Nas dez páginas dedicadas a afetos, sentimentos e estados de humor do clássico *Psicopatologia geral*, edição de 1946, Karl Jaspers (1883-1969) cita a depressão uma única vez, ainda assim de maneira dispersa. Na paisagem das disposições associadas com sintomas, a depressão aparece em um nível quase subclínico de apreensão.

> Se conhecem estados de ânimo característicos, por exemplo, a alegria natural, a alegria transbordante dos hipomaníacos, o mau humor dos depressivos, a bem-aventurança satisfeita e o sentimento de bem-estar do paralítico eufórico.[27]

Na edição de 1983 de outro clássico, *Psiquiatria*, de Eugen Bleuler (1857-1939), a personagem mal-humorada de segunda classe tem sua presença notada no canto da festa:

> Nos últimos tempos, o médico vê um número maior de pessoas tristes, ansiosas e desesperadas que antigamente. Permanece duvidoso se seu número aumentou ou se procuram o médico com mais frequência.[28]

Ainda assim, a depressão é considerada principalmente uma reação a estados de perda, decepção amorosa ou tentativa de suicídio. Persistem as observações atmosféricas ("o céu não é mais azul, o sol não brilha mais"), as alterações da propriocepção ("minhas asas estão quebradas"), as inversões maníacas (tumulto de diversões superficiais, desregramentos e casos amorosos seguidos) e os sentimentos de esvaziamento e futilidade.

---

27. JASPERS, K. *Psicopatologia general*. Buenos Aires: Beta, 1975 [1946], p. 135.
28. BLEULER, E. *Psiquiatria*. Rio de Janeiro: Guanabara Koogan, 1983, p. 359.

Fala-se de *reações depressivas neuróticas* quando o processo remete à infância e a seus modos de criação. Descrevem-se as *reações depressivas por alívio*, que se seguem a um estado prolongado ou agudo de inquietude, como o soldado que volta da guerra, a filha que perde a mãe depois de uma longa enfermidade ou alguém que supera a pobreza e a miséria após uma vida de medo e de preocupações com a sobrevivência. Há também as *depressões por desenraizamento*, típicas de migrantes, imigrantes e refugiados que perdem seu lugar e referência simbólica; as *depressões por esgotamento*; e as *depressões por marasmo ou hospitalismo*, que acometem crianças e prisioneiros isolados, sem contato afetivo com outros. Ao fim, mencionam-se as neuroses de angústia e a neurastenia, bem como as vicissitudes da vida sexual, como causas da depressão, assim como a eficácia do tratamento psicanalítico, da superação da solidão, da psico-higiene e também o composto de medicações benzodiazepínicas (ansiedade), neurolépticas (inquietude) e os antidepressivos tricíclicos.

A essa altura, porém, já está celebrada a expulsão da depressão, assim considerada, com relação à família de origem na melancolia. As doenças maníaco-depressivas ou o grupo das psicoses afetivas incluirão um novo tipo de sintoma de base, ou seja, os estados depressivos (melancolia). O uso dos parênteses parece uma deferência de origem, que precede o abandono do título. Está nascendo aqui a futura categoria de transtorno bipolar tipo III. Isso se deve em grande medida ao trabalho de Karl Kleist (1879-1960) que trabalhou com pacientes sequelados da primeira guerra mundial descrevendo as oscilações de seu humor, entre mania e depressão, verificando alterações cerebrais regulares, nas autópsias.[29] Isso sugere que as depressões mantêm uma relação tanto com o luto quanto com o trauma.

É preciso lembrar que a psicanálise se tornou a referência clínica mais importante para psicopatologia até os anos 1970. Com-

---

29. KARL KLEIST (1934). *Kriegsverletzungen des Gehirns in ihrer Bedeutung für die Hirnlokalisation und Hirnpathologie*. Leipzig: Barth.

binada com as diferentes escolas psiquiátricas de extração fenomenológica, como Jaspers, ou comportamentalista, como Meyer, gerou uma abordagem genericamente conhecida como psicodinâmica. Junto à psicanálise, surgia uma maneira de pensar a psicopatologia que localizava a depressão em uma zona intermediária entre dois outros polos, que parecem ter uma força determinativa maior do ponto de vista causal, a saber: os sintomas, derivados de conflitos e a angústia, que emerge do trauma. A depressão compunha assim um "sintoma" secundário, derivado do esgotamento psíquico, causado pelo recalcamento ou um caso entre outros na linha de continuidade que vai da angústia a ansiedade, ou do embaraço com os afetos ao impedimento paralisante.

Entre 1953 e 1984, a Depressão tornou-se gradualmente uma bela senhorita, com o corpo bem delineado e virtudes definidas. Mulheres têm o dobro da chance de desenvolver uma depressão maior, e a incidência da depressão em todos os grupos clínicos onde ela é considerada é maior em mulheres.[30] Há várias teorias para isso: genes, hormônios, infecções repetidas, mas também o lugar social da mulher e seu déficit de reconhecimento. Passado o tempo em que ela era capturada pelo retrato aproximativo e pela paisagem alegórica, agora chegava a hora dos padrões escolares e das métricas de aprovação e ingresso na grande Escola Psicopatológica. Nos manuais do Rorschach,[31] ela seguia uma etiqueta projetiva bem definida: muito boa visão de formas, sucessão rígida, diminuição de respostas globais, menor variabilidade de apercepção, desaparição quase total das respostas de cor, número de respostas abaixo da média, tempo de reação alargado.

Lembremos que nessa época ela ainda não tinha alcançado sua maioridade, daí o fato, em acordo com o decoro moral da época, de que

---

30. LEACH LS, et al. "Gender Differences in Depression and Anxiety across the Adult Lifespan: The Role of Psychosocial Mediators", *Social Psychiatry and Psychiatric Epidemiology* (Dec. 2008): Vol. 43, Nº 12, pp. 983-98.

31. BOHM, E. *Manual del Psicodiagnóstico de Rorschach*. Madrid: Morata, 1984, pp. 320-325.

não podia andar desacompanhada: depressão neurótica, depressão psicótica (síndrome de Basedow, síndrome de Cotard), depressão epilética, depressão endógena (psicastenia, psicopatia sensitiva, psicopatia astênica), depressão exógena (pós-encefalítica, pós-infecciosa, tóxica, ambiental), depressão reativa, depressão do parto e puerpério.

Entre 1960 e 1980, desenvolveu-se também a escala de Hamilton,[32] capaz de tornar comparável os diferentes tipos de depressão (leve, crônica, grave, aguda). Ainda assim é possível perceber o peso de cada aspecto componente da depressão:

> Humor depressivo, sentimento de culpa, suicídio (autocrítica, ideação, tentativa), insônia (inicial, medial, tardia), atividade e trabalho (fadiga, performance, lentidão, indecisão), retardo psicomotor (lentidão de fala), agitação, ansiedade (medo, apreensão e preocupação), ansiedade somática, ansiedade gastrointestinal (perda ou aumento de apetite), adoecimento repetitivo, sintomas sexuais (diminuição ou aumento de libido, ejaculação precoce), hipocondria, perda de peso, consciência do próprio sofrimento (*insight*), variação durante o dia (pior de manhã, à noite ou à tarde), despersonalização e desrealização, sintomas paranoides, sintomas obsessivo-compulsivos.

Tal como na adolescência, quando nos definimos cada vez mais por nossos amigos e grupos de referência, à medida que a depressão começa a ganhar contornos mais claros, ela também começa a ser curiosamente associada a outros transtornos: 46% dos deprimidos sofrem também de ansiedade, 60% têm algum transtorno de personalidade (majoritariamente dependente, *borderline* ou esquiva), com índices similares para outros transtornos.[33]

---

32. BARLOW, D. H.; DURAND, V. M. *Psicopatologia:* uma abordagem integrada. São Paulo: Cengage Learning, 2015.
33. CRAIGHEAD, W. E.; MIKLOWITZ, D. J.; CRAIGHEAD, L.W. *Psychopathology:* history, diagnosis and empirical foundations. São Francisco: John Wiley & Sons, 2008, p. 335.

5
A IRMÃ DO MEIO

Em seu clássico *Inibição, sintoma e angústia*, Freud[34] sintetiza sua tese de que sintomas são produzidos como uma tentativa de conciliar as exigências do "eu" com os desejos e as demandas pulsionais. São, então, uma espécie de solução mais ou menos permanente para conflitos. As diferentes formas elementares de lidar com conflitos equivalem às três grandes estruturas clínicas: a neurose, a psicose ou a perversão. O retorno do que foi negado em cada uma dessas estruturas define tipos clínicos. Por exemplo, se o retorno do recalcado se dá no corpo, temos a conversão histérica; se for em objetos do mundo, a fobia; e ideias substitutivas definem a neurose obsessiva.

Depois disso, temos os sintomas primários, que correspondem à produção mais simples que responde ao conflito; e os sintomas secundários, que tentam corrigir o fato de que a defesa primária não funcionou perfeitamente e precisa de uma espécie de complemento. É o caso da evitação fóbica, que faz o sujeito evitar certos lugares, porque neles existe maior probabilidade de encontrar determinado animal do qual a pessoa tem medo. É também o caso das compulsões obsessivas, que são atos feitos para anular pensamentos ou rituais de tranquilização, ou das reações afetivas de exagero, anestesia ou indiferença encontrados na histeria.

---

34. FREUD, S. *Sigmund Freud:* obras completas, volume 17 – Inibição, sintoma e angústia: o futuro de uma ilusão e outros textos (1926-1929). Trad. Paulo César de Souza. São Paulo: Companhia das Letras, 2017 [1926].

Finalmente, temos os sintomas situacionais, que não dependem da forma como lidamos com conflitos históricos e repetitivos, mas com circunstâncias atuais, típicas de uma fase da vida, por exemplo, ou mais genericamente como conduzimos e cuidamos de nossos prazeres, que Freud chamou de neuroses atuais: prazeres rápidos ou estereotipados na neurastenia, prazeres abstinentes ou suspensos na neurose de angústia, prazeres transformados em dores e sensações de estranhamento na hipocondria.

Todo sintoma deriva de um conflito, e todo conflito que não encontra destino ou suporte simbólico ou imaginário aparece como angústia. O esquema parece simples e organizou o pensamento clínico de psicanalistas e psicodinâmicos por muito tempo. No entanto, ele conferia pouca visibilidade a um processo intermediário. Se todo conflito acontece entre o eu e os desejos, e se todo conflito é um potencial indutor de angústia, que é vivida no eu como ameaça, desamparo, insegurança ou desconfiança, o que dizer do papel do eu no processo?

A Depressão é a irmã do meio entre os Sintomas "verdadeiros" e a caçula malcriada chamada Angústia. Ela nasce meio sem identidade porque com frequência é pensada como fracasso do irmão mais velho, que exige tanto trabalho dos donos da casa que acaba deixando todos cansados e deprimidos. Quando não é como sombra dos mais velhos, a Depressão se vê preterida, porque está quase sempre punida pelas encrencas produzidas pela Angústia, principalmente quando contrariada ao extremo e se apresenta de forma surpreendente e aguda como Pânico, ou de modo crônico e cansativo, como Ansiedade.

Já descreveu o eu como um cavaleiro que tenta guiar seu animal desviando-se dos perigos da realidade, que tenta controlar o ímpeto libidinal de seus dois ginetes, da paixão e da razão, sempre em conflito, cada qual puxando para um lado, conforme sua inquietude. O eu frequentemente tem uma colmeia de abelhas, que lhe caiu sobre a cabeça, como a lembrança de caminhos anteriores mal escolhidos e erros de pilotagem, sobre os quais se recrimina impiedosamente. Sob a voz da consciência e as picadas do supereu, o pobre eu encontra forças para achar a direção do desejo contando com seus Ideais. Mas estes não estão só a sua frente, como um horizonte de promessas que se movem, eles estão atrás de si, como momentos de glória, sucesso e amor extremo, que impiedosamente fazem do seu presente uma pálida imagem fracassada do que um dia fomos, ou achamos que fomos, ou nos fizeram crer que éramos. Está aqui a posição do eu, premido contra a realidade, lutando contra as paixões equinas do Id, tendo que conciliar os ideais de sua consciência moral e as condenações do supereu para saber que caminho tomar. Tendo que lidar com o fato de que às vezes seus cavalos são do tipo ansioso, que se assusta, que padecem com o medo fóbico de certos objetos e até mesmo sofrem com fobia social diante de outros cavalos. Às vezes eles passaram por situações de pânico e de trauma, e a qualquer hora um deles pode falhar. Claro, um está com a pata machucada, com uma conversão histérica; e o outro está em dúvida permanente, não consegue decidir, obsessivamente, qual é o melhor caminho a seguir. Em meio a tudo isso, o eu pode se contentar em sobreviver e sonhar com algumas situações de descanso. Para isso, ele pode clamar pela sua condição de vítima dessas circunstâncias, vestindo sua fantasia masoquista, ou ele pode resolver sua miséria e pequenez juntando-se a uma tropa de outros cavalos. No meio da multidão formada pela cavalaria, na qual ele se alista, torna-se obediente. Perderá seu destino, mas pelo menos se protegerá de maneira covarde, junto com seus irmãos, de ter que enfrentar seu próprio caminho.

Esse retrato das dificuldades esconde o fato de que o eu tem poderes diplomáticos e conhecimentos geográficos. Ele pode desenvolver uma consciência atenta, até mesmo superatenta. Ele tem acesso privilegiado e controle parcial sobre uma área específica da experiência: afetos, emoções e sentimentos. Ele pode inibir ou intensificar afetos de tal maneira que eles se paralisem em ressentimentos, se avolumem em massas de ódio ou vergonha, ou que eles diminuam ao ponto de se transformar em indiferença forçada. Filtros e colchões, que modulam o impacto entre o acontecimento de realidade e sua tramitação subjetiva, podem ser interpostos. São imagens que transformam o eu na medida que ele as escolhe, consciente ou inconscientemente, que ele assume ainda que se esqueça disso, que ele usa representá-lo e substituí-lo em um processo chamado de identificação. Mas o eu (*ich*) não consegue fazer isso apenas com a força do pensamento. Ele precisa da ação da linguagem para ser bem-sucedido nessas operações. A ação de inibição, que cabe ao eu, foi aprendida em um circuito ligado com a dor, não com o prazer. Por isso a inibição reage e evita o desprazer, mas é muito ineficaz quando se trata de outra tarefa que nos cabe na marcha da vida, que é procurar prazer.

Ao posicionar a depressão como um tipo de transformação do eu, produzida pela inibição, Freud retoma o antigo e originário uso do termo na cardiologia, a fim de designar a diminuição de uma função. Isso talvez nos ajude a entender por que a depressão tem sido apresentada ao mundo, tantas vezes, a partir de sinais que indicam alterações em funções, por exemplo, no sono (insônia ou hipersonia), na alimentação (anorexia, bulimia, *binge*), na libido (perda, acréscimo), na motilidade (cansaço), na linguagem (lentificação), na memória (de evocação principalmente), na vontade (dificuldade para começar ou terminar), na atenção (desconcentração) e no humor (irritação, tristeza, alteração cíclica ou lábil).

A primeira psicanalista a perceber que a depressão estava sendo sub-reconhecida talvez tenha sido Melanie Klein (1882-1960). Ela reconheceu que olhar as coisas do ponto de vista da oposição entre sintomas e angústias dava pouco espaço para o fato crucial de que não somos cavaleiros solitários em uma jornada contra pontes, rios e estradas com preocupações equinas com cavalos e postos de descanso. Afinal, como nos lembra *O cavaleiro inexistente*, de Ítalo Calvino (1923-1985),[35] só se pode ser senhor gerente de tudo a própria pessoa

---

35. CALVINO, Í. *O cavaleiro inexistente*. Trad. Nilson Moulin. São Paulo: Companhia das Letras: 2005.

que for vazia e sem substância. Um funcionário operacional poderia substituir esse personagem. Klein observou que não era desse jeito que a psicanálise costumava inferir seus princípios psicopatológicos, mas a partir de relações com os outros e das fantasias que usamos nessas relações. Nesse sentido, a imagem deveria ser mais a de uma caravana de camelos no deserto ou de uma corrida, com vários cavaleiros em um hipódromo, cheio de gente, com apostas, juízes e haras criadores de equinos, que de um *controler* solitário de si mesmo.

Pensando em termos de relações, Melanie Klein descreveu durante o pós-guerra um modo mais simples de lidar com as múltiplas exigências, bem como com as alternativas de dor e prazer a que o eu está submetido. Todos esses aspectos visualizados pelo cavaleiro como aspectos divididos, separados, cindidos ou fragmentados de seu caminhar são, na verdade, perspectivas variadas sobre uma mesma experiência. E essa experiência com o objeto e consigo mesmo não é sentida como uma unidade justamente porque o eu (*self*) divide as coisas em funções, como se o problema fosse mais bem abordado se o distribuíssemos em departamentos e víssemos o conjunto como uma totalidade orgânica e harmoniosa.

Para oferecer uma narrativa diferente, ela recuperou outra via legada por Freud para pensar a depressão, ou seja, a de que esta seria um estado patológico do luto[36] e do processo de elaboração da perda. Assim, ergueu uma perspectiva na qual a depressão não é apenas um desvio ou uma perda de função, e sim uma maneira de integrar e simbolizar objetos e nossa relação com eles. Quando isso não acontece, quando negamos a perda, quando não reconhecemos com exatidão nossos afetos envolvidos, quando nos fixamos, regredimos ou pulamos algum ponto do processo, sobrevém a depressão clínica. Aqui ela descreve duas posições que afetam tanto a margem dos sintomas quanto a margem das angústias, que são as posições esqui-

---

36. KLEIN, M. O luto e suas relações com os estados maníaco-depressivos [1940]. In: *Amor culpa e reparação e outros trabalhos:* 1921-1945. Rio de Janeiro: Imago, 1996.

zoparanoide e depressiva. Na posição esquizoparanoide, dividimos o objeto, projetamos seus aspectos ruins para o outro e retemos apenas os aspectos idealizados e bons para nós. Desde então, nós nos sentimos perseguidos pelo retorno do que foi projetado como punição, inveja ou retaliação, procriando uma série de identificações que ela chamou de identificações projetivas para construir um mundo cuja narrativa-padrão é a da guerra. Agora nosso cavaleiro está acompanhado, mas ele tem que enfrentar exércitos inimigos, tanques e bombas de gás mostarda, ao mesmo tempo que exibe seus estandartes como parte mais nobre, em geral mobilizada para conter multidões em manifestações porque pode ver as coisas bem do alto. Mas a grande novidade representada por Melanie Klein é colocar a depressividade não apenas como um problema ou um sintoma, mas como uma experiência central para nos tornarmos sujeitos. Ou seja, a depressão é um prolongamento, um exagero ou uma fixação de um processo cuja ausência ou impossibilidade é, este sim, patológico:

> "[...] em minha opinião, a posição depressiva infantil ocupa um lugar central no desenvolvimento da criança. O desenvolvimento normal da criança e sua capacidade de amar parecem depender em grande parte da maneira como o ego passa por esta posição crucial."[37]

A contranarrativa representada pela posição depressiva não é exatamente um retorno ao elogio da melancolia nem uma elegia do sofrimento depressivo, mas retém a ideia de que a depressão é uma tentativa de cura, um momento de simbolização e um modo de subjetivação que ocorre no processo de perda e, consequentemente, de transformação. O luto é o processo de integração de um objeto e de reconstrução da experiência. Por meio do luto, reduzimos simbolicamente os objetos a seus traços essen-

---

37. KLEIN, M. (1935) Uma contribuição à psicogênese dos estados maníacos-depressivos. In Melanie Klein *Amor, Culpa e Reparação e outros trabalhos*. Rio de janeiro: Imago, 1996.

ciais, retemos também o humor e a atmosfera na qual ele existia. Isso torna a jornada subsequente interessante e digna de ser vivida, uma vez que é composta ao mesmo tempo da acumulação de tropeços e acertos, de bons e maus ângulos. Ou seja, Klein retoma o antigo tema da melancolia como perda da experiência e fala da posição depressiva (que não é a depressão) como processo de recuperação simbolizante da experiência. Recuperação que preserva seus aspectos formais com a unidade, a obtenção de prazer e a relacionalidade compartilhada de sua história e de seus afetos, como propriedades mais fundamentais que seu conteúdo, que, por sua vez, pode ser abandonado e bem lembrado.

Em 1945, Otto Fenichel,[38] refugiado da Segunda Guerra Mundial, emigrado para os Estados Unidos, publica um livro de consenso para a psicopatologia psicanalítica da época. Nele há uma seção inteira dedicada à depressão e à mania – depois do sintoma e da angústia, das neuroses e das psicoses, mas antes das partes dedicadas à esquizofrenia e aos futuros transtornos de personalidade. Essa posição intervalar já reconhecia com clareza a existência separada de depressões neuróticas e depressões psicóticas, mas a novidade aqui é que a depressão, sem deixar de ser pensada a partir do luto, passa a ser referida a uma identificação narcísica. Os depressivos sofrem com sentimentos de inferioridade, com o rebaixamento da autoestima, como se houvesse algo errado na forma como metabolizam o amor, que os torna "adictos", infantilizados, e então a satisfação e a saciedade são associadas a autodepreciação, crítica e culpa.

Os depressivos expandem a experiência da perda para a crítica de si e tornam o mau humor um sentimento de perda irreparável no passado ou de iminência de perda no futuro. A ideia de ter sido abandonado amorosamente mobiliza um novo afeto contra o próprio eu: a agressividade. Surge aqui a ideia de que as depressões são uma es-

---

38. FENICHEL, O. *Teoria psicanalítica das neuroses*. São Paulo: Atheneu, 1945, pp. 362-379.

pécie de paradigma ou de sintoma fundamental das patologias narcísicas. O movimento de regressão a modalidades mais simples de amor explicaria o caráter cíclico e alternante dos humores depressivos, bem como uma nova figura narrativa: a mortificação. O depressivo se faz de morto, se culpa, se imobiliza para se identificar com o morto. Sugestivamente, o capítulo do livro de Fenichel encerra-se com uma observação sobre certo estado de mundo indutor:

> Os tempos instáveis e as depressões econômicas, privando os homens de suas satisfações, também privando-os do seu poder e prestígio e dos modos habituais por que regular a autoestima, aumentam-lhes as necessidades narcísicas e a dependência oral.[39]

Chegamos, assim, à quarta narrativa de referência que preside o nascimento da noção de depressão. Aqui não estamos mais diante do cavaleiro solitário que heroicamente enfrenta as demandas do sintoma da angústia ou da realidade nem do pobre funcionário esgotado que se divide entre problemas profissionais e pessoais, organizando ordens de entrega, cortando despesas para sobreviver. Também não estamos diante do cavaleiro que precisa elaborar sua situação coletiva de guerra, interna e externa, simbolizar perdas e ganhos, para chegar ao armistício da posição depressiva. O que temos agora é o depressivo como alguém que enfrenta problemas crônicos com a lógica do reconhecimento. Ele não se sente adequado a si mesmo. Ele se julga menos prestigiado ou legítimo em sua função de cavaleiro que suas expectativas haviam prometido. Ele não está à altura de si mesmo nem conhece satisfação com o que faz. Sente-se insuficientemente amado e não é mais o herói que um dia teria sido.

> Quando não temos mais nada senão a nós mesmos para nos servir de referência; quando somos a questão e a resposta; o mito prometeico do

---
39. Ibidem, p. 379.

homem sozinho no barco de seu destino e confrontado com a tarefa de ter de se construir, encontrar para si próprio, e por si mesmo, um lugar e uma identidade sociais, a depressão torna-se um lugar-comum.[40]

Essa é a perspectiva na qual se inscreverão os estudos lacanianos sobre o assunto. Ao dedicar à matéria a mesma importância que Melanie Klein e a tradição anglo-saxônica em geral, Lacan leva para o problema da depressão uma renovação do entendimento do sujeito em sua relação com o desejo. Em vez de identificar o eu como o cavaleiro e o gerente, o si mesmo no qual nos representamos, ele argumentará que o eu (*moi*) não tem uma estrutura diferente do sintoma, ele equivale a um conjunto de identificações que cobrem e desmentem a divisão fundamental do sujeito eu (*je*), criando uma falsa unidade.

Tanto na vertente da angústia quanto na do sintoma, tanto como patologia do luto quanto como distúrbio da inibição de funções psíquicas, a depressão é uma alienação do desejo. E essa alienação procede da identificação positiva entre o objeto da demanda e aquilo que causa nosso desejo, assim como uma identificação do sujeito, efeito de linguagem, de desejo e de trabalho, com a imagem de um indivíduo, pessoa ou *self*.

Dessa forma, percebemos que as narrativas sobre a depressão são, de saída, narrativas depressivas, pela redução que fazem do sujeito a um personagem em processo de autoavaliação constante de si mesmo. O eu em sua constituição narcísica, que se reapresenta na depressão, como as imagens da pintura de Bosch (fragmentado), entre a insuficiência e a antecipação (disfuncional), aprendendo seu corpo próprio como duplo (não idêntico), captado em uma identificação espacial (no mundo), no qual ele se observa como se observasse a uma estátua (idealização). Ele se simboliza:

---

40. EHRENBERG, A. *O culto da performance:* da aventura empreendedora à depressão nervosa. São Paulo: Ideias & Letras, 2010, p. 13.

> Por um campo fortificado, ou mesmo um estádio, que distribui da arena interna até sua muralha, até seu cinturão de escombros e pântanos, dois campos em luta opostos em que o sujeito se enrosca na busca do altivo e longínquo castelo interior.[41]

O enigma da depressão, que nos ajudará a entender sua elevação súbita ao padrão ouro de nossas formas de sofrimento, é o enigma de como nos identificamos com nossos papéis de indivíduos, nos alienando e nos transformando nas imagens que a cada vez escolhemos para desconhecer nossos desejos, trocando-os por demandas em forma de metas, planos e objetivos. A depressão é a narrativa perfeita para uma época em que proliferam as profissões delirantes, em que tudo depende do que os outros acham de nós, em que o desejo do sujeito se identifica com o desejo do outro. Narcisismo não é egoísmo nem individualismo, é uma matriz de objetificação de nosso desejo no outro, posição a partir da qual nós podemos reconhecê-lo, mas ao preço de que a forma que damos a ele faz com que traços essenciais se percam. Por isso o modelo de sujeito proposto por Lacan não se insere em uma teoria das relações ou trocas entre mundo interno e externo nem em uma relação de objeto, mas em uma teoria do reconhecimento. A armadura do cavaleiro está vazia, mas ele não está solitário. Seus cavalos estão em desordem, mas ele não os governa, pois não governa nem a si mesmo. Passar da demanda narcísica de reconhecimento para o reconhecimento simbólico do desejo é a grande viagem que o depressivo insiste em adiar.

Para Lacan, atravessar a dor de existir implicaria suportar o vazio do cavaleiro dentro da armadura sem se identificar imaginariamente com ela, de pactuar a guerra como reconhecimento simbólico da lei do desejo e do limite, dar-se conta de que somos feitos da mesma matéria-prima que o cavalo, do qual nos acreditamos senhores e mestres.

---

41. LACAN, J. O estádio do espelho como formador da função do sujeito [Je] tal como se revela na experiência psicanalítica. In: *Escritos*. Rio de Janeiro: Jorge Zahar, 1998 [1945].

6
O RAPTO DA DEPRESSÃO PELA NOVA PSIQUIATRIA

O que teria acontecido para que, de irmã do meio, rejeitada e mal-humorada, a Depressão emergisse depois dos anos 1970 como o polo de convergência e a maneira mais simples de descrever o sofrimento mental?

No espaço de trinta anos, a Depressão passou de coadjuvante tardia no grande espetáculo da loucura, em meados do século XIX, à condição de atriz principal e diva preferencial das formas de sofrimento de nossa época. Esse foi também o processo de literalização e de encaixotamento dos pacientes em uma lista de sinais descritivos, isolados de um nexo narrativo sem nenhuma conexão entre a emergência e a desaparição de sintomas. Se a Depressão nasceu envolta em alegoria, carregada nos braços de seus nobres ancestrais filosóficos e poéticos, herdeira primogênita da Melancolia, hoje ela parece ter se reduzido a duas imagens empobrecidas: "falta de ingrediente químico no cérebro" e "gatilho" que dispara a repetição de crises de menos-valia e a piora funcional do indivíduo.

Talvez não seja possível compor a biografia da Depressão levando em conta apenas sua família de origem no interior da psicopatologia. Uma hipótese possível remonta a existência de uma linhagem bastarda compondo nossa genealogia. A Depressão não é apenas o fruto híbrido da medicina e da literatura, da psicologia e da antropologia, da arte e da ciência, que se fundiram para criar uma nova edição de uma antiga narrativa de sofrimento.

Não é possível ignorar que o significante *Depressão* tenha assumido gigantescas proporções narrativas e conceituais depois da crise de 1929. Herbert Hoover (1874-1964), presidente dos Estados Unidos durante a depressão econômica, proferiu um discurso sobre a depressão em agosto de 1932, na Convenção Nacional Republicana.[42] Naquele momento, o mundo ainda enfrentava as graves consequências do colapso econômico.

> Os últimos três anos foram tempos de calamidade econômica sem precedentes. Foram anos de sofrimento e dificuldades maiores que quaisquer outros que vieram para o povo americano desde o rescaldo da guerra civil. [...] Antes da tempestade estávamos ganhando na prosperidade [...] do otimismo, alguns de nós entraram em expansão, antecipando o futuro, e da expansão foram para a especulação imprudente. No solo envenenado pela especulação cresceram as ervas daninhas do gasto, da exploração e do abuso de poder financeiro. Nesta superprodução e *mania especulativa*, marchamos com o resto do mundo. Então, três anos atrás veio a retribuição pela queda inevitável mundial no consumo de bens, nos preços e no emprego. [...] Os países da Europa se mostraram incapazes de suportar o *estresse da depressão*. (Tradução do autor)

Assim como em Philippe Pinel (1745-1826), a depressão é apresentada em contraste com a mania. Assim como em Robert Burton (1577-1640), ela preserva a afinidade com a atividade especulativa ou metafísica capaz de antecipar o futuro. De acordo com a narrativa da contaminação dos afetos e seguindo o rastro do *páthos* melancólico é o mundo que nos leva à depressão. Mas depois de instalada a depressão, a culpa e a patologia da responsabilidade se encarregam de inverter a balança e afundar o depressivo como único anti-herói de sua tragédia.

---

42. PEPPERDINE/SCHOOL OF PUBLIC POLICY. *The New Deal:* Herbert Hoover Speeches. Disponível em:<http://publicpolicy.pepperdine.edu/academics/research/faculty-research/new-deal/hoover-speeches/>. Acesso em: out. 2020.

Somos parte de um mundo no qual a perturbação das populações mais remotas afeta nosso sistema financeiro, nosso emprego, nossos mercados e o preço dos produtos agrícolas. Assim começou, há dezoito meses, a tempestade mundial que cresceu rapidamente até atingir a força de um furacão e a maior emergência econômica em toda a história.

E estamos aqui no vocabulário das estações e das primaveras, proposto por Aristóteles, reunindo as forças líquidas, aéreas e terrestres na grande alegoria da tempestade e da tormenta.

> Medo e apreensão agarraram o coração de nosso povo em cada aldeia e cidade [...]. Esta depressão expôs muitas fraquezas em nosso sistema econômico. Houve exploração e abuso do poder financeiro. [...] A partir da experiência duramente conquistada nesta depressão, vamos construir métodos mais fortes de prevenção e de proteção do nosso povo contra os abusos que se tornaram evidentes. Com esforço conjunto que pode e irá mudar a maré em direção à restauração de negócios, emprego e agricultura.[43]

Estamos aqui na retórica do medo e da tristeza, combinada com a narrativa circular da retomada, do ciclo e do rejuvenescimento moral da fraqueza por meio da renovação da fé e da perspectiva otimista do futuro.

Os anos de casamento entre psiquiatria e psicanálise foram também o período de duas grandes guerras e da ascensão da concorrência entre regimes políticos e formas econômicas. Os anos de formação da Depressão compreendem a Grande Depressão econômica dos anos 1929. Esta também mobilizou teorias cíclicas sobre as crises do capitalismo. Schumpeter (1883-1950) descreverá o capitalismo como uma sucessão e bolhas de alta e baixa, ao modo de uma loucura circular.

---

43. Esta citação, assim como outras, quando não referenciadas em nota, foram feitas pelo autor. (N. E.)

Durante os primeiros anos da Guerra Fria, com a ascensão da lógica do conflito, a depressão parecia infiltrar-se como forma de sofrimento periférica.

Mas, a partir de 1973, conhecido como ano da grande crise do petróleo, com o deslocamento multilateral dos conflitos, com a emergência da questão do Oriente Médio, com os efeitos culturais do Maio de 1968 Francês, algo mudou na maneira de perceber a depressão. 1973 é o ano da primeira experiência neoliberal, ocorrida no Chile de Pinochet; com ele ergueu-se o paradigma da produtividade e da avaliação como modelo chave para a nossa forma de trabalhar, de desejar e de usar a linguagem. Começa a surgir aqui a retórica de que não há alternativa, que o conflito é no fundo inútil e improdutivo, pois só restará apenas uma maneira de habitar a face da terra. Chamamos esse ponto de "fim da história", de encurtamento das narrativas, de fim das utopias ou de globalização; seu efeito é a emergência de uma cultura baseada no monólogo cinzento, onde o destino apático e que desativa nossa capacidade de sonhar parece ter sido o solo fértil para o florescimento da Depressão. Em 1973 aparece o primeiro artigo[44] de Martin Seligman sobre o tratamento cognitivo da depressão, um ano antes do livro[45] que mudaria a história da depressão.

Com variações, a crise de 1929 ensinou que o Estado não pode se retirar por completo da economia, mas deve agir como agente compensador e regulador, favorecendo e estimulando a livre concorrência e coibindo monopólios e zonas de proteção injustificada. O indivíduo liberal é aquele que se entende dividido entre esfera pública e privada, entre a lei da família e a do trabalho.

Notadamente com a expansão, a sociedade de consumo de massa ganhou impulso com a promessa de generalização do bem-estar social no pós-guerra. Essa expansão derivou da melhora das condições de trabalho pela ação direta de sindicatos, mas fundamental-

---

44. SELIGMAN, M. E. (1973). *Fall into helplessness*. Psychology today, 7(1), 43-48.
45. SELIGMAN, M. E. (1974). *Depression and learned helplessness*. John Wiley & Sons.

mente da concepção "dinâmica" entre trabalhadores e empresários. Nesse período, passamos de uma organização da produção baseada em rígida disciplina e ordem, como prescreviam Frederick Taylor (1856-1915) e Jules Henri Fayol (1841-1925), a novas teorias de gerenciamento de pessoas que tentavam levar em conta a cultura corporativa, a teoria das organizações e das instituições. O liberalismo keynesiano herdava do liberalismo clássico a confiança na razão sistêmica do mercado e a concepção egoísta de indivíduo, mas acrescentava a esta uma perspectiva de integração dos interesses, da ergonomia e da proteção dos trabalhadores como fatores de aumento da produtividade e da busca de resultados por meio de colaboração.

Ao princípio geral de ordem, o liberalismo acrescentava a perspectiva da negociação como caminho para a liberdade, da dominação mitigada pelo controle. O apogeu do liberalismo talvez tenha convergido para a ideia de uma sociedade integrativa, com ampliação progressiva de direitos, inclusão cada vez maior de minorias e divergentes com a expansão da participação das pessoas nos processos, bem como nos lucros. Reinava soberana a narrativa de que o sofrimento é parte do progresso e da prosperidade. Poupe agora e desfrute amanhã – sonho acalentado por uma população crescente que tem acesso a aposentadoria, universalização da saúde e educação.

No Estado do Bem-Estar Social, o trabalhador, suas famílias e o cidadão comum devem ser protegidos do sofrimento. Surgem propostas como a da ergonomia, prospera a ideia de que o trabalho realizado com prazer e dedicação espontânea rende mais. Furedi (1947-)[46] chamou esse processo de cultura terapêutica, no qual a redução da participação política na esfera pública é substituída pela "tirania da intimidade" e a ideia de "proteção social" torna-se parte do processo de desenvolvimento. Como mostrou Erica Burman,[47] a retórica do desenvolvimento impulsionou economia e psicologia

---

46. FUREDI, F. Therapy Culture. Londres: Routledge, 2004.
47. BURMAN, E. *Child Image and Nation*. London: Rutledge, 2015.

do desenvolvimento, criou um mundo de atrasados e atualizados, estabeleceu uma hierarquização geral das pessoas segundo as suas modalidades de sofrimento, vulnerabilidade e carência.[48]

Como herdeiras de maio de 1968, estão em curso teorias sobre ética nos negócios, democratização, relações de trabalho e ação comunicativa como formas de deter o processo de colonização do mundo da vida pelo mundo instrumental. Como se vê, a vida é experimentada como dividida entre uma dimensão de empresariamento[49] progressivo e uma dimensão de prazer, de resistência, de corporalidade ou de desejo. Uma paisagem como essa pareceria o cenário perfeito para o casamento entre uma teoria da subjetividade baseada no conflito, como a psicanálise, e uma prática institucional, dotada de força de lei, para internação e medicação, como a psiquiatria. Um mundo dividido pelo conflito postos pela Guerra Fria, com valores opostos e militarização extensiva de fronteiras, é também um mundo em que tornam-se essenciais a disputa sobre a definição, a posição hierárquica e a legitimidade de conflito.

A psicanálise, em vários países, passa por um *boom*, ampliando seu público inicial, que não era tão seleto assim. Se observarmos vários estudos recentes interculturais e históricos sobre o início da psicanálise, perceberemos que esta compreendia experiências com clínicas populares,[50] inclusões em clínicas públicas e a combinação colaborativa com instituições do Estado, como a Clínica Tavistock, em Londres. No entanto, a disseminação cultural da psicanálise como prática intelectual, sua associação com formas proeminentes na filosofia e nas ciências humanas, sua interpenetração no universo da propaganda e do marketing, aliada a políticas de formação

---

48. FUREDI, F. Therapy Culture. Londres: Routledge, 2004.
49. AMBRÓZIO, A. *Empresariamento da vida:* a função do discurso gerencialista nos processos de subjetivação inerentes à governamentalidade neoliberal. Curitiba: Appris, 2018.
50. DANTO, E. A. *As clínicas públicas de Freud:* psicanálise e justiça social. São Paulo: Perspectiva, 2019.

muito restritivas, consolidaram sua representação social[51] como prática feita pelas elites e para as elites.

Esse cenário em que a moralidade econômica convergia para a prosperidade do casamento entre psicanálise e psiquiatria começa a ruir entre 1973 e 1989. Nele, o casamento firmado desde os anos 1900, no solo sagrado da psicopatologia, entre a psicanálise e a psiquiatria dava sinais de cansaço. Nesse meio-tempo, o casamento dera origem a uma nova família: a psicodinâmica. Dela emergiram testes projetivos, psicoterapias de base analítica, misturas e combinações das mais diversas, entre teorias psicológicas e conceitos psicanalíticos, tendo em mente a grande figura do conflito e da troca que apresentava a noção de "dinâmica".

Contudo, em meados dos anos 1970, o próprio capitalismo parece ter sofrido uma mutação. Em vez de proteção e narrativização do sofrimento, descobre-se que a administração do sofrimento, em dose correta e de forma adequada, pode ser um forte impulso para o aumento da produtividade. Em 1973, Saleme, Piñera e outros Chicago Boys, ex-alunos de Milton Friedman na universidade americana homônima, assumem a economia chilena. Ganhador do prêmio Nobel de 1976, autor de *Livre para escolher*,[52] livro mais vendido de não ficção de 1980, e conselheiro pessoal do presidente norte-americano Ronald Reagan, Friedman defendia a existência de uma taxa "natural de desemprego" – ou seja, que nem todos terão acesso a empregos e que, se o governo tentasse agir contra isso, haveria inflação. Entre suas propostas estavam a abolição da licença médica, cupons escolares, câmbio flutuante e a mais completa desregulação da economia. Acabava-se, assim, a era da negociação mediada pelo Estado, e tinha início um período no qual deveríamos voltar nossa confiança à mão invisível do mercado, tal como descrevera Adam Smith nos primórdios do liberalismo.

---

51. MOSCOVICI, S. *A representação social da psicanálise*. Rio de Janeiro: Zahar, 1989.

52. FRIEDMAN, M. *Livre para escolher:* um depoimento pessoal. 7. ed. Rio de Janeiro: Record, 2015.

O neoliberalismo não é apenas uma teoria econômica que acabou favorecendo a financeirização das empresas e o nascimento do capitalismo imaterial, na qual o valor da marca pode superar a importância da produção. Tampouco é apenas reflexo de uma valorização do consumo como padrão de formação de identidades e como ponto de definição negocial. Ele representa também uma nova moralidade, que, como tal, afetou a aliança entre psicanálise e psiquiatria.

Alguns estudiosos da origem da psicanálise[53] argumentam que boa parte das ideias em que ela se apoiou e as quais ajudou a propagar já estava amplamente disponível como complexos culturais e discursivos antes de Freud. A era vitoriana havia construído um padrão de naturalização da mulher, os perigos da sexualidade na criança, as perversões da adolescência e a grande ideia de que somos o que somos porque reprimimos partes de nós mesmos que não conseguimos aceitar, tipicamente relacionadas com a sexualidade e com a hostilidade. Ainda que essas não sejam "descobertas" de Freud, são a sistematização de uma hipótese disponível e necessária para criar certos "tipos de pessoas" no quadro de determinados processos de individualização. Pode-se, então, dizer que assim como o século XIX criou sua hipótese repressiva, o neoliberalismo se faz acompanhar da emergência da hipótese depressiva.

Esta hipótese depressiva supõe que a depressão tornou-se rapidamente uma forma de sofrimento globalizada porque é egossintônica com a maneira como somos induzidos a interpretar nossos conflitos, nos termos e com vocabulário capaz de produzir uma unidade entre nossa forma de linguagem, desejo e trabalho. Diz-se que um sintoma é egossintônico quando há uma identificação que encobre o conflito entre desejo e narcisismo de tal maneira que o sujeito passa a reconhecer seu sintoma como parte de si mesmo, passa a defendê-lo como expressão de sua personalidade, passa a amá-lo como

---

53. FOUCAULT, M. *A história da sexualidade*, v. 1: A vontade de saber. Rio de Janeiro: Paz & Terra, 2020 [1981].

representante simbólico de sua forma de vida. Este contramolde narcísico do sintoma pode ser imposto aos outros como uma espécie de generalização de sua identificação. Isso pode se fazer acompanhar pela generalização de uma mesma forma de gozo, uma mesma regra de satisfação ou por uma mesma economia de prazer. Essa generalização de fantasias contingentes e particulares como modos universais de gozo é um processo que acompanha a passagem do liberalismo ao neoliberalismo. Se o supereu liberal é antes de tudo um agente de contenção e restrição, o supereu neoliberal funciona como ordem e impulsionamento ao gozo. Se o primeiro é compreensível à luz de uma cultura liberal do trabalho e da poupança, o segundo depende de uma civilização neoliberal do consumo e do endividamento financeiro. Situemos alguns pontos nesta complexa transição:

a. A gradual *diluição narrativa do conflito no interior da Guerra Fria*, que passa de oposição entre valores e formas de entendimento sobre a propriedade dos meios de produção e a distribuição dos resultados a uma avaliação da eficácia comparativa rumo a um valor comum, que seria o desenvolvimento.

b. A transposição do conflito entre empregadores e trabalhadores a uma *forma de trabalhar organizada por projetos*, contratos provisórios ou de extensão limitada, com a consequente migração entre empresas e práticas profissionais ao longo da carreira. Inicia-se uma cultura de "mudança permanente", de "atualização permanente" e de "flexibilização normativa" que coloca a adaptabilidade funcional e o trabalho em grupo como habilidades altamente desejáveis. Assim como a grande história de uma vida não pode mais ser contada por uma narrativa ascensional,[54] mas de vários encontros, circunstâncias ou viradas, o sofrimento se individualiza e não precisa mais de uma grande narrativa organi-

---

54. SENNETT, R. *A corrosão do caráter:* consequências pessoais do trabalho no novo capitalismo. Rio de Janeiro: Record, 1999.

zadora. A partir do declínio das antigas pautas, surgem formas de crítica ao capitalismo baseadas na defesa do social, na ampliação de direitos humanos, na defesa da ecologia e das minorias identitárias, com a valorização da democracia como valor arquimediano entre capitalismo e comunismo. Depois de certo ponto, de maneira imperceptível, a oposição entre capitalismo e comunismo foi substituída pela oposição entre capitalismo e a defesa do "social", como se na verdade o comunismo tivesse sido substituído pelo próprio liberalismo do Estado de Bem-Estar Social, com suas garantias trabalhistas e sua proteção ao sofrimento mental.

c. A ciência e os estudos culturais se reorganizam em função de *uma nova forma, menos hierárquica, de olhar para os saberes e para as linguagens*. Nas artes, é a emergência da pós-modernidade, com sua mistura de estilos, com a valorização do espelhamento e da imponência capaz de integrar várias linguagens, "sem conflito". Surgem as epistemologias alternativas, como os *cultural studies*; renova-se a teoria feminista; destacam-se os *gays and lesbian studies* e, depois, os *queer studies*. O multiculturalismo e a teoria pós-colonial – depois decolonial – denunciam o centralismo da forma do saber ocidental e como este compõe-se da negação de formas minoritárias de saber historicamente suprimidas. O estruturalismo deixa de ser uma abordagem ligada à descrição histórica e arqueológica de ordens de saber e passa a se interessar pelas formas de poder que legitimam certos saberes e metassaberes em detrimento de outros. O positivismo lógico incorpora as teorias relativistas e culturalistas por meio de categorias como narrativa, revolução cognitiva e fluxo de informação. A liberdade de escolha e orientação combinou-se, entretanto, com um forte empuxo ao controle e avaliação da produção científica, constrangendo áreas inteiras de pesquisa para certas conformações de métodos capazes de gerar comparações tangíveis.[55]

---

55. LYOTARD, J. F. *A condição pós-moderna*. Rio de Janeiro: José Olympio, 1998 [1978].

d. O desejo passa a se articular com suas realizações práticas, com a mudança concreta em termos de propósito e de consumo na via moral das pessoas. Nada mais de conflitos ou de grande esforço hermenêutico para entender a história ou as oposições de nossos sonhos – estes são dados de forma direta na enunciação de demandas, de propósitos ou de fluxos. A propaganda se orienta cada vez mais ao consumo de experiências e cada vez menos para a identificação com instituições e objetos que seriam seus objetos de satisfação. Incorpora-se, assim, o ciclo de insatisfação e de obsolescência programada, necessário para uma verdadeira orientação ao consumo, para a vida das próprias pessoas. A partir de então, lutar pela *empregabilidade,* povoá-la com discursos sobre potencialidades, talentos e habilidades socioemocionais se tornará a regra deste universo em estrutura de Big Brother. Declina a narrativa do adiamento da satisfação, do sacrifício em nome do amanhã e das grandes construções sociais.

e. *A crise de confiabilidade da psiquiatria.* Os diagnósticos psiquiátricos à altura do *DSM-II* (*Diagnostic and Statistical Manual of Mental Disorders,* o *Manual diagnóstico e estatístico de transtornos mentais*), de 1968, encontravam-se abaixo da crítica em termos de confiabilidade e segurança. Línguas psicopatológicas faziam com que o mesmo paciente recebesse diferentes diagnósticos conforme o país ou o sistema teórico preferido pelo clínico. As companhias seguradoras e a pesquisa científica não se entendiam com nomenclaturas tão diversas. Os vizinhos suspeitavam que a casa hospitalar da loucura não era tão séria quanto parecia. Seu certificado de ciência pode ter sido forjado, dizem Karl Popper (1902-1994)[56] e Hans Eysenck (1916-1997).[57] Seus compromissos com a política repressiva na União das Repúblicas

---

56. POPPER, K. *Conjecturas e refutações*. São Paulo: Edições 70, 2018 [1963].

57. LUBORSKY, L.; SINGER, B.; LUBORSKY, L. Comparative Studies in Psychotherapy: Is it true that "everywon has one and all must have prizes"? *Archives of General Psychiatry*, n. 32, v. 8, 1975, pp. 995-1008.

Socialistas Soviéticas (URSS) e com a patologização da homossexualidade nos Estados Unidos eram completamente injustificáveis. A antipsiquiatria inglesa e o movimento antimanicomial italiano denunciaram como não fazia sentido enclausurar pessoas e cronificá-las em hospitais psiquiátricos, bem como tratar a doença mental como se fosse de fato uma doença. Emerge daí o eufemismo *"disorder"* (fora da ordem), traduzido em português como "transtorno", como célula elementar do sofrimento humano. *Desordens* ou *transtornos* mentais são síndromes, ou seja, agrupamentos de signos patológicos inconstantes e sem necessariamente uma cadeia causal operando entre eles.

f. As neurociências como promessa de encontrar os subsídios neuronais para os comportamentos humanos, integrando, assim, a teoria da evolução e a genética médica, com as novas tecnologias de neuroimagem, os algoritmos de análise discursiva, os testes de microrreação corporal. Em 1972, os laboratórios Eli Lilly sintetizam o cloridrato de fluoxetina. Os inibidores seletivos da recaptação da serotonina (ISRS, ou SSRI) são a terceira geração de antidepressivos, depois desdobrada na sertralina e no escitalopram. Eles sucedem os inibidores de monoamina oxidase (imipramina) e os depressivos tricíclicos (amitriptilina, clomipramina). A comercialização do Prozac como "pílula da felicidade", que logo se expande globalmente, acontece apenas em 1986. O efeito genérico dos novos antidepressivos os torna eficazes não apenas para a depressão, mas também para transtorno obsessivo-compulsivo, transtornos alimentares e do sono e para ansiedade. Com uma medicação que atacava um espectro cada vez mais abrangente de sintomas, inibições e angústias, torna-se tentador inverter o raciocínio clínico clássico, que vai do diagnóstico para o tratamento e, então, passar da lógica de que se a medicação funciona é isso que o paciente tem (ou deve ter).

Se psicanálise e psiquiatria viviam um casamento de aparências, ele agora entra definitivamente em crise, com os trabalhos de redação da terceira versão do DSM, iniciados em 1973. O divórcio formal só será assinado no fim da década de 1980, com a publicação final do volume que prometia enfim uma psiquiatria autônoma e científica, cujo modelo de sucesso e padrão, cuja fórmula de garantia de qualidade era definido por um novo quadro: a depressão. É importante não confundir as terapias cognitivo-comportamentais (TCCs) com a antiga terapia analítico-comportamental, descendente direta de análise experimental do comportamento, derivada dos achados de B. F. Skinner (1904-1990). Trata-se mais de um compósito de combinações derivadas das estratégias de indução artificial da depressão e do desamparo, feitas por Martin Seligman (1942-),[58] combinado com os achados da teoria do apego, feitos pelo psicanalista e etólogo John Bowlby (1907-1990)[59] e das técnicas de tratamento desenvolvidas por Aaron Beck (1921-),[60] que depois inspiraram a escala de depressão de Beck/escala de ansiedade de Beck. Tais escalas empregam a noção de depressão em curso desde os anos 1960, aprimorando a chamada escala Hamilton de avaliação da depressão, que, apesar de tudo, jamais se apresentou como procedimento diagnóstico.

A separação entre psiquiatria e psicanálise, em curso entre 1973 e 1989, não acontece sem acusações entre as partes, e há motivos por todos os lados. Como tantas vezes acontece nesse tipo de situação, os filhos ficam divididos e são acolhidos de formas desiguais pelos pais. A situação se torna ainda mais complexa quando os pais casam-se de novo e dão origem a outras famílias, com padrastos e madrastas para os quais os antigos rebentos são o testemunho vivo dos amores e dos pecados do passado.

Esse caso não foge à regra. A filha mais velha, a Neurose, disputava o direito de primogenitura com a Psicose e a Perversão, e

---

58. SELIGMAN, M. *Desamparo:* sobre depressão, desenvolvimento e morte. São Paulo: Hucitec, 1977.

59. BOWLBY, J. *Apego*. São Paulo: Martins Fontes, 1993 [1973]. BOWLBY, J. *Separação, angústia e raiva*. São Paulo: Martins Fontes, 1993 [1974]. BOWLBY, J. *Perda, tristeza e depressão*. São Paulo: Martins Fontes, 1998 [1975].

60. BECK, A. T. *Depressão:* causas e tratamento. Porto Alegre: Artmed, 2011.

foi adotada pela Psicanálise e lentamente recusada pela Psiquiatria. A Neurose carrega os traços de uma longa narrativa, definida por capítulos esquecidos e traumáticos, formada pela sucessão de conflitos encadeados e juízos de negação contra desejos, contra a sexualidade e contra a agressividade. A neurose, dada sua variedade e sua extensão, tornou-se perigosamente normalopática no fim dos anos 1960, aproximando-se da forma-padrão pela qual deveríamos expressar e viver nossos conflitos, bem como individualizá-los em narrativas. Ademais, a neurose parecia capturar dentro de si perigosas expectativas de gênero, reproduzindo padrões familiares específicos com sua distribuição desigual: histeria para as mulheres e mães, neurose obsessiva para homens e pais e fobias indiscriminadamente para as crianças.

No entanto, observada mais de perto, seria extremamente imprudente falar em unidade da psicanálise por volta dos anos 1970, momento no qual as diferentes escolas com seus modelos de formação e de conceitografias concorrentes começam a fazer ruir o consenso normativo forçado pelos anos 1960. Na verdade, não se poderia reunir todas as concepções de neurose vigentes à época. Seria mais prudente reconhecer que a própria psicanálise começava a viver uma crise de seus paradigmas diagnósticos, referidos a teorias diversas sobre o conflito, teorias que talvez fossem determinadas por diferentes narrativas de sofrimento, como tentei mostrar em outro lugar:[61]

a. A narrativa do objeto intrusivo sexual que se infiltra traumaticamente em nós antes do momento certo. A história de nossa corporeidade, de nossos encontros erógenos e disruptivos com nossos cuidadores entra aqui como conjunto de práticas formativas de nossas fantasias e da forma como vivemos afetos, emoções e sentimentos.
b. A narrativa do pacto edipiano mal realizado, que demanda sucessivas reedições, revisões e acertos para que possamos interiorizar

---

61. DUNKER, C.I.L. (2015) *Mal-Estar, Sofrimento e Sintoma*. Boitempo: São Paulo.

simbolicamente a lei, fazendo passar a autoridade familiar e pessoal em autoridade generalizada e impessoal das regras sociais.

c. A narrativa da alienação do desejo, pela qual nos entendemos como seres desligados, infiéis ou à procura de uma definição mais clara daquilo que queremos e de que forma queremos levar a cabo nossos sonhos. Aqui se incluem as defesas, as negações, as recusas a tudo o que não se coaduna com nosso eu, com valores e ideais que se acumulam por meio de identificações formativas.

d. A narrativa da perda da unidade simbólica do espírito, por meio da qual nos entendemos como desterritorializados, estrangeiros ou errantes em nossos próprios lugares de pertinência, como o corpo, a família, a língua e a cultura. A perda de unidades, inclusive unidades imaginárias, pode se apresentar em temas como a existência dividida entre desejos opostos, fragmentados entre pulsões e cindidos no impulso para formar novas unidades e identidades ou dissolver estas mesmas unidades em experiências parciais.

Ora, essas grandes narrativas que compunham a neurose com um agregado de sintomas definidos por uma mesma regra de formação ou por lógicas de reconhecimento relativamente estáveis no tempo e articuláveis com o progresso de uma vida se opunham a narrativas diferentes que definiam o campo da perversão e da psicose.

A separação entre psiquiatria e psicanálise fez emergir outra maneira de pensar o sofrimento. Nela, não importam tanto a coerência da história e sua relação com o futuro, basta o retrato do presente. Este definirá a depressão como uma figura funcionalmente deficitária. E essa teoria ganha força com a descoberta de que os estados depressivos poderiam ser revertidos por ação de medicação.

Desde a década de 1950 conheciam-se medicações antidepressivas, como os inibidores da monoaminoxidases – IMAOs – (fenelzina, isocarboxil e tranilcipromina) e os antidepressivos tricíclicos –

ADTs – (amitriptilina, desipramina, clomipramina), mas estes pareciam apenas atenuar os sintomas da depressão maior ou endógena, ligados ao funcionamento motor geral, acarretando resultados incertos para as depressões exógenas, sem falar em seus sintomas colaterais desagradáveis. Sabia-se que os antidepressivos tricíclicos, como imipramina, nortriptilina clomipramina, atuavam no mecanismo da acetilcolina, mas não se entendia como isso interferiria nos processos depressivos. Lembremos que até então a maior parte das medicações psiquiátricas era produto de investigações sobre outras doenças, no interior das quais se reconheciam efeitos secundários, por exemplo:

1952 – Reserpina, anti-hipertensivo que reduz efeitos da mania.
1952 – Clorpromazina, contra-choque cirúrgico, possui propriedades calmantes.
1953 – Iproniazida, antituberculínico com propriedades antidepressivas.
1957 – Carbonato de lítio, usado para modulação do humor na bipolaridade.
1958 – Haloperidol, neuroléptico.
1992 – Risperidona, neuroléptico.
1997 – Olanzapina, neuroléptico.

Percebe-se que todas essas medicações têm efeitos diretos ou indiretos sobre a depressão, sem que se saiba o mecanismo exato de ação.[62] Por exemplo, o haloperidol foi descoberto no contexto da pesquisa sobre novos hipnoanalgésicos, como o fentanyl (*Palfium*) e o difenoxilato (*Lomotil*), que hoje tornaram-se um problema epidêmico nos EUA por seu uso desenfreado. Supunha-se que ele agia sobre o mecanismo de recaptura da dopamina, mas no fundo a ligação

---

62. COSER, O. *As metáforas farmacoquímicas com que vivemos:* ensaios de metapsicofarmacologia. Rio de Janeiro: Garamond, 2010.

entre a dopamina e os sintomas psicóticos, que o haloperidol e os burtirofenônicos tratam permanecem, depois de mais de sessenta anos, incógnitos. Até os anos 1980, discutia-se a subutilização do lítio como estratégia clínica para tratamento da bipolaridade, apesar de sua descoberta remontar a 1954.[63] Ou seja, não era a existência da substância, nem a sua disponibilidade comercial que fizeram destes produtos psiquiátricos populares. É como se soubéssemos que sem gasolina um carro não sai do lugar, mas disso não se infere nada sobre como funciona o motor e qual é o papel da ignição ou da bateria.

Contudo, o quadro mudou sensivelmente, em curto período, com a descoberta dos ISRSs. Diferentemente dos tricíclicos e dos IMAOs, cujo mecanismo de ação permanecia enigmático, os ISRSs retomavam a antiga hipótese de que áreas cerebrais se relacionam com funções psicológicas. Aqui surge a hipótese de que um neurotransmissor específico, a serotonina, é responsável pela regulação do humor, do apetite, do sono, da memória e do comportamento social e sexual. A serotonina seria uma espécie de "gasolina" da qual emanariam a força e a energia para o bom funcionamento mental. No intervalo de cinco anos surgiram, então, as chamadas drogas da felicidade: fluoxetina, em 1987 (por exemplo, Prozac); sertralina, em 1991 (como Zoloft); e paroxetina, em 1992 (categoria de que faz parte Paxil).

Logo se percebeu que uma série de traços depressivos não eram abrangidos por essa hipótese, principalmente aqueles que se situavam na fronteira com a ansiedade. Agora sabemos que a velocidade do carro depende de como se usam o acelerador e o freio, mas, ainda assim, nos falta o conhecimento de como ligá-lo. Surge, então, a ideia de que haveria um segundo neurotransmissor, a norepinefrina (ou noradrenalina), que regularia a atenção e as funções motoras ligadas à resposta a estresse, ansiedade e mecanismos de ataque e fuga. E, por isso, logo depois vêm as combinações entre as medica-

---

63. SCHOU, Mogens (1954) *Treatment of manic psychoses by administratrion of Lithium salts*. J. Neurol. Neurosurg.Psychiat. 17: 250, 1954.

ções que prometiam aumentar a disponibilidade da serotonina e da norepinefrina: venlafaxina, em 1993 (com Effexor, por exemplo); duloxetina (como Cymbalta); e desvenlafaxina (tipo Pristiq).

Ainda assim, havia aqueles depressivos que recuperavam a sensação de bem-estar, que reduziam a ansiedade, mas se mostravam incapazes de iniciar determinado ciclo comportamental (como sair da cama), tomar decisões (como mudar de emprego) ou levar a cabo consequências de uma decisão (comunicar isso ao chefe), sintoma conhecido como abulia. Agora que sabemos que o carro precisa de gasolina e de acelerador, basta pensar que lhe falta um "gatilho", ou uma chave girando na fechadura, para o processo se desenrolar perfeitamente. Haveria, então, um terceiro neurotransmissor, a dopamina, que seria responsável por tomada de decisões, motivação e mecanismos de punição e recompensa. Isso nos leva aos antidepressivos "atípicos" que agem sobre serotonina, epinefrina e dopamina: bupropiona, em 1985 (como Wellbutrin); mirtazapina, em 1996 (tipo Remeron); e vortioxetina, em 2013 (Brintellix).

Foi nesse contexto que a Depressão, antiga esquecida, a filha do meio, ganhou protagonismo. Sua força e sua visibilidade vieram principalmente do fato de ter sido escolhida como primogênita da nova psiquiatria, que se apropriava de novas tecnologias farmacológicas. Facilitou a escolha o fato de que sua determinação depende da inibição das funções do eu e que, portanto, ela se unia à narrativa econômica de nosso sofrimento. Ela não está relacionada à crise de crescimento ou à paradas de desenvolvimento, causadas por conflitos maltratados, mas à evidência mais imediata de rebaixamento da disposição ao consumo, diminuição da produtividade laboral, do desempenho escolar, da potência sexual manifesta, da incapacidade para fruir a experiência e extrair dela o máximo de prazer. A depressão herda, assim, a figura social do fracassado, do inadequado, daquele que não consegue se ajustar a normas e regras, mas com um detalhe: isso não é mais percebido como princípio de rebelião, greve ou oposição, e sim como determinação relativamente "externa" que o impede e o inibe desde o próprio cérebro.

Essa nova narrativa de sofrimento individualiza o fracasso, na forma da culpa, sem interiorizá-lo na forma de conflitos. Com isso, consegue isolar completamente a dimensão política das determinações objetivas que atacam nossas formas de vida, redimensionando trabalho, linguagem e desejo, tornando o sofrimento psíquico a mais nova forma de capital a ser empreendida tanto pelas corporações quanto pelo próprio sujeito. Isso pode ser ótimo, do ponto de vista da explicação social da produção de desviante, fracassados ou excedentes do sistema de produção; no entanto, só funciona porque tem um enraizamento real na experiência depressiva. Nesta, autoavaliação, auto-observação, juízo comparativo e apreciação de si ocupam longas extensões de tempo e raptam grande parte da energia psíquica do indivíduo.

Em outras palavras, o isolamento social e cognitivo requerido pela separação entre vida e depressão, de tal maneira que os sintomas independem do que o sujeito possa fazer com seu cérebro, tido como universal natural e norma indiscutível. Ou seja, a hipótese depressiva requer que olhemos para o que é impossível (sobreviver ao sistema infinito de redução de custos e aumento de resultados) como mera impotência (decorrente da insuficiência de habilidade e capacidade auto-organizativa do sujeito). Inversamente, ela requer interpretar aquilo que é a causa hipotética da impotência (cérebro depressivo), como impossível de ser transformado (apenas mitigado por compensação paralela e crônica de natureza bioquímica).

O que caracteriza a depressão, do ponto de vista da sua etiologia, é que ela prescinde de uma teoria do conflito. Em outras palavras, do ponto de vista do conflito, a depressão seria um sintoma secundário de formações de sintoma ou de angústia baseadas no conflito. Com o dispêndio de trabalho psíquico, assim como o esforço para se adaptar ao sintoma ou para evitar situações indutoras de angústia, a depressão seria um efeito residual das inibições e dos reposicionamentos identificatórios. Ela nos faz pensar que a questão central da existência é saber quem somos, não o que queremos.

Algo análogo aconteceu com o destino da filha mais nova do casamento entre Psicanálise e Psiquiatria, a Angústia (*Angst*). A Angústia passou a frequentar um regime de guarda compartilhada com os pais. Quando aparecia em conflito com o Sintoma, como fracasso do recalcamento ou como mecanismo de defesa, permaneceu "Angústia" para psicanalistas; quando frequentava a casa da Psiquiatria, integrava-se ao eu na forma de reação ou tipo de funcionamento, sendo, assim, rebatizada primeiro como "Ansiedade", depois como "Estresse".

Ao contrário do que costuma acontecer em divórcios, quando a filha do casal passa por um período de ajustes, com visitas periódicas ou guarda compartilhada, crises no Natal e no Ano-Novo, a nova situação gerou um autêntico rapto. A Depressão passou a levar uma vida completamente nova, com luxo e opulência, sob o domínio de um novo tutor que surge inesperadamente. Disposto a transformá-la em um verdadeiro prodígio do sofrimento mental, ele logo percebe que o estatuto mais ou menos indefinido e transversal da Depressão serviria para produzir um amplo efeito *"depression me too"* (*depressão, eu também*).

No fundo, o novo casamento da psiquiatria com as neurociências fez desaparecer inúmeras formas de diagnóstico: a paranoia foi gradualmente incluída e subordinada à esquizofrenia, as psicoses da infância foram diluídas no espectro do transtorno autista, a histeria desmembrou-se em transtornos somatoformes, fobia social, anorexias, transtornos de gênero, fibromialgia. Mas não seria possível fazer desaparecerem as antigas neuroses, por isso elas foram rebaixadas à classe dos transtornos de personalidade. Elas são definidas por uma espécie de entranhamento do sintoma no eu, sem conflito. Dessa forma, seria possível dizer que cada uma das antigas categorias, definidas pelos sintomas, pode agora ser reinterpretada, em formas benignas, ou versões egossintônicas, como espelho dos antigos sintomas. *Personalidades classe A*: esquizoide, esquizotípica e paranoide; *personalidades classe B*: histriônica, narcisista e antissocial; *personalidades classe C*: dependente, esquiva e obsessivo-compulsiva.

Os transtornos de personalidade descendem da antiga teoria da constituição, teoria galênica e aristotélica da constituição do mundo e do corpo: água, terra, fogo e ar. A noção de personalidade foi reatualizada ao longo do século XIX pela teoria dos tipos psicológicos e das concepções de caráter, presentes em psiquiatras como Franz Joseph Gall (1758-1828) e Ernst Kretschmer (1888-1964), mas também em uma versão bastante lateral em Freud, que falava em caráter narcísico, erótico e compulsivo. Wilhelm Reich (1897- -1957)[64] desenvolveu a teoria psicanalítica do caráter, mostrando como tinha uma estreita ligação com a maneira como integramos conflitos sociais a modos específicos de experiência do corpo. Erik Erikson[65] (1902-1994) mostrou como o caráter se liga tanto a nossos modos sociais de criação e educação quanto à forma como resolvemos certos dilemas típicos do desenvolvimento, definidos por oposições entre vergonha ou dúvida, iniciativa ou culpa, iniciativa ou inferioridade, identidade ou confusão, criatividade ou conservação, integridade ou desespero. Mas foi Theodor Adorno,[66] com seus estudos sobre a personalidade autoritária, quem mostrou que o conceito de personalidade encontrava-se no lugar de uma contradição, que não era apenas relativa ao conflito intrassubjetivo, mas ao ponto de cruzamento entre narcisismo, como processo de formação do eu, identificação e interiorização da lei familiar, e os processos históricos de individualização, alienação social e fragmentação.

---

64. REICH, W. *Análise do caráter*. São Paulo: Martins Fontes, 1998 [1933-1935].

65. ERIKSON, E. H. *Infância e sociedade*. 2. ed. Rio de Janeiro: Zahar, 1987 [1950]. ERIKSON, E. H.; ERIKSON, J. *O ciclo da vida completo*. Porto Alegre: Artes Médicas, 1998 [1956].

66. ADORNO, T. *Estudos sobre a personalidade autoritária*. São Paulo: Editora Unesp, 2019 [1950].

Se o caráter ou a personalidade é uma espécie de museu ou acúmulo de identificações pelas quais o eu vai incorporando e superando conflitos, foge a essa definição um novo tipo de personalidade: o transtorno de personalidade *borderline* (pertencente a *Classe B*). Marcado por sentimentos depressivos e impulsividade, os "estados limites", ou "personalidades limítrofes", ocuparam longamente a reflexão psicanalítica entre 1989 e os anos 2000. Nesse caso, trata-se de uma personalidade cuja característica central e persistente é o próprio conflito, tanto consigo como com os outros, caracterizada pela impulsividade, pelo apego e pela dependência, pela deformação da autoimagem, pelo comportamento de risco, como autolesão e suicídio e pela insubmissão. Esse transtorno é herdeiro das antigas loucuras histéricas do século XIX – e se torna modelo para acumulação do funcionamento psíquico em estrutura de conflito. Como *infant terrible* da nova psiquiatria, resistente à medicação ou à aderência a tratamentos em geral, a personalidade *borderline* teria sido descrita na década de 1940 pelo psicanalista Adolph Stern (1879-1958),[67] entre adolescentes americanos em conflito com a lei. Ela foi introduzida no DSM em 1973, graças aos esforços do psicanalista Otto Kernberg (1928-),[68] que investigou principalmente as relações entre narcisismo e agressividade.

Um exemplo de teoria neoliberal da personalidade é a chamada "Big Five". Assim como os antidepressivos, ela foi pensada nos anos 1960, mas efetivamente popularizada nos anos 1990. Em acordo com a hipótese depressiva, essa teoria da personalidade considera fatores gradientes, cuja intensidade definem uma disposição dos sujeitos em termos de: (1) Extroversão, (2) Agradabilidade, (3) Conscienciosidade e (4) Abertura para a Experiência. Apenas o

---

67. STERN, A. Investigação psicanalítica e terapia do grupo de neuroses limítrofes. *Revista Latino-americana de Psicopatologia Fundamental*, v. 2, n. 2, 1999 [1938].

68. CATTELL, R. B.; MARSHALL, MB; GEORGIADES, S. Personality and motivation: Structure and measurement. *Journal of Personality Disorders*. 19 (1): 53-67. [1957]

quinto fator, justamente chamado (5) "Neuroticismo", que preserva a noção de conflito, mas tornando-o patológico:[69]

> Neuroticismo é a tendência para experienciar emoções negativas, como raiva, ansiedade ou depressão. Por vezes é chamada de instabilidade emocional. Aqueles com um grau elevado de neuroticismo são emocionalmente reativos e vulneráveis ao stress. Estes estão mais predispostos a interpretar situações normais como sendo ameaçadoras, e pequenas frustrações como dificuldades sem esperança. As suas reações emocionais negativas tendem a persistir por períodos invulgarmente longos, o que significa que eles estão usualmente com má disposição. Esses problemas na regulação emocional podem diminuir a capacidade dessas pessoas para pensar claramente, tomar decisões e lidar de forma apropriada com o stress. [70]

Portanto, é nesse cenário de inversão entre figura e fundo com as neuroses e de substituição da narrativa de sofrimento baseada na gramática do conflito pela gramática da esquiva, da adaptação e da inibição que a depressão é elevada à condição de normalopatia. Isso significa que, a partir de então, todos nos reconheceremos em momentos, fases e propensões mais ou menos depressivas. A depressão nos visitará, de forma mais grave ou aguda, em algum momento da vida. Eventualmente, já está presente como uma depressão mascarada, aqui e agora.

Para formar uma unidade genérica entre identificação inclusiva em signos depressivos, representação de prazeres suprimidos e articulação de demandas de reconhecimento, necessária para incluir-se em um discurso terapêutico, separando-se de um discurso moral, foi necessário redefinir clínica e conceitualmente a Depres-

---

69. DIGMAN, J.M. Personality structure: Emergence of the five-factor model. *Annual Review of Psychology*. 41: 417 -440. [1990]

70. https://pt.wikipedia.org/wiki/Big_Five_(psicologia)

são. Foi preciso fazer acreditar que ela não tinha passado conhecido nem família anterior muito definida. Inventou-se um novo figurino. Durante os quarenta anos seguintes, a depressão foi desmembrada, dividida e redividida em onze tipos. Uma vez desligada de seus nobres antepassados, renomeada e rebatizada, tornou-se uma selva de quadros, muitos deles definidos recursivamente pela negação de outros, ao modo de uma carta de vinhos.

1. *Distimia (transtorno depressivo persistente)*: modelo leve e crônico, com alterações cotidianas básicas para uso durante o dia, todos os dias, no mínimo por dois anos. Ingredientes leves de oscilação, queixas de cansaço e notas de desânimo, alterações de apetite, libido e psicomotoras. É um transtorno leve colhido em geral na adolescência ou no princípio da idade adulta.
2. *Transtorno disruptivo da desregulação de humor*: quase igual à distimia, mas acrescenta tons de rompantes, reações abruptas verbais e comportamentais de raiva ou irritação.
3. *Transtorno disfórico menstrual*: especialmente feito para o gosto feminino, com oscilações de humor abruptas, sentimento de rejeição, irritabilidade e raiva, humor depressivo e falta de esperança, sentimento de perda de controle, letargia ou fadiga, alteração no apetite.
4. *Transtorno depressivo induzido por substância ou medicação*: varietal indicado para aqueles que gostam de harmonizar a depressão com álcool, inalantes, opioides, sedativos, cocaína, anfetamina, alucinógenos e fenciclidina.
5. *Depressão sazonal*: é uma variedade colhida no outono ou no inverno e pela remissão na primavera, sendo incomum no verão. Indicada para jovens que vivem em maiores latitudes com toques de apatia, diminuição da atividade, isolamento social, diminuição da libido, sonolência, aumento do apetite, "fissura" por carboidratos e ganho de peso.

6. *Depressão secundária*: é uma depressão mediana que combina as síndromes depressivas causadas por doenças médico-sistêmicas e por medicamentos, mas tende a desaparecer com o fim do quadro orgânico e do tratamento.
7. *Depressão endógena*: mais encorpada, com predominância de sintomas como perda de interesse ou prazer em atividades normalmente agradáveis. Piora pela manhã, com reatividade de humor, lentidão psicomotora, queixas de esquecimentos, perda de apetite, importante perda de peso, muito desânimo e tristeza.
8. *Depressão atípica*: caracteriza-se pela inversão dos sintomas – aumento de apetite e ganho de peso, dificuldade para conciliar sono ou sonolência, deixa uma sensação de opressão e peso. Cria uma sensibilidade exagerada à rejeição, respondendo de forma negativa a estímulos ambientais.
9. *Transtorno depressivo maior (transtorno bipolar tipo I)*: um clássico da depressão. Forte, encorpado e inesquecível. Adere seu sabor inconfundível por parte do dia ou longos períodos, deixando sentimento de tristeza, vazio e falta de esperança. Notas marcantes de perda ou diminuição do interesse por atividades prazerosas, perda de peso, insônia ou hiperinsônia. As boas safras se fazem acompanhar por fadiga, agitação psicomotora, sentimento inapropriado de culpa, perda de concentração e indecisão e típicos pensamentos de morte.
10. *Depressão bipolar (transtorno bipolar tipos II e III, transtorno ciclotímico)*: é o rei das depressões, conhecido por pacientes bipolares que iniciam a doença com um episódio depressivo. Tipicamente, quanto mais precoce o início, maior a chance de uma verdadeira bipolaridade. Outras formas de reconhecer uma safra verdadeira é atentando para a história familiar de bipolaridade, depressão maior, abuso de substâncias, transtorno de ansiedade.
11. *Depressão psicótica*: É um quadro grave, mas no qual a depressão é uma nota adjuvante. Há delírios e alucinações em primei-

ro plano. Os delírios são representados por ideias de pecado, doença incurável, pobreza e desastres iminentes, conforme as típicas ideações autorrecriminativas melancólicas.

Se você não se encontrou em nenhuma dessas possibilidades, não se deprima nem se desespere, pois há ainda condições "curingas" que podem ser especialmente adequadas a seu caso, como o *transtorno depressivo ligado a outra condição médica* (CID IX 293.83) ou o incrível *outro transtorno depressivo* (311 F32.8) e o ainda mais abrangente *transtorno depressivo não especificado* (311 F32.9). Se ainda assim está em dúvida se é uma pessoa depressiva ou não, perceba que pode estar em um dos sete subtipos disponíveis: leve, moderado, severo, com aspecto psicótico, com remissão parcial, com remissão completa ou, ainda, depois de tudo, inespecífico.

Se ainda assim você insiste em ter um gosto peculiar e singular por sua condição psicopatológica de base, saiba que esse sistema diagnóstico é marcado pelo mais alto grau de comorbidade de toda a medicina, ou seja, a maior probabilidade de conjunção de mais de uma doença no paciente. A comorbidade com a ansiedade chega a 65%[71] e segue um padrão elevado para consumo abusivo de álcool, opioides, *Cannabis*, estimulantes,[72] bem como para quadros cardíacos, acidentes vasculares cerebrais, síndromes neurológicas, quadros oncológicos, infecções e algesias crônicas. Isso significa que você pode estar no *transtorno de espectro autista* e ter depressão, sofrer de *transtorno de impulso* ou de *ansiedade* e, ao mesmo tem-

---

71. GROEN, R.N., RYAN, O., WIGMAN, J.T.W. et al. (2020) Comorbidity between depression and anxiety: assessing the role of bridge mental states in dynamic psychological networks. BMC Med 18, 308 (2020).

72. *Comorbidity of mental disorders and substance use: A brief guide for the primary care clinician Drug and Alcohol Services South Australia*, 2008. https://www.sahealth.sa.gov.au/wps/wcm/connect/68872d8041785aab92bdff67a94f09f9/Comorbidity+Mental+Disorders+Substance+Use+Guide_2008-DASSA-Oct2013+pdf.pdf?MOD=AJPERES&CACHEID=ROOTWORKSPACE-68872d8041785aab92bdff67a94f09f9-niQ9q5s

po, por completo azar, sofrer de depressão. Em outras palavras, ela acompanha quase qualquer panorama.

Esse estado de rigor científico e descritivo foi obtido após quarenta anos de centralidade da pesquisa psicopatológica sobre depressão. Espero que o leitor não conclua disso que a depressão não existe, que é uma invenção da indústria farmacêutica ou que os pacientes que sofrem com esse vasto repertório de sintomas são simplesmente desviantes morais, preguiçosos, de pouca fé ou baixa propensão ao pensamento positivo. Essa sensação só acontece porque, quando nos descobrimos enganados, tendemos a voltar ao sistema de crenças anteriores, conferindo a ele maior confiabilidade.

Como os antidepressivos são efetivamente a única grande descoberta desse período, começou a ficar claro que ele funcionava para um número cada vez maior de quadros. O processo parece ter sofrido considerável refluxo em 2013, por ocasião da quinta edição do Manual Estatístico de Transtornos Mentais (DSM-V), editado pela Associação Psiquiátrica Americana (APA), que causou protestos em todo o mundo, até mesmo dos psiquiatras e das agências financiadoras de pesquisa e de financiamento em saúde mental pela ausência de marcadores biológicos e pela operacionalidade convencional dos tipos clínicos desprovidos de conceitos ou subsídios mais fundamentados para os tratamentos. O esclarecimento da hipótese aminominérgica não surgiu, e a explicação para a eficácia dos antidepressivos de terceira geração se somou ao desconhecimento anterior sobre as outras medicações psiquiátricas. A grande metáfora da depressão como déficit de serotonina ou de dopamina, que é ativada por "gatilhos" experienciais, começa a se apresentar perigosamente parecida como um daqueles antigos e alegóricos conceitos psicanalíticos.

A expectativa de que os avanços das neurociências e da genética nos fariam entender a gênese das doenças mentais mostrou-se improcedente. Surgem denúncias de que mais de 70% dos formuladores dos critérios diagnósticos seriam remunerados direta ou indiretamente pela indústria farmacêutica. O inventor da noção de *déficit de atenção com hiperatividade* dá uma entrevista dizendo que a categoria fora inventada em laboratório. Os gastos de marketing e as operações de convencimento, com os custos bilionários de desenvolvimento de novas gerações que mais combatiam os efeitos colaterais e mitigavam as interações medicamentosas que atacavam as causas dos transtornos. No meio da decepção estava nossa Depressão, agora sobrecarregada por milhões de usuários crônicos de antidepressivos que, para a consternação geral, apresentavam índices decrescentes de melhora, chegando, na maior parte dos casos, a competir com os patamares do efeito placebo e das psicoterapias mais simples.[73] Vários dos antidepressivos tinham sido aprovados para consumo público por meio de práticas discutíveis em ciência, como financiar experimentos, do tipo duplo-cego ou *trials*, e depois publicar apenas os que apresentavam resultados favoráveis. Começam os processos sobre potenciais danos cerebrais induzidos por uso contínuo e prolongado de antidepressivos.

---

73. LAUREN Z ATKINSON, YUSUKE OGAWA et alli (2018) Comparative Efficacy and acceptability of 21 antidepressant drugs for the acute treatment of adults with major depressive disorder: a systematic review and network meta-analysis. The Lancet VOLUME 391, ISSUE 10128, pp. 1357-1366, APRIL 07, 2018.

7
ASCENSÃO E QUEDA DA RAINHA DEPRESSIVA

Podemos descrever o reinado da Depressão dividindo-o em três momentos. No primeiro, que vai de 1973 a 1989, a Depressão ainda é considerada uma espécie de febre ou sintoma transversal de diferentes quadros clínicos, mas passa a ser definida, cada vez mais, no eixo de oposição entre o infantil e o adulto. Nessa narrativa, a Depressão é uma espécie de recusa ao crescimento, uma paralisação do desenvolvimento ou uma regressão produzida por certos encontros traumáticos com a realidade. Haveria, por assim dizer, tanto para psicanalistas como para psicólogos cognitivos, uma espécie de estado básico de depressão representado pela falta de amparo, estado este que teria sido vivido em momentos críticos da infância e aos quais o sujeito regrediria diante de situações de alta complexidade. A depressão originária pode adquirir a seguinte apresentação clínica:

> O temor depressivo abriga um duplo sentido de ameaça e defesa, pela preservação de um território, quanto aos seus contornos e conteúdos, constituindo a forma mais básica e mais genérica de depressão associada ao estado originário de desamparo [...] [evidenciada] pelo estado defensivo de alerta e ruína evidente. [74]

---

74. DELOUYA, D. *Depressão*. São Paulo: Casa do Psicólogo, 2000.

O segundo período vai de 1989 a 2008, período no qual a globalização psiquiátrica tornou hegemônica e indiscutível seu vocabulário. Nele, a Depressão se expande e ganha personalidade própria, não mais reduzida a uma espécie de infantilismo ou de covardia moral, mas ao eixo mais genérico da impotência e da impossibilidade. Aqui o paradigma não será mais a experiência originária e infantil, e sim a perda de performance, a recusa a operar segundo certo regime específico de individualidade. O depressivo sofreria uma dificuldade de enquadramento[75] narcísico, ou seja, uma gramática desviante de reconhecimento. Ele pode se identificar de forma idealizada como grande empreendedor, focado em incríveis realizações e um destino glorioso no mundo dos negócios, dos amores e da família, para logo em seguida sofrer um "tombo" inesperado diante de uma demissão ou uma decepção amorosa. A mesma narrativa compreende o polo oposto dos indivíduos que cronicamente se experimentam como inadequados, com sentimento de si rebaixado ou com uma limitação insidiosa para arriscar e avançar posições subjetivas ou desejantes. Toda gramática de reconhecimento envolve a forma como nos reconhecemos, como nos fazemos reconhecer e como nos reconhecemos sendo reconhecidos pelos outros. Constituir autoridades e alteridades legítimas depende, portanto, de fixar e alterar, periodicamente, esse sistema de articulação entre a imagem que nos representa simbolicamente, a linguagem simbólica em que os atos reais podem ocorrer e a realização simbólica e imaginária de desejos, demandas e aspirações narcísicas, bem como de perdas, lutos, privações e frustrações.

> O problema do luto é o da manutenção dos vínculos por onde o desejo está suspenso, não pelo *objeto a*, mas por i(a), imagem narcísica pela qual todo o amor, quando este termo implica a dimensão idealizada, está estruturado narcisicamente.[76]

---

75. Ibidem, p. 50.
76. LACAN, J. *O seminário*, Livro X: A angústia. Rio de Janeiro: Jorge Zahar, 1962-1963, p. 364.

O objeto a representa aqui o condensado das figuras psicanalíticas da negatividade: a castração, a perda, a separação e a falta. Lacan sugere que o problema da melancolia, na qual se inscreve a Depressão como caso particular, se dá na relação desse objeto com o ideal que o encobre, dá corpo ou cria ficções de si, ou seja, a ideia de que o ideal (i) coloca entre parênteses o [a]. Essa ideia complexa tem um correlato clínico na dificuldade que os depressivos apresentam para sustentar e se relacionar com seus semblantes. Manter-se perfazendo um "papel" torna-se uma experiência postiça, inautêntica e obra de uma artificialidade cujo trabalho parece a um tempo infinito e impraticável. É o famoso realismo depressivo, que usualmente é interpretado pelos que estão à volta como pessimismo ou como gosto por desmanchar o prazer alheio. Isso ocorre porque o prazer alheio remete a esse complexo de imposturas e falsidades que é como o sujeito se lê nas trocas sociais e desejantes.

O trabalho e o custo psíquico para sustentar esses parênteses tornam-se muito elevados, por isso também esse tipo de depressão se associa a estados de distanciamento, desligamento e de auto-observação. Estar nos lugares, participar das relações e extrair delas parece tarefa impossível. Em vez disso, o sujeito se coloca em recuo, como a observar a festa humana tal qual um teatro mal executado e imperfeito. E quando esse recuo é rompido artificialmente pela aproximação da realidade, seja por um comentário desavisado, seja por um mau encontro, isso colhe o sujeito em um estado de sensibilidade extrema e reatividade, muitas vezes agressiva, outras, impulsiva.

Com o tempo, isso transforma o depressivo em alguém permanentemente consagrado à observação de si mesmo, oscilante entre bons e maus momentos, dias bons e maus, e condenado a repetir uma narrativa de si, como sintetiza Martha Manning (1952-), psicoterapeuta que descreveu em detalhes seu processo depressivo:

> É fácil concordar com toda a baboseira romântica sobre a depressão, de certa forma transformar a pessoa numa criatura de sensibilidade

singular quando estou me sentindo bem. Aí eu fico me achando mais perspicaz, superior por ter resistido a uma coisa terrivelmente difícil, ou apenas francamente satisfeita pelo fato de mais uma vez ter me safado por pouco. [...] Tudo isso resiste à luz, mas é bobagem na escuridão.[77]

Notemos que não estamos mais no registro do proibido e da revolta, do conflito ou da contradição, mas da soberania do forte ou do fraco, do que se sustenta ou do que cai. Encontramos aqui o que Maria Rita Kehl (1951-) descreveu como condições sociais da transmissão da depressão: a aceleração do tempo, o incremento da prontidão para a resposta à demanda, a demissão das posições de autoridade na relação entre pais e filhos, a recusa da partilha social do gozo e as paixões da segurança, que demandam do indivíduo que este se transforme em um ser genérico, indefinidamente comparável e substituível com os outros.[78] Surge aqui a narrativa do depressivo como alguém que se perdeu de si mesmo, que se desgarrou do sistema da produção e do consumo, que não consegue empreender a si, que oscila perpetuamente entre ser alguém superior e especial ou um nada, vazio dissolvido na multidão informe da insignificância.

O terceiro tempo do reinado depressivo se desenrola entre 2008 e os nossos dias, quando a depressão começa a ser pensada cada vez mais como síndrome com sintomas corporais: dores que andam pelo corpo, como na fibromialgia; corpo em cansaço permanente, como na fadiga crônica; fadiga que explode na queima de toda a energia, como no *burnout*; ou que se mostram resistentes aos manipuladores químicos da libido ou do sono.

A novidade dos antidepressivos cessa de funcionar curiosamente quando as patentes vão sendo liberadas e os preços caem. Os

---

77. MANNING, M. *Depressão:* o diário de uma terapeuta em depressão. Rio de Janeiro: Francisco Alves, 1997 [1994].

78. KEHL, M. R. *O tempo e o cão:* a atualidade das depressões. São Paulo: Boitempo, 2009, pp. 274-295.

novos antidepressivos não prometem mais a cura, e sim o alívio das versões "corporais" da depressão, bem como a redução dos indesejáveis, mas por muito tempo pouco tematizados, efeitos colaterais. O trabalho de Alain Ehrenberg (1950-)[79] nos anos 2000 mostrou a ligação da depressão com a performance corporal. 2008 é o ano que marca a crise do neoliberalismo, não só pelo colapso das hipotecas imobiliárias nos Estados Unidos, mas porque o modelo econômico da austeridade começa a ser claramente identificado com a produção da depressão. Se Christopher Lasch (1932-1994)[80] aborda a depressão narcísica e infantilizada dos anos 1970, Zygmunt Bauman (1925-2017)[81] e sua metáfora da liquidez aborda a depressão generalizada dos 1990, e Alain Ehrenberg (1950-)[82] nos traz um bom retrato da depressão nos anos 2010 como epidemia mundial ligada à cultura da performance. A partir de 2008, a relação custo-benefício envolvida no desenvolvimento de novos antidepressivos cai drasticamente.

Na medida em que a depressão passa a ser pensada como um quadro dotado de uma etiologia indiferente ao conflito psíquico, ela reforça o conflito com a realidade. As terapias cognitivas interpretavam a depressão como deformação do pensamento e propunham um roteiro bem estruturado baseado em princípios e evidências. Um dos manuais mais populares dessa abordagem apregoa que a terapia se baseia:[83]

a. no "contínuo desenvolvimento do paciente e de seus problemas cognitivos";

---

79. EHRENBERG, A. *La Fatigue d'être soi:* Dépression et société. Paris: Odile Jacob, 1998.
80. LASCH, C. *Cultura do narcisismo*. São Paulo: Brasiliense, 1970.
81. BAUMAN, Z. *Modernidade e ambivalência*. Rio de Janeiro: Jorge Zahar, 1999.
82. EHRENBERG, A. *La Fatigue d'être soi: Dépression et société*. Paris: Odile Jacob, 1998.
83. BECK, J. *Terapia cognitiva:* teoria e prática. Porto Alegre: Artes Médicas, 1997 [1995], pp. 21-24.

b. em uma "aliança segura" e na "colaboração e participação ativa" do paciente;
c. em "metas e soluções de problemas" enfatizando o "presente";
d. em "ensinar o paciente a evitar recaídas" durante um "tempo limitado";
e. em sessões estruturadas de modo "a ensinar o paciente a avaliar e responder a pensamentos e crenças disfuncionais", usando uma variedade de técnicas para mudar o "pensamento, humor e comportamento".

Essa abordagem, que durante anos foi elevada à condição de protocolo no tratamento das depressões, associada permanentemente com a administração de medicação antidepressiva, tornou-se dominante e exportada para os países da África, da Ásia e da América Latina, criando diferentes cenários de recepção. Para o cognitivismo, a depressão é sobretudo um problema de crenças irracionais e distorcidas. O problema não é exatamente a relação com o mundo em si, mas a crença ou não na sua controlabilidade. Quando vamos desistindo de crer que nossas ações têm ações e efeitos sobre a realidade, caminhamos da depressão para o desamparo. Em seu clássico de 1972, *Desamparo sobre Depressão, Desenvolvimento e Morte*,[84] Martin Seligman narra a epopeia de uma brilhante estudante que obtém sucesso em todas as suas iniciativas. Suas decisões são coroadas de êxito e confirmadas, de uma forma ou de outra, até que ela sofre um pequeno revés na saída da faculdade. Isso é suficiente para mergulhá-la em uma depressão séria. Seligman argumenta que sua crença na controlabilidade estava de certa maneira desregulada, como se seu histórico de sucesso tivesse impedido que ela ajustasse a relação com a determinação de seu destino. A narrativa da paciente de Seligman antecipa, de certa maneira, um

---

84. SELIGMAN, M. *Desamparo sobre Depressão, Desenvolvimento e Morte*. São Paulo: Hucitec, 1977.

novo tipo de literatura, no qual não existem forças em disputa para "controlar" a realidade, mas um processo gradativo de aceitação da perda ou redução de nossas expectativas de controle.

Críticos literários como Marco Roth (1974-)[85] e Paulo Werneck (1978-)[86] apontam como nossa forma de produzir romances teria se desligado das antigas narrativas psicanalíticas repletas de interioridade, conflitos de desenvolvimento, tramas familiares e divisões da consciência, seja no sonho, seja nos sintomas. A neuroliteratura, como *Amor sem fim* (1997), de Ian McEwan (1948-), destacou síndromes neurológicas, como a síndrome de Huntington e Tourette ou de linhagens psicóticas, como a síndrome de Clèrambault e o autismo. Esse movimento de reapropriação literária de novas formas de sofrer, em oposição aos romances como os de Balzac, Flaubert, Joyce ou Proust, tem impacto direto na depressão. Enquanto verdadeiros quadros neurológicos são indiferentes às formas como são descritos, a Depressão depende de como se fala dela. Isso envolve tanto como o sujeito "se fala" quanto a forma como ele "é falado", de tal modo a ter seu sofrimento incluído em discursos, com legitimidade e reconhecimento.

Isso significa uma nova posição diante do sofrimento. Ele tem uma origem que transcende minhas decisões: ele emana de uma avaria no cérebro ou em cadeias desenvolvimentais que afetaram a evolução da espécie ou a genética com que cada um foi determinado. Confirma-se aqui a ideia de que na depressão a causa do problema vem de fora. Ela não emana da alçada moral nem de nosso campo de escolhas ou decisões. Isso não significa que não exista nada a falar, mas se trata de recriar a experiência a partir dessa posição de aceitação e conformidade.

---

85. ROTH, M. The Rise of the Neuronovel. *N+1*, 2009. Disponível em: <www.nplusonemag.com/rise-neuronovel>. Acesso em: out. 2020.
86. INSTITUTO CPFL. *Neuroliteratura, com Paulo Werneck* (versão completa). Disponível em: <https://www.institutocpfl.org.br/2016/05/03/neuroliteratura-com-paulo-werneck-versao-completa/>. Acesso em: 21 nov. 2020.

Não devemos desvalorizar essa narrativa porque ela sempre esteve presente nos modos de subjetivação e de narrativização dos sintomas. Aliás, essa tendência remete a narrativas transcendentais ou teológicas, nas quais as razões de nosso destino pertencem a "outros mundos". A aceitação ou o reconhecimento de que sintomas não são apenas decorrentes de falta de fé ou de força de vontade, mas que nos impõem um limite à própria liberdade, deveria inspirar uma discussão sobre os paradoxos de nosso desejo. No entanto, o assunto parece ter sido capturado por uma dicotomia mais simples, que divide as coisas entre a esfera na qual "podemos" gerir, nossos hábitos locais de consumo e alimentação e a esfera na qual é "impossível" agir, as estruturas sociais que reproduzem desigualdades.

O segundo tópico interessante na relação entre Depressão e seus discursos diz respeito à sua assimilação autobiográfica. Particularmente a partir dos anos 2000, surge um conjunto bastante expressivo de relatos de pessoas que atravessaram processos depressivos. Alguns narram sua experiência em uma espécie de chave filosófica, recuperando grandes tópicos do pensamento ocidental, outros integram as próprias pesquisas neurocientíficas e psiquiátricas, entremeando-as com auto-observações. Esse parece ter sido o movimento complementar a uma subjetividade descrita em estrutura de lista e inclusão – e que recupera sua potência transformativa falando em primeira pessoa. Trabalhos como *O demônio do meio-dia*, de Andrew Salomon,[87] *Travessia nocturna*, de Clément Rosset,[88] e *Depois a louca sou eu*, de Tati Bernardi,[89] operam de forma completamente distinta dos neuromances. Eles introduzem a narração em substituição ao discurso descritivo que formou a depressão e no qual ela se propagou. Eles narram as tentativas de

---

87. SALOMON, A. *O demônio do meio-dia:* uma anatomia da depressão. Trad. Myriam Campello. São Paulo: Companhia das Letras, 2014.

88. ROSSET, C. *Travessia nocturna.* Buenos Aires: Elipsis, 2007.

89. BERNARDI, T. *Depois a louca sou eu.* São Paulo: Companhia das Letras, 2016.

cura como processos transformativos, cheios de idas e vindas, tratamentos bem ou malsucedidos, entremeando as consequências da depressão na vida familiar, no amor e no trabalho.

Ao introduzir essa variedade de perspectivas, muitas vezes mostrando como as explicações sobre a depressão não são suficientes para enfrentá-la, restituem-se o conflito e a hermenêutica de si ali mesmo onde ela teria sido abolida. Em outras palavras, esses romances falam da depressão como uma viagem, uma travessia, uma jornada, um reinício, em que não se sabe bem, ao fim, o que contou mais e o que contou menos para a cura. Por isso também remanesce certo sentimento de que o retorno pode acontecer e que "isso" se tornou uma espécie de companheiro na vida.

Ora, era exatamente assim que funcionavam os relatos clínicos freudianos. Eles não inspiravam a cura sensacional e permanente pela descoberta de elementos traumáticos que, uma vez lembrados, imunizariam permanentemente a pessoa contra a formação de novos sintomas. Pelo contrário, eles sempre mostram um processo de transformação geral na vida do sujeito, que de repente percebe que os sintomas não ocupam mais posição dominante, que eles se tornam prescindíveis ou integrados à própria história que se conta de si mesmo.

O terceiro aspecto importante da emergência desse discurso literário-científico sobre a depressão é que ela passa a abranger formas tradicionalmente incorporadas ao registro da psicose. Isso aconteceu pela progressão da categoria de transtorno bipolar, dividido em três subtipos. Ou seja, a gravidade das depressões começa a ser reconhecida tanto porque ela responde cada vez menos aos tratamentos como pelo fato de que admite formas muito graves, com relação às quais não sabemos muito bem quais são os critérios de diferenciação.

Vejamos agora como as três figuras da depressão – a infantil, a narcísica e a corporal – parecem traduzir a narrativa do neoliberalismo como discurso econômico. Isso compreende a retomada de certos aspectos da teoria moral dos pais do liberalismo, com Stuart Mill (1806-1873) e Adam Smith (1723-1790). Eles criticavam a infantilidade daqueles que não conseguiam se inibir, ou seja, conter o impulso para gastar e transformar isso em adiamento temporal da satisfação, conhecido como poupança, expressa pela virtude da autolimitação como forma de obter reconhecimento ou aprovação:

> "O desejo de ser objeto de crença, o desejo de persuadir, de guiar, de dirigir outras pessoas parece ser um dos mais fortes de todos os nossos desejos naturais. [...] O homem que por infortúnio imaginasse que ninguém acreditaria numa só palavra por ele proferida se sentiria um pária da sociedade humana, temeria a simples ideia de introduzir-se nessa sociedade ou apresentar-se diante dela, e dificilmente seria capaz, penso eu, de evitar morrer de desespero. [...] Mortifica-nos quando nos sucede enganar outras pessoas embora sem intenção, e quando os enganados somos nós."[90]

A grande metáfora do neoliberalismo vai apregoar metáforas como a da necessidade de austeridade, ao mesmo tempo que advogará o caráter essencialmente egoísta e competitivo do ser humano. Von Mises (1881-1973), patriarca do neoliberalismo, inventou a "síndrome de Fournier", que consistiria em negar a finitude dos recursos naturais e o papel incontornável do trabalho como sacrifício. Ou seja, a dúvida (ou crítica) quanto à realidade da escassez de recursos, da lógica do sacrifício, do medo natural da violência alheia, seria uma traição da forma correta de percepção da realidade. Lembremos que o fulcro da abordagem clínica de Seligman e Beck era a correção de certo tipo de pensamento:

a. que assume uma forma circular em torno de crenças negativas;

---

90. SMITH, A. (1800) *Teoria dos Sentimentos Morais*. São Paulo: Martins Fontes, 2002, pp. 420-421.

b. que antecipa fatos e cenários;
c. que cria ilusões de falsa controlabilidade sobre o meio e sobre si mesmo.

Essa estratégia ilustra bem como para esse discurso não estamos diante de um conflito de interpretações sobre a realidade, com a correlativa concorrência entre interesses, mas da patologização daqueles que duvidam de como as coisas realmente são. Aqui o discurso na ciência não está tão longe da tradição psicopatológica que considerava o deprimido alguém imbuído de má-fé e desonesto, pois diverge da realidade e não de como a percebemos ou a construímos.

Junto à ascensão do neoliberalismo, o vocabulário econômico deixa de se apoiar em termos como pensamento, planejamento e desenvolvimento calculado e passará a enfatizar emoções como o medo e a inveja, de sentimentos como austeridade. O humor otimista ou o pessimista dos mercados e habilidades socioemocionais operam um giro para uma política dos afetos, que torna compreensível a eleição de uma patologia do humor como paradigma de sofrimento. Isso não é uma despolitização da política, mas um prenúncio de seu deslocamento para a contenda moral e para o terreno dos comportamentos de gosto. Ora, essa dissociação entre a produção econômica, identificada com a realidade, e o pensamento ou nossa forma de lê-la e interpretá-la vai operar no fulcro psicológico da depressão explicando por que ela é o correlato necessário desse tipo de forma econômica.

A individualização do conflito, sua transformação em forma de culpa em associação com o fracasso e a potência produtiva faz a agressividade contra o outro, que motivaria um desejo de transformação da realidade, ser introvertida em uma agressividade orientada para o próprio eu. Isso se mostra, como vimos no raciocínio de auto-observação, em crítica de si mesmo com a inversão em ilações idealizadas. O depressivo é aquele que fracassa e, ao mesmo tempo, tem um sucesso demasiado em tornar-se um empreendedor de si. Ele não consegue usufruir da gramática da competição de todos contra todos, que tornaria a vida uma espécie de esporte permanente, de viagem contínua ou de teatro de estrelas em que há um prazer em representar.

A anedonia, sintoma central da depressão, a incapacidade de experimentar o prazer com o outro, consigo e com o mundo, torna a pessoa uma espécie de ditadora de si mesma, em um impasse com as próprias ordens, incapaz de entender o porquê de sua greve para iniciar ou fazer algo que por outro lado lhe parece óbvio, prático e indiscutivelmente desejável. De certa maneira, a depressão só descreve, ela não narra; ela luta contra a perda de memória e de concentração, o que a torna um ser de cansaço; ela é a greve e ao mesmo tempo a lei opressiva que a torna possível. Nesse sentido, seu reinado é também um reinado crítico contra a era do "capital humano", do prazer dócil e flexível no trabalho e da narrativa do talento, do propósito e da autorrealização que sobrecarrega a produção com métricas de desempenho e resultado. Daí que o depressivo não esteja exatamente trazendo um recado da realidade como ela é, mas um fragmento de verdade sobre por que não conseguimos perceber as coisas.

Em certa medida, o depressivo responde demasiadamente bem à demanda de renunciar a si mesmo, ao tematizar-se apenas como personagem pouco convincente e ator cansado de seu papel. Sua resposta insiste na coerência, na unidade e na síntese em um universo no qual a produção se torna deslocada, no qual os manuais de gerenciamento nos ensinam a criar mais sofrimento para incitar mais produção, assim como fragmentam a narrativa do trabalho e do estudo em blocos de potencialidades e listas de traços desejáveis e funcionalmente adequados. Assim como para o neoliberalismo o mercado é compacto e fechado, idêntico a si mesmo em suas regras imutáveis, o Outro da depressão é composto por uma lei de consistência e soberana em relação à qual só podemos nos apresentar como corpos-mercadorias, crianças-amparáveis ou narcisos-impotentes.

Coincidentemente, 2008 é o ano em que a aplicação irrestrita dos princípios neoliberais na economia começa a ser mais seriamente questionada. A crise americana do mercado imobiliário, dos derivativos e títulos podres não será enfrentada com as regras impostas pelo próprio neoliberalismo, que em tese deveria deixar o "Estado intervencionista fora disso". Contrariando frontalmente o próprio consenso, o Banco Central Americano injeta dinheiro de forma massiva para impedir falências, no melhor e mais antigo keynesianismo. A contradição entre o discurso da soberania do mercado e a prática dadivosa de amparo aos gigantes do mercado pode ser inócua para mudar o pensamento econômico, mas ele denuncia uma fissura simbólica nas "regras do jogo" que afeta a hipótese depressiva. As crises da Europa periférica, envolvendo Islândia, Portugal e Grécia, passam a colocar em xeque o sistema de contenção por austeridade. A insatisfação com a progressiva financeirização da economia, ausência de resposta ao problema do desemprego e da emergência de monopólios dará origem a um período de turbulência que envolverá primaveras (como a Primavera Árabe) e ocupações (como a Ocupa Wall Street), assim como a regressão conservadora na América de Trump ou na Inglaterra do Brexit.

Ainda em 2008 é editado o volume de Casos Clínicos do *DSM-IV-R*, com as ilustrações diagnósticas e a terapêutica específica dos transtornos mentais. Nele é possível encontrar o caso de Kendall,[91] um eletricista de 53 anos, divorciado, pai de dois filhos que é acometido pela depressão. Encorajado por seu filho, que o "enquadrou" na lista de sintomas depressivos e por uma desilusão amorosa ele procura tratamento cognitivo-comportamental. Humor triste, anedonia, sentimento de culpa e solidão matutina marcaram pontos necessários para o diagnóstico de depressão maior.

Herdou da mãe o gosto pela poesia, pela leitura e pela pintura, mas ingressa em um curso universitário de engenharia, mais por afi-

---

91. SPITZER, R. L. et al. *DSM-IV-TR Casos Clínicos*. Porto Alegre: Artmed, 2008.

nidade com o pai e com os dois irmãos. Durante a faculdade, Kendall se apaixona por Sylvia, mas jamais declara seus sentimentos para ela. Ainda acreditava firmemente que eles "ficariam juntos". Seu primeiro episódio depressivo desencadeia-se quando ela lhe diz que está noiva e ele se percebe, subitamente, "inocente e estúpido" por acreditar que as coisas aconteceriam mesmo sem sua intervenção. Surgem ideias suicidas, ele é hospitalizado e conclui que teria sido excluído da faculdade.

Kendall recupera-se da crise por meio de movimentos sucessivos: começa a fumar "exatamente como seu pai"; matricula-se em um curso técnico para se tornar eletricista, carreira à qual se dedica com cuidado; casa-se com sua primeira namorada e tem dois filhos; continua a pintar e escrever poesia, mas sem jamais apresentar sua produção. Nesse ponto sobrevém uma repetição: sua esposa envolve-se em casos extraconjugais. Eles se separam e Kendall gradualmente assume os cuidados com os filhos.

Seguiu-se um novo período de monotonia, ampliação de seu portfólio artístico, ainda não revelado, cuidado amoroso com os filhos. Aqui temos a terceira repetição. Kendall engaja-se em aulas de pintura e se apaixona por Laura. Novas expectativas amorosas são interrompidas pela declaração ostensiva de que ele não era correspondido.

Então, Kendall procura uma terapia cognitivo-comportamental. Durante o ano de tratamento, dez minutos antes de cada sessão ele preenchia dois Inventários de Beck (Depressão e Desesperança) monitorando seus sintomas. Foi incentivado a parar de fumar e a tomar antidepressivos, e recusou as duas coisas. O contraste entre sua autopercepção e a leitura do terapeuta era patente:

> [...] um homem humilde, agradável, inteligente, bom pai, provedor estável, poeta e artista talentoso e indivíduo resiliente, que tinha sofrido importantes danos interpessoais [...] extremamente amado pelos filhos.[92] (versão do terapeuta)

---

92. Idem, p. 206.

Ou: [...] desajeitado, passivo, e, pior, incapaz de despertar amor e fracassado [...] por jamais ter conquistado um grau universitário.[93] (versão do paciente)

A estratégia terapêutica consistiu em:

a. não contradizer sua autoimagem;
b. exibir "empatia genuína pelo paciente tratando-o com bondade e compassividade" de modo a entender como ele formou uma imagem negativa de si.

Feita a lista de objetivos terapêuticos, detectados os pensamentos automáticos a serem revertidos, Kendall começa a perceber que seu bom humor tem uma relação direta com a intensidade de *envolvimento* com a vida de seus filhos (independentemente da agradabilidade da tarefa enfrentada (lições escolares ou um passeio no parque). O segundo efeito transformativo advém do interesse do terapeuta pela produção estética de Kendall: "[...] as sessões transformaram-se em miniaulas, com ele como professor e eu como aluno [uma vez que] ele nunca tinha compartilhado seus trabalhos tão extensivamente com alguém".[94]

Em aparente decorrência desse *envolvimento*, Kendall passa a escrever para jornais locais, escrever para revistas e pintar em espaços públicos, surpreendendo-se com o fato de que a rejeição não era a norma quando se tratava de originais para publicação. Ele começa a preencher os relatórios clínicos em forma poética literária, envolvendo-se com a tarefa de outra maneira. Matricula-se em uma escola de pintura onde conhece Lanie. Ela, sem recusar corresponder a seu interesse, lhe diz que: "poderia ser mais amorosa com ele se ele não tivesse um cheiro tão forte de cigarro em seu hálito e em

---

93. Ibidem.
94. Idem, p. 208.

sua camisa", "uma motivação para parar de fumar de uma maneira que nenhuma de suas técnicas consegue fazer", completou ele.[95]

Finalmente, Kendall convida Lanie para sair, reingressa na universidade (onde se formará junto com o filho) e se torna uma pessoa "mais feliz, mais engraçada e mais saudável e mais confiante".[96]

Observemos como esse caso, empregado como modelo paradigmático de tratamento, pela psiquiatria mais austeramente psicobiológica, não requer a explicitação de nenhuma técnica específica na consecução da cura. Paira uma indeterminação que muitas vezes acompanha o tratamento da depressão: será que não foi apenas o *envolvimento* que o tratamento permitiu realizar de modo eficaz entre terapeuta e paciente que teria introduzido uma experiência transformativa na vida de Kendall? Ao reconhecer os dotes e virtudes, ao interessar-se pela poesia, ao estimulá-lo a *fazer* algo com seus talentos e desejos, desde matricular-se em uma escola de artes até *escrever* para jornais e ainda *propor* um encontro com Lanie ou *voltar* para a faculdade, o tratamento não permitiu que novas experiências, que trazem consigo uma ampliação do envolvimento e do prazer que relações humanas podem nos proporcionar, teria sido o verdadeiro motivo da cura? No fundo, isso comporia o grande enigma que se repetia desde o primeiro infortúnio: como ele esperava ser amado pelo outro sem dizer ou fazer nada com isso que ele sentia?

Muitos depressivos tornam-se imunes à essa percepção. Todos à sua volta lhe incitam ao ato e percebem sua dificuldade para fazer pequenos movimentos óbvios para um observador externo, mas que parecem subjetivamente impossíveis a alguém tomado pela depressão. Tudo se passa como se no reino da Depressão coisas acontecessem sem a intercessão humana, por acaso ou sorte, pessimismo ou otimismo. Tal como uma estátua, que observa sua

---

95. Idem, p. 209.
96. Idem, p. 211.

própria vida correr ao seu redor, a hipótese depressiva afirma que é mais importante o desejo de ser reconhecido (daí o tema crônico da autoimagem debilitada) do que reconhecer o próprio desejo (daí o tema da abulia e da anedonia). Contudo, um aspecto do caso resta pendente. O terapeuta inclui entre suas observações elogiosas o fato de que: "Eu jamais entrei em conflito com Kendall, e sempre respeitamos as opiniões um do outro".[97]

Essa exclusão do conflito será um tema forte na ascensão da depressão como narrativa padrão de sofrimento no ocidente neoliberal. Por outro lado, é saliente a ausência de conflito manifesto, seja diante da esposa, seja diante do fracasso antecipado junto à universidade e às suas pretendentes amorosas. Uma parte importante da autorrecriminação e da autoavaliação permanente do depressivo pode advir do retorno da agressividade, retirada dos conflitos intersubjetivos para a acusação e agressão do próprio eu.

---

97. Idem, p. 210.

8
NORMALIZAÇÃO DA DEPRESSÃO

Por volta de 2010, as suspeitas contra o reinado da Depressão começam a se desdobrar. Há boatos de que seus efeitos colaterais – notadamente, a redução da libido – são, na verdade, seu princípio ativo. Ou seja, ao diminuir a libido diminuímos, ao mesmo tempo, todos os conflitos que vêm com a libido: desejos insatisfeitos, frustrações e fracassos. Intensidades muito elevadas são "inibidas" pelos antidepressivos. Nesse sentido, os antidepressivos não seriam de fato desinibidores, como o álcool, mas ajudariam a pessoa a inibir melhor o desenvolvimento da angústia no âmbito do eu. Essa espécie de colchão contra dores psíquicas, causadas tanto pelo "choque de realidade" como pela ativação de conflitos latentes, protege o sujeito, reduzindo sua sensibilidade. Assim como a hiperatividade pode ser tratada por um acelerador derivado das anfetaminas, como metilfenidato (Ritalina), a Depressão poderia ser tratada por um verdadeiro "depressivo" agindo sobre nossa libido, não só no sentido sexual.

Começam os primeiros processos jurídicos contra as companhias que produzem antidepressivos em função dos danos cerebrais derivados de seu uso continuado.[98] Vêm a público as narrativas clínicas de usuários de antidepressivos por décadas, que não

---

98. GØTZSCHE PC, YOUNG AH, CRACE J. Does long term use of psychiatric drugs cause more harm than good?. *BMJ*. 2015;350:h2435. [2015]

conseguem superar os efeitos da abstinência, a associação de antidepressivos com a irrupção de violência e suicídio, bem como a consciência crescente de que a cultura da medicação permanente é no fundo uma variante da drogadição generalizada.[99] Essa literatura parece uma reedição crítica dos textos antipsiquiátricos como os de Thomas Szasz (1920-2012),[100] Gilles Deleuze (1925-1995), Félix Guattari (1930-1992) [101] e Franco Basaglia (1924-1980),[102] que, nos anos 1970, concorreram para o divórcio entre psicanálise e psiquiatria, mas também para uma reforma mais ampla em nosso entendimento da loucura.

A excessiva normalização da depressão começa a ser objeto de críticas mais severas e sistemáticas a partir da quinta versão do *DSM*, o *Manual diagnóstico e estatístico de transtornos mentais*, publicado em 2013. O *DSM-V*, que prometia uma renovação da psiquiatria, consolidando suas bases científicas, fracassou em apresentar marcadores biológicos das doenças mentais. Começa a ficar clara a escalada sem precedentes na história da medicina envolvendo a ampliação do número de categorias em psicopatologia. Na primeira versão de 1952, eram 106 diagnósticos para 130 páginas de manual. Na segunda versão, de 1968, 182 categorias distribuídas em 134 páginas. Elas cresceram, no *DSM-III*, de 1980, iniciado em 1973, de nada menos que 265 transtornos mentais em 494 páginas para, no *DSM-IV*, de 1994, 297 entidades em majestosas 886 páginas.[103] Ou seja, em vinte e seis anos operou-se o milagre da descoberta de 115 novos transtornos mentais, além do aumento de 63%

---

99. BREGGIN, P. R. *Medication Madness*. Nova York: St. Martin, 2008.

100. SZASZ, T. *O mito da doença mental*. São Paulo: Círculo do Livro, 1988 [1960].

101. DELEUZE, G.; GUATTARI, G. *O anti-Édipo*. Trad. Luiz B. L. Orlandi. São Paulo: Editora 34, 2011.

102. BASAGLIA, F. *A instituição negada*. 3. ed. Rio de Janeiro: Graal, 2009 [1968].

103. MAYES; R.; HORWITZ, A. DSM-III and the Revolution in the Classification of Mental Illness. *Journal of the History of the Behavioral Sciences*, v. 41, n. 3, pp. 249-267.

no número de diagnósticos. Tudo isso sem a invenção de nenhum método diagnóstico novo, nenhum marcador biológico, apenas a lógica de que, se algo funciona, deve existir uma doença equivalente a curar. O próprio Instituto Nacional de Saúde dos Estados Unidos (o National Institute of Health, NIH) retirou o incentivo a pesquisas realizadas, tomando por base o *DSM-V*.[104] Além disso, renunciou ao sistema de eixos, que definia alguma hierarquia diagnóstica entre problemas manifestos em sintomas, em angústias, inibições, formas de personalidade, momento de incidência (infância, vida adulta, senilidade), tornando-se, ao fim, uma lista de transtornos, composta por listas de sintomas e de níveis de gravidade. Conforme afirmou um dos próprios idealizadores do projeto, iniciado em 1973 com o objetivo de reforçar estatisticamente a descrição dos transtornos mentais: "Nossos pacientes merecem mais".[105]

O segundo fator de normalização da depressão talvez esteja associado à emergência da linguagem digital. Com a chegada ao mercado de trabalho dos nativos digitais, nascidos a partir de 1995, tivemos uma primeira geração de *Millennials* que nasceram com *tablets*, banda larga farta e promessas de aceleração da vida, bem como com uma multiplicação sem precedentes da sociabilidade. O otimismo tecnológico e a promessa de uma revolução cognitiva e de uma sociedade em rede acarretaram a expectativa de que nosso ambiente de linguagem poderia ser controlado, flexibilizado e adaptado de maneira nunca vista. Emergem novos discursos, e as formas de vida, historicamente segregadas e minorizadas, encontram nova plataforma de reconhecimento.

Abre-se uma nova crítica social envolvendo feminismos, movimentos LGBTQIA+, neomarxismos, teorias pós-coloniais e deco-

---

104. INSEL, T. Transforming diagnosis. *National Institute of Mental Health*, 2013. Disponível em: <https://www.nimh.nih.gov/about/directors/thomas-insel/blog/2013/transforming-diagnosis.shtml>. Acesso em: nov. 2020.

105. FRANCES, A. Opening Pandoras Box: The 19 Worst Suggestions For DSM-V. *Psychiatric Times*, v. 1, n. 1, 11 fev. 2010.

loniais, epistemologias do sul e *cultural studies*. Guardadas as diferenças, esses movimentos têm em comum o entendimento de que as identidades, compreendidas como discursos e corporeidades, são forças políticas e instâncias de sofrimento sub-reconhecidas. Nesse sentido, pode-se dizer que a nova crítica se assenta no entroncamento entre processos de individualização próprios da modernidade e vicissitudes do narcisismo que vimos condicionar a emergência da depressão como modalidade rainha dos transtornos mentais. Mas agora temos uma diferença fundamental: a identidade tornou-se um território político; portanto, organizado pelo conflito. Isso abriu espaço para tornar mais visível os índices mais elevados de depressão em negros, mulheres e idosos. Assim, muito do que se entendia ser apenas um rebaixamento individual de sentimentos e representações de si passou a ser tomado como recusa de reconhecimento ou reconhecimento impróprio de certos traços coletivos.

Logo começam as preocupações em torno da depressivização acarretada pela combinação de circunstâncias entre o neoliberalismo em crise, a vida digital em expansão e a política das identidades procurando inocular valência política em nossas narrativas de sofrimento. E isso gera certas montagens mais ou menos típicas e indutoras da depressão:

a. Imagens sobrevalorizadas e artificialmente incrementadas de aspectos vitoriosos na vida laboral criavam uma atmosfera de que todos à volta são bem-sucedidos, com amores e viagens espetaculares em uma vida freneticamente divertida ou que estão caminhando para isso. O crivo de uma vida bem realizada passa a situar-se do lado da intensidade, da experiência e do aproveitamento das relações, acentuando o contraste com os cortes de classe, raça, etnia, aos quais se pode acrescentar o fator "sofrimento mental tipificado".

b. Dispositivos de aceleração, controle e regulação das trocas discursivas que permitem uma definição muito precisa de quando, como e com quem queremos interagir, mas também de como e quando vamos trabalhar. Podemos excluir, incluir e, por meio de escolhas continuadas, estabelecer a atmosfera ou a bolha em que queremos viver. Incremento do sentimento de exclusão com a emergência de condomínios digitais em que nos esquivamos de conflitos pela produção de uma paisagem "gente como a gente", onde substituímos perdas e fracassos por novas ofertas e objetos, sentindo-nos cada vez mais irrelevantes.

c. Disponibilização permanente da oferta de ocupação e do enquadramento digital por meio do qual o Outro nos diz que nossa simples presença, nossa manifestação, seja como aprovação, seja visualização, tem valor. A supervalorização das opiniões, dos comentários e das apreciações desligadas de ações ou consequências no mundo real torna os laços sociais cada vez mais líquidos e vaporosos. A judicialização das relações se expande tentando corrigir esse problema, e na mesma medida surgem modulações cada vez mais entrópicas de afetos como ódio, ressentimento e raiva, eliciadas em escala de massa pelos recursos de anonimato e pseudoautoria.

d. Alteração de práticas amorosas e sexuais, de saúde e educação, de individualização e socialização, de produção e consumo, representando uma sobreposição entre experiência pública e privada, com relativo declínio da intimidade e ascensão do sentimento de solidão (sem solitude), bem como de disponibilidade permanente para o trabalho e para demandas sociais.

Vemos, assim, que os quatro pilares que deram origem à unidade da depressão estão sob uma revisão do ponto de vista dessa mutação de linguagem. O incremento de uma subjetividade distribuída entre funções, integradas e adaptadas, ao modo de uma loja de departamentos, dá lugar à busca por unidade, representada por uma imagem. A intrusão do público sobre o privado e do privado sobre o público, tão importante para a sustentação de uma ficcionalidade de si, torna-se muito mais exigente e complexa. A recuperação da própria temporalidade, o recuo e o enganche na demanda do outro, processos tão difíceis para o depressivo, tornam-se habilidades cada vez mais presentes. A idealização e a crítica, conjugadas pelo funcionamento narcísico, foram incrementadas nas relações digitais. Um novo tipo de pornografia facilita a redução do arco de satisfação, confirmando a alternação prazer-desprazer, tão comum da depressividade. Finalmente, os processos de desligamento e de luto, responsáveis por um espectro significativo dos quadros depressivos, são contornados digitalmente, o que potencializa a acumulação de separações mal resolvidas.

Não se pode deixar de mencionar que o impacto conjugado das novas formas de trabalhar, ligadas ao neoliberalismo, com as novas formas de linguagem digital, tornou a depressão normalopática e integrada ao que se poderia chamar de "novo normal", assim como no pós-guerra a neurose tornara-se a forma hegemônica e compulsória de expressão do sofrimento. Junto com isso emergem variantes da depressão que parecem subordinar seu protagonismo: anorexia; *cutting*; adições; personalidades agressivas, passivas ou explosivas; suicídio e comportamento de risco, todas montagens nas quais a depressão fornece o fundo, a atmosfera e a cor.

É nesse cenário que a depressão começa a recuperar fragmentos de sua história esquecida, a começar pela melancolia e pela tristeza.

Poderíamos voltar a uma passagem da *Ilíada*, de Homero, na qual Ulisses se vê sozinho, abandonado por seus companheiros e cercado por inimigos gigantes. Ele, então, se pergunta:

> O que vai acontecer comigo? Se eu fugir assustado por eles, será um grande mal, mas, se eu for agarrado, será mais terrível. Mas por que meu *thymos* me diz estas coisas? Pois eu sei que os maus (*kakói*)

abandonam a batalha, mas aquele que é excelente (*aristeyesi*) na luta deve resistir corajosamente.[106]

Para os gregos, o medo, a raiva e a paixão sexual vêm do *thymos*. Ulisses escuta o próprio *thymos*, ainda que o cenário seja escuro e incerto, e não se deixa intimidar pelo *thymos* alheio. Geralmente traduzimos a palavra "alma" por *psiquê*; contudo, *psiquê* é "sopro" – mais literalmente, "diafragma" ou "respiração". Quando a paisagem da alma se retrai, a *psiquê* esmorece, perde alento e não tem forças. O órgão que nos leva para a frente não é a *psiquê*, mas o *thymos*, fonte da voz que nos anima a agir, mesmo sem esperança. Enquanto a *psiquê* pede razões, causas e motivos, que mudam como a direção do vento e o ciclo das estações, o *thymos* é o lugar de onde vem a voz que nos lembra de onde viemos e para onde vamos. *Psiquê* dá a cor e a atmosfera; *thymos*, a forma e a figura – e ambos precisam colaborar para a decisão de recomeçar.

Thymos é de onde provém o termo "distimia", usado para designar o humor cinzento da leve depressão que nos dá aquela preguiça, aquela dificuldade para começar de novo.

"Começar de novo e contar comigo. Vai valer a pena ter amanhecido." O verso de Ivan Lins na voz de Elis Regina tem estrutura de promessa. Se estivermos juntos, o amanhecer terá retrospectivamente valido a pena. Ele funciona como um sopro de esperança, indicando como a experiência, quando compartilhada, adquire um valor que ultrapassa sua valência positiva ou negativa. Para além do otimismo ou do pessimismo de *psiquê*, é preciso lembrar a formulação de Samuel Beckett (1906-1989) em *Company*: [107] "Tenta. Fracassa. Não importa. Fracassa de novo. Fracassa melhor. O fim está no início e ainda assim você segue em frente". Aqui está a forma típica do impossível "seguir em frente" experimentada pela impotência depressiva.

---

106. HOMERO. Canto XX. *Ilíada*. São Paulo: Ubu, 2018, p. 404-410.
107. BECKETT, S. *Companhia e outros textos*. Rio de Janeiro: Globo, 2012.

A pressa e a aceleração da vida formam uma queixa para psicanalistas e psiquiatras desde que George Beard (1839-1883) escreveu sobre "o nervosismo americano", em 1881, associando-o com nosso afã de novidade por coisas como luz elétrica, motor a vapor e relógio de pulso. Condições de habitação e circulação dentro da cidade, pressão no trabalho, tudo converge para uma grande causa final: o excesso de liberdade. Se a vida fosse mais simples, e nossos sonhos, mais humildes, não haveria "turbilhão", termo que nos leva ao avião e suas turbinas. Medos, desejos e expectativas nos pressionam, por dentro e por fora; tão somente porque nos acreditamos livres e responsáveis pela realização de nossa felicidade. O peso da felicidade medida pela realização de uma vida considerada em seus próprios termos e pelo seu próprio desejo, reserva para o tempo uma função decisiva. O ritmo acelerado ou lento da passagem da vida depende da relação entre percepção de mudança e mudança de percepção.

Às vezes parece que estamos parados no "carro da vida" e é a paisagem que se move. Outras vezes nos movemos tão rápido que nem vemos a paisagem mudar. Há crianças para as quais o tempo não passa ou adultos tão ocupados que nem se dão conta de que o ano passou, ou pior, que a vida passou. Cumprir metas e objetivos, obsessão de adultos, nem sempre é proporcional e relevante diante da simplicidade de nossos sonhos e desejos, do tipo que tínhamos quando crianças. Vidas em estado permanente de "falta de tempo" frequentemente produzem sentimento de extravio de si, esvaziamento e solidão. Contudo, vidas programadas, dietéticas e que cabem no próprio tempo vêm junto com falta de intensidade, tédio e sentimento de irrelevância.

Freud descreveu duas atitudes opostas diante das exigências da vida: a fuga para a fantasia, baseada no recolhimento, no devaneio e da retirada da atenção do mundo, e a fuga para a realidade, baseada no controle, no planejamento e na exteriorização prática dos conflitos. O trágico dessa aventura é que o mais interessante é também o pior e que quanto mais fugimos dele, mais ele nos reencontra. Há várias figuras a isso relacionadas: o mal-estar, a angústia, a morte, o conflito, a solidão a dois. Condição existencial das quais fugimos, mas sem as quais a qualidade de nossa experiência parece decair, perdendo espessura e intensidade, nos levando a uma vida em estado de adormecimento em que o conforto e a fuga do desprazer tornam-se o principal – se não único – ideal.

A neurose introduz um adicional de insalubridade, um quê desnecessário de angústia, em geral derivado de estratégias de negação, amortecimento com relação aos problemas trágicos e incuráveis pelos quais seremos derrotados ao fim: degradação do corpo, ineficiência das leis e inadequação do mundo a nossos ideais de felicidade.

O sintoma transversal do cansaço depressivo unido ao inquestionado ideal de adequação costumeiramente cria uma vida que oscila entre a pressão e a descompressão, entre o frenesi do último *job* e a lobotomia anestésica da sexta-feira etílica – alternância impiedosa que conta com seus sonhos compensatórios, como os "cinco minutos para mim" ou a mudança radical para o "interior", ainda que seja o interior da Nova Zelândia.

Essa sanfona psicológica sabidamente nos expõe a certos modos típicos de adoecimento envolvendo o corpo: exaustão permanente e adoecimentos difusos, psoríase e tenossinovites, *doping* farmacológico, com ou sem "cobertura" médica, alcoolismo "depressivizante" e estilística da indiferença ou da desafetação.

Todas essas práticas de sobrevivência, inerentes a hipótese depressiva, orientam-se para manter a produtividade, laboral ou relacional. Diante dessa espécie de "autoabuso" crônico, a rainha Depressão tem tanto a coragem de dizer que não (para produção e o consumo) quanto a covardia de afirmar que sim (para a determinação individual dos seus efeitos). São os chamados sintomas psíquicos de origem "sistêmica", ou seja, respostas concentradas e pontuais a formas de vida nas quais o sofrimento se entranha de tal maneira que ele não mais requer boas narrativas nem modulações da agressividade ou qualquer hesitação diante da ansiedade que nos protege da verdadeira angústia.

Essa forma-padrão de sofrimento parece ter sido o melhor resultado que pudemos inventar diante de nossa equação entre o corpo, o mundo e nossas imperfeitas leis. Contra ela, há soluções em bloco, como mudar de país ou de profissão. Há também soluções que mitigam seus efeitos mais deletérios, por exemplo, reduzir drasticamente o peso proporcional da angústia neurótica, que representa um excesso de "bagagem" extremamente caro. Atacar de frente montagens "luxuosas" demais diante da escassez de recursos psicológicos, como o narcisismo das pequenas diferenças, em especial em sua variedade de orgulho, purificação e idealização, ou de vida em forma de condomínio, que tanto empobrecem nossa experiência. Há ainda microssoluções, como o uso impiedoso do corte, do parêntesis, das reticências e de todas as demais formas de descontinuação e abertura contra o que torna nosso cotidiano uma linha reta que, quanto mais a gente mexe, mais se enovela, se é que já não perdemos o fio da meada.

Contra esse monstro gigante, essa hidra de sete cabeças, devoradora de corpos e almas, não há remédio unicista: nem psicanálise nem psiquiatria, tampouco *tai chi chuan*, massagem *ayurvédica* ou surfe meditativo combinado com *design thinking* e alimentação transcendental. Se não tomar cuidado, tudo que a gente inventa como antídoto é engolido, transformado e devolvido como mandamento para "seguir no fluxo".

Quando vejo pacientes às voltas com diagnósticos como depressão ou bipolaridade e percebo quão convencionais são tais designações, penso que todo paciente deveria ser informado da historicidade de seu transtorno. Não apenas porque isso os faria perceber que há transtornos indexados no último verão, como o *transtorno disfórico pré-menstrual*, o *luto patológico* (se exceder quinze dias) ou o *transtorno da explosividade intermitente*, mas porque isso revelaria como nossas formas de sofrimento e de adoecimento estão profundamente conectadas com a maneira como entendemos o funcionamento da alma, da *psiquê*, da mente, da subjetividade ou da personalidade.

Ao mesmo tempo, a psicanálise começou a reconsiderar e revisitar a Depressão. Durante muito tempo tida como diagnóstico bastardo, inventado pela indústria farmacêutica e de uso exclusivamente psiquiátrico, em meados de 2010 ela começa a ser um ponto de retorno para que a própria disciplina de Freud iniciasse um processo de autorreformulação. A percepção de que as próprias abordagens psicanalíticas passam por transformações consoantes à época e à cultura em que se instalam e que seu próprio fazer depende de como seus analisantes nomeiam e narrativizam historicamente seu sofrimento parece ter desencadeado uma onda de trabalhos sobre a Depressão.

A dificuldade de fazer sua própria história deixou de ser atribuída apenas à apreensão sagital da diagnóstica psiquiátrica e passou a ser captada como um traço da própria Depressão. Um sujeito sem história ou com demasiada história atrás de si aparece como uma espécie ignorada de conflito: um conflito com o tempo. A dificuldade de vivê-lo em suas torções e descontinuidades e cortes, mas também conexões inesperadas, preservações e retornos, mostra que na Depressão há mais do que uma luta contra a aceleração. A revisão da hipótese lacaniana de que há um declínio da função social da imagem paterna, ou seja, uma patologia da formação da autoridade, começa a ser matizada com uma crítica da interpretação estrutural do complexo de Édipo. Ou seja, incorporação e simbolização da autoridade não são apenas assuntos estruturais, mas também uma questão política relativa a como tornamos os conflitos produtivos ou improdutivos. Com isso, a antiga zona livre de conflitos, formada pelas contradições pacificadas e integradas ao modo de uma personalidade, reaparece como solo de um conjunto ignorado de conflitos.

Gênero, raça, classe, cultura e etnia vão confirmar cada vez mais a tese lacaniana de que "o inconsciente é a política". E a política de reconhecimento de identidades e de modalidades de gozo cria uma nova posição para a repetição e para o valor da diferença dentro das séries de filiação identificatórias. Com isso, ganha força a ideia de que nem todo conflito envolve a sexualidade, mas há conflitos que tocam o Real. Não se trataria apenas de negações que colocam coisas no porão, que silenciam e escondem desejos, ideias e sentimentos. Há negações feitas apenas para exposição narcísica. Há negações que são marcas do retorno no Real. Há negações que denunciam a verdade do que não pode ser nem imaginarizado nem simbolizado. Surge uma mística sem Deus, um sacrifício sem limite paterno, uma época da criança generalizada, sem contraste com o adulto, o que aproxima o depressivo de uma figura tardia do narcisismo, já na obra freudiana: o masoquismo.[108]

Ao mesmo tempo, ressurge com força a ideia de que muitas depressões escondem lutos adiados, interrompidos ou renegados.[109] A mania deixa de se confundir com a paisagem motivacional das vidas brilhantes em estado de atenção e energia constante e passa a ser recaptada no radar do desvio patológico.[110] Agora se percebe com clareza que o Édipo não era a única estrutura freudiana de simbolização nem sua narrativa exclusiva de sofrimento. O luto, com seu trabalho de avaliação do que foi perdido naquilo que se perdeu, com suas identificações alternantes entre a culpa por não ter amado suficientemente o objeto perdido e o ódio por não ter sido suficientemente amado pelo objeto que se foi, sem falar no trabalho de construção de novos traços no interior do eu, que passa a ser um modelo fundamental para entender a identificação sem reduzi-la à incorporação e à assimilação narcísica.

---

108. CHEMAMA, R. *Depressão:* a grande neurose contemporânea. Curitiba: CMV, 2006.

109. LEADER, D. *The New Black:* Mourning, Melancholia and Depression. Londres: Penguin, 2008.

110. LEADER, D. *Simplesmente bipolar.* Rio de Janeiro: Zahar, 2015.

O terceiro movimento importante para a recuperação do tema da depressão na tradição psicanalítica é a retomada da teoria dos afetos em sua ligação com os estudos sobre o desenvolvimento. Começou a ficar claro que a unidade da depressão não resistia a um exame mais direto quando se olhava para a depressão na infância e na adolescência, quando a percebíamos na velhice ou nas imediações de uma separação ou de uma perda.

Surgiu uma geração de fracassos da clínica psiquiátrica. Vidas que começam muito cedo com o diagnóstico de déficit de atenção e hiperatividade, em geral associado a dificuldades escolares, tratado com metilfenidato. Na adolescência evoluem para uma depressão atípica, enfrentada com respectivo antidepressivo. Os temores que aparecem junto com a chegada à faculdade justificam a introdução de um modulador de humor, depois um antipsicótico. A chegada à vida adulta vem junto com um indutor de sono, o uso de proteção química para não falhar a ereção e um antiansiolítico para momentos de pânico. Demissões e desencontros marcam a associação definitiva com doses de neurolépticos. Junto com a chegada da terceira idade produtiva prescreve-se novas doses antidepressivas e medicações antidegenerativas. Tudo isso combinado com álcool, maconha, enteógenos e outras substância lícitas, semilícitas e ilícitas.

É muito importante descriminalizar o uso de drogas em um país como o Brasil, tanto pela redução do encarceramento, que afeta desigualmente a população, quanto pela necessidade de pensar ética e não judiciariamente o uso de substâncias psicotrópicas.

Obviamente o discurso sobre a determinação cerebral dos transtornos estava equivocado, o que não significa que as antigas teorias psicodinâmicas estavam certas, mas levanta uma dúvida razoável sobre o que realmente estávamos prometendo a nossos pacientes e que tipo de crítica ou popularização de juízos científicos estivemos sancionando.

Outro conjunto de estudos vai tentar reposicionar o lugar da corporeidade em psicanálise, de tal forma que a problemática da economia libidinal do depressivo, absorvido pelo trabalho de unificação anedônica entre prazer, satisfação e gozo, pode ser mais bem examinada. A suscetibilidade depressiva à dor, sua relação com a perda da satisfação no sono e no sexo, deixam de ser apenas efeito colateral de um conflito e passam a ser uma problemática a impulsionar muitos trabalhos sobre a noção lacaniana de gozo.[111]

Talvez depois de tantas voltas começa a ficar claro que as dicotomias que compunham o *discurso sobre a Depressão* eram também parte do *discurso da Depressão*. Em outras palavras, a separação entre determinação cerebral e expressão psíquica, a distância entre ação e reação, a teoria da distorção de pensamento associada a sintomas corporais, capturava o depressivo porque era uma extensão de seu próprio modo de experimentar a si, seu desejo e sua economia de gozo. Claro que a compleição cerebral e os neurotransmissores são o espelho da alma do estado depressivo e que os estados mentais alteram os estados cerebrais de modo recursivo. O que não estava claro era como o discurso do cérebro se acasalou com o discurso do pensamento para produzir uma única experiência depressiva marcada pela divisão entre um e outro.

Quando tomamos antidepressivos, nunca é só um comprimido que está em jogo. Junto com ele vêm práticas de auto-observação e de relato descritivo de si, avaliações permanentes sobre melhoras e pioras, atos de reconhecimento e inscrição em discursos, narrativas de sofrimento e estratégias de nomeação dilatadas. O vocabulário hegemônico da depressão em torno de "gatilhos", "déficits", crivo generalizado de "produtividade" e métricas de resultados, de idealizações e realizações de dietas e animações morais sobre "enfrentamentos", "travessias" e "jornadas" não é exterior à substância que ele pretende descrever. Como Freud ouviu sobre as neuroses que descrevia: "Você cria as doenças que afirma curar".

---

111. DUNKER, C. I. L. *O cálculo neurótico do gozo*. São Paulo: Zagodoni, 2020.

Em vários sentidos a Depressão não pode ser dissociada do discurso depressivo que a tornou a Rainha das formas do patológico. O discurso depressivo pode ser entendido como conjunto de práticas de nomeação e metáfora, autoavaliação e crítica, bem como performances pragmáticas. Uma característica desse discurso é a separação entre o aspecto narrativo e o descritivo da linguagem. Talvez não seja uma coincidência que a depressão emerja como paradigma do mal-estar em meio à valorização da objetivação dos estados psíquicos, a uniformização do vocabulário psiquiátrico, a deflação da dimensão moral dos transtornos mentais e a globalização de nossas formas de sofrimento, necessária para a exportação do negócio da saúde mental, junto aos mercados emergentes.

Em certo sentido a depressão envolve uma dificuldade crônica em fazer a partilha social dos afetos, de modo a traduzir o universo de nossas afecções, como capacidade sensível, em emoções (medo, raiva, tristeza, alegria, surpresa, nojo) e estas em sentimentos sociais (temporalidade, realidade, familiaridade). A individualização da responsabilidade em culpa, a interiorização do fracasso em raiva de si, a generalização da surpresa em inquietude com o futuro, a conversão do medo em angústia expectante são exemplos desse processo de déficit de transitivização dos afetos.

O filósofo Richard Rorty[112] (1931-2007) imaginou um experimento filosófico que se parece em tudo como uma hipótese depressiva. Ele imaginou uma civilização completamente semelhante à nossa, na qual tudo teria corrido como se deu na Terra, com exceção do conhecimento sobre neurologia e funcionamento do cérebro. Isso teria levado as pessoas desse planeta conjectural a substituir a expressão de emoções incertas e indeterminadas, como alegria, ódio ou tristeza, por descrições perfeitamente precisas. Nesse outro planeta ninguém diria "estou contente por reencontrar você", mas algo do tipo "em sua presença, meu neurônio T27 foi estimula-

---

112. RORTY, R. *A filosofia e o espelho da natureza*. Lisboa: Dom Quixote, 1998.

do na frequência de 1.23 nêurons". A pergunta que Rorty levanta a partir disso é se de fato esse outro mundo e seus habitantes seriam iguais a nós, com a vantagem de suas emoções serem expressadas sem ambiguidade e de se saber exatamente que os outros sentem como nós – e nós, como eles.

Durante os anos de apogeu a Depressão fez uma carreira no cinema. Depois de "Geração Prozac" (2001) e "As Horas" (2002) e uma segunda temporada em 2011, com "Melancolia" de Lars Von Triers, chegamos em 2015 com a nova versão de Anatomia da Depressão com *Divertidamente*.[113] O filme é inteligente e bem-feito, com um roteiro mais complexo que o habitual para o gênero. Ele narra as desventuras de uma menina de 9 anos do ponto de vista do que acontece em seu cérebro. E o cérebro é composto por duas funções principais: as memórias, que são armazenadas, desfeitas ou qualificadas conforme as exigências de cada momento; e as emoções, que estão na torre de comando, operando movimentos, decisões e reações. Encontramos aqui as cinco das seis emoções básicas descritas por Charles Darwin (1809-1882) e redesenhadas por Paul Ekman (1934-) e Wallace V. Friesen (1933-)[114] nos anos 1980: alegria e tristeza, raiva e medo, além de nojo. Quiçá essa tenha sido uma redução necessária para dar continuidade ao filme, mas salta aos olhos a exclusão de uma das emoções mais importantes para definir o ser humano como um ser orientado à descoberta e à novidade: a surpresa (espanto). Ao lado das memórias e das emoções, existem os pequenos mundos que se organizam como plataformas semi-independentes, tal qual uma loja de departamentos: a família, a bobeira, o hóquei, a escola.

Essa anatomia da mente já é por si reveladora. Não se trata mais de um conflito entre sensibilidade e intelecto (nos moldes platô-

---

113. DIVERTIDAMENTE. Direção: Pete Docter, 2015.
114. EKMAN, P.; FRIESEN, W. V. Constants across cultures in the face and emotion. *Journal of Personality and Social Psychology*, v. 17, n. 2, pp. 124-129, 1971.

nico-kantianos) nem entre senso e sensibilidade (como diria Jane Austen) ou entre inconsciente e consciência (como argumentou Freud), tampouco entre razão e emoção (como tantas vezes insistiu a psicologia popular). Trata-se de um conflito entre duas emoções: a alegria e a tristeza, que inicialmente não se reconhecem como mutuamente necessárias. E nesse ponto o filme é didático acerca de nossa ideologia contemporânea. Assim como séculos atrás René Descartes (1596-1650) ou David Hume (1711-1776) se perguntavam sobre a origem do erro ou sobre a origem do mal, agora nós questionamos para que serve a tristeza. De fato, a alegria é o ponto de vista de onde o filme é contado, sendo as outras emoções figurantes, quase caricatas, que não devem assumir o controle da situação a ponto de colocar tudo a perder. É um filme sobre nossa época e, nela, sobre o cansaço de ser alegre. Um filme sobre o mal-estar com a felicidade depressiva.

Já há algum tempo a pergunta sobre o lugar dos afetos na política vem se tornando crucial. Definir que tipo de corporeidade queremos para a experiência política é, de certa maneira, sancionar um tipo de afeto como central, em torno do qual os outros se organizarão hierarquicamente. Políticas do medo ou da esperança concorrem contra políticas do desamparo e da indiferença, como discute Vladimir Safatle (1973-) em seu livro *O circuito dos afetos*.[115] O tipo de economia de afetos que reconhecemos em nossos modelos de mente determina qual modalidade de sofrimento devemos reconhecer e quais poderão ser ignoradas. Isso está em jogo também no chamado "trabalho emocional" e em toda a retórica dos afetos no mundo do trabalho. Os afetos tornaram-se uma espécie de selo de qualidade que garante continuidade em um universo que opera apenas na presencialidade imediata dos sistemas de interesse. Em um mundo que deve se modificar segundo a plasticidade exigida pela efemeridade das montagens ou dos projetos que organizam a

---

115. SAFATLE, V. *O circuito dos afetos*. São Paulo: Autêntica, 2016.

produção, sintomas são a persistência do afeto, assim como verdadeiros talentos vêm com a "certificação" dos afetos e como experiências autênticas são as que deixam afetos soldados a memórias.

É nesse cenário que devemos receber um filme como este nos lembrando da epígrafe que Marquês de Sade (1740-1814) colocou em *A filosofia na alcova*.[116] Segundo sua recomendação, este será um "o livro que a mãe lerá para a filha". *Divertidamente* nos ensina sobre o valor da tristeza, mas também quer ser uma espécie de manual de neurologia universal da mente governada por emoções. O filme nos convida a pensar nossas diferenças a partir dessa gramática básica e universal das emoções, o que pode ser apenas a expressão muito local de uma geografia particular onde os conflitos estão dentro de nós, e a nós cumpre "administrá-los" de modo mais ou menos produtivo.

O filme teria sido muito mais divertido se, em vez de todos nós nos identificarmos com as cinco emoções básicas, tivéssemos que lidar com compleições diferentes de geografias mentais distintas. Assim, teríamos como resposta para a conjectura de Rorty o fato de que, quando mudamos o vocabulário, mudamos o mundo e, portanto, nem a melancolia de Hipócrates é a nossa contemporânea Depressão nem todos temos que sofrer da mesma maneira em um conflito entre alegria e tristeza.

Esse esboço biográfico sobre a Depressão sugere que nossa personagem é altamente influenciável à forma como falamos dela. Depois de tudo, fica difícil saber quando ela age por si mesma ou se é feita de uma espécie de efeito ventríloquo.[117] Existe uma propriedade da linguagem chamada performativo, por meio do qual fazemos coisas quando falamos. Quando proclamo ou prometo, quando

---

116. SADE, M. de. *A filosofia na alcova*. São Paulo: Iluminuras, 2000.
117. COPPEDÊ, D. R. *O discurso da depressão:* quando dizer é fazer. 2016. Dissertação (Mestrado em Psicologia Clínica) – Instituto de Psicologia, Universidade de São Paulo. São Paulo, 2016. Disponível em: <https://www.teses.usp.br/teses/disponiveis/47/47133/tde-20032017-123636/pt-br.php>. Acesso em: nov. 2020.

juro ou quando me desculpo, não estou apenas representando um quadro, criando um enquadre ou um palco no interior do mundo, estou fazendo algo, criando certa realidade discursivamente organizada. Talvez o núcleo central da Depressão seja feito desses estados de mundo e de mente que produzem, realmente, aquilo de que eles falam. Ou seja, no limite, alguém que fala de si segundo o vocabulário depressivo, segundo a gramática de reconhecimento depressiva e segundo a narrativa depressiva é o que chamamos deprimido. Isso não significa que se trata de um quadro fantasma, mas de um quadro muito real, em certo sentido excessivamente real, no qual sua verdade perdeu a força de transformar a si e ao mundo do qual se padece.

9
ENTREVISTA COM A DEPRESSÃO

Diante de tantas incertezas, de tantas versões e de tanto tempo no exílio, de tantos discursos e boatos sobre sua repentina celebridade, decidi entrevistar a Depressão para ouvir suas próprias impressões sobre si mesma.

1. Quem é você, Depressão?
Tenho muitas faces e várias encarnações, sem mencionar o fato de que eu ando frequentemente mascarada. Costumam me reconhecer por pelo menos três condições psíquicas distintas que podem ocorrer de forma associada:

a. Sou um estado psicológico que exagera, intensifica ou prolonga a resposta esperada para a perda, a ausência ou a indisponibilidade de algo ou alguém. Nesse sentido, sou um *luto patológico*, por isso quando estou vestida para a clínica trajo sempre sinais do luto: a tristeza, a idealização, a condensação da extensão simbólica do pensamento, a lentificação da fala, a dor psíquica de existir, a dor vivida no corpo, a dor que impede o dormir e o alimentar-se, a dor que tira a "graça da vida", a culpa por ter sobrevivido, a dificuldade de iniciar algo novo, a concentração da memória em torno do que foi perdido, a indignação, a impaciência e a irritabilidade contra aqueles que não se encontram no "mesmo momento" pessimista. Todavia, eu não gostaria de ser reduzida a uma lista de signos agrupados ao modo de uma síndrome. Não sou o luto e sua experiência de tristeza, mas a *exageração*, a *intensificação* e o *prolongamento*, ou seja, uma patologia, uma inibição da possibilidade de fazer um bom trabalho de luto.

b. Muitos dizem que eu sou um tipo de funcionamento, um modo de realizar um laço social e intersubjetivo com o outro, não sou uma verdadeira doença, mas uma espécie de febre que pode ser um sinal de vários tipos de adoecimentos. Supondo-se que esse laço depende essencialmente de reconhecer o desejo do outro e de fazer reconhecer o próprio desejo, podemos dizer que sou um sintoma do fracasso em constituir experiências de reconhecimento intersubjetivo. Eu posso agir de muitas maneiras, mas geralmente me infiltro nas brechas que se abrem na vida das pessoas, por exemplo:

Quando o sujeito não sabe mais o que realmente quer. Por exemplo, por não reconhecer seu próprio desejo, o sujeito nunca sabe se está indo a favor ou contra seus propósitos, daí tende a receber as adversidades como sinal e permissão para a desistência, os triunfos como derrotas e as realizações como sinais de insuficiência (perfeccionismo). Ao desorientar-se com relação ao próprio desejo, o sujeito bloqueia a possibilidade de ter seu desejo reconhecido.

Quando o sujeito não consegue identificar o reconhecimento que os outros eventualmente lhe dispensam. Por exemplo, as provas de amor e dedicação que os que estão à volta lhe endereçam são recebidas como prova de que ele "precisa de ajuda" ou de que é mesmo um "fraco".

Quando não se engaja para fazer seu desejo reconhecido. Por exemplo, em situações circulares em que a falta de dedicação em relação a sonhos e projetos leva a decepções que confirmam a insuficiência e a impotência do sujeito, reduzindo sua autoestima.

Quando os meios, a experiência ou os recursos para que esse reconhecimento se efetue de forma simbólica encontram-se obstruídos. Isso ocorre se o sujeito fixa demasiadamente o ato de reconhecimento a uma imagem determinada; se o que ele pretende ter reconhecido não é um desejo propriamente, mas um tipo de satisfação; ou, ainda, se seu ato não pode ser inscrito em uma narrativa social como ato simbólico.

Depois que eu entro na vida de alguém, a pessoa começa a se perguntar o que ela teria feito para merecer minha presença: ela culpa as outras pessoas pela minha aparição, ela se sente culpada pelo sentimento de dependência e de falta de autorrealização; por ser remetido a uma condição que independe do sujeito, origem dos sentimentos de incongruência com o próprio corpo e com as próprias escolhas; por não ser compartilhado simbolicamente com o outro, origem do sentimento de solidão e isolamento; por não ser percebido como ato livre, origem do sentimento de ausência de autonomia e determinação sobre a própria vida; por ser sentido como falso reconhecimento, origem da sensação de vazio e de ausência de sentido.

Já que estou falando de mim, de forma não exaustiva, me incluindo no grupo das chamadas *depressões narcísicas*, aqui vai uma nota técnica para explicar o que é narcisismo.

Freud teria descoberto apenas que não somos diretores nem mesmo de nosso próprio teatro íntimo. Nem roteiristas. De vez em quando somos atores, na maior parte do tempo seguimos identificados aos nossos próprios personagens. O que a psicanálise chama de narcisismo não deve ser reduzido à representação mental que temos de nós mesmos. Seria mais preciso dizer que o eu tem estrutura de teatro, de show ou de espetáculo. Nele somos, ao mesmo tempo, protagonista, auditório e crítico de sua representação.

O narcisismo contemporâneo é, portanto, uma montagem específica do show do eu. Nela esquecemos que protagonista não é aquele que manda ou que aparece mais, mas desde a tragédia grega "aquele que carrega o conflito dentro de si" (*agon*, conflito). O verdadeiro protagonista está na condição de sujeito dividido, em suas contradições e traumas, com suas indeterminações reais. A maior parte das caracterizações contemporâneas do narcisismo se faz valer de figuras como a subjetividade pós-traumática, que desaprendeu a narrativizar seu sofrimento, voltou a ter vergonha de sua insuficiência, como na antiga cultura da vergonha, e sofre ao modo da apatia, do tédio e da irrelevância. O narcisismo de nossa época seria destituído de interioridade.

Com isso, o protagonista tornou-se aquele que reduz ao mínimo a distância entre o personagem, ator e autor, mas também aquele que consegue separar completamente uma função de outra, conforme a arte da produção e domínio de sua própria imagem. O cinismo torna-se nossa normalopatia social dominante, porque exige fazer as duas coisas ao mesmo tempo.

A novidade trazida pela vida digital é que o princípio da bilheteria pode ser universalizado. Todos podem entrar e praticar o show do eu criando uma espécie de ilusão dentro da ilusão, ou de teatro dentro do teatro, no interior do qual vamos enfim saber o tamanho de cada eu (pelo número de curtidas). O resultado, para ganhadores e perdedores, é o mesmo: irrelevância, mesmidade e banalidade. Isso estimula a reposição narcísica e seus dois efeitos imaginários fundamentais: a fascinação e a agressividade. A reencenação da peça narcísica demanda mais amor e autenticidade. Nova tragédia. Com isso só reforçamos que se trata de uma "peça", com seu consequente efeito trágico de crise da experiência de intimidade.

Para entender melhor o Show do Eu, seria preciso voltar ao momento em que ele entrou em cartaz pela primeira vez.

No *Livro das transformações* [Metamorfoses Livro II], escrito por volta do ano 14 d.C., o poeta latino Ovídio compilou o mito de Narciso. No livro X ele descreve o que mais tarde veio a se chamar *efeito Pigmaleão*: "as pessoas tornam-se aquilo que outras esperam que se tornem", também chamada de "profecia autorrealizadora", esta propriedade da fantasia narcísica de criar seus próprios pressupostos de existência.

Cefiso, pai de Narciso, estupra Liríope. A ninfa belíssima, grávida, pariu um filho, muito digno de ser amado. Sobre ele recai então uma maldição: só poderá ser feliz se não se conhecer. Apesar de belo e desejável, por seu excesso de soberba, ele não se deixa tocar por ninguém. Eco, que então tinha corpo, não só voz, apaixona-se por Narciso, mas é condenada a apenas repetir suas últimas palavras, uma vez que era excessivamente bisbilhoteira. Quanto mais ela o segue e é recusada, mais ela o deseja. Uma de suas pretendentes lança uma maldição: "Que ele ame e não possua a amada".

Só então ele desloca-se para a beira do famoso lago de águas prateadas e depara-se com sua própria imagem: "ama o objeto incorpóreo, sombra em vez de corpo". Narciso não consegue afastar-se da sombra, do reflexo, da falsa forma, da imagem. Mas também não consegue tocá-la, invertendo, assim, sua atitude de não se deixar tocar. Narciso reconhece sua própria desgraça: "Este sou eu! Sinto; não me ilude a imagem dúbia. Ardo de amor por mim, faço o fogo que sofro. Que faço? Rogo ou sou rogado? [...] Se eu pudesse separar-me de meu corpo!".

Em meio a esse lamento, ele rasga sua túnica e soca o peito nu, morre diante do rio Estige e transforma-se em flor.

Como se vê, para entender o narcisismo de nossa época precisamos deixar de lado a cena fundamental da paixão pela imagem de si, no espelho das águas, e levar um pouco mais em conta como essa é uma narrativa trágica. Na sua origem está a violência do estupro. Sua atitude fundamental não é o egoísmo, mas o daquele que não se deixa tocar, em mistura de medo e covardia. Sua verdadeira tragédia é a da impossibilidade do amor, naquilo que ele tem de potência transformativa. A paixão pela crítica, pela observação de menosprezo e de comparação permanente é tão narcísica quanto a paixão pelo protagonismo e em tudo similar à paixão daquele que vive como um personagem, repetindo a última palavra dos outros. Sua relação com o corpo não é só de admiração, mas de raiva e de desespero por não poder dele se separar. Finalmente Narciso não é senhor de si, autossuficiente e independente, mas alguém que sofre. Como todos nós.

Como dizia a poeta Ana Cristina César (1952-1983), "a intimidade era teatro".

O narcisismo é, portanto, uma estrutura psíquica por meio da qual adquirimos o sentido de identidade, de unidade e nosso sentimento de si. Ele não deve ser confundido com egoísmo nem com egocentrismo, mas é uma espécie de gramática pela qual articulamos nossos ideais, nosso eu e os juízos críticos de aprovação em experiências de reconhecimento (ou de déficit de reconhecimento). Em segundo lugar, o narcisismo fornece a semântica, ou seja, a rede de significados produzidos no circuito que vai dos afetos aos sentimentos, particularmente o sentimento de si. Em terceiro lugar, o narcisismo é o léxico pelo qual acumulamos e agrupamos identificações, ou traços de pertencimento, que conferem unidade à nossa experiência biográfica e histórica.

Já que sou uma patologia narcísica, posso falar de mim mesma na terceira pessoa: a Depressão. Por isso também posso falar de mim como sendo várias: as depressões. Como se não bastasse, posso ainda me fragmentar em estilos e perspectivas de fala sobre mim mesma que não são congruentes entre si. Se é que você já não percebeu isso por aqui.

As depressões narcísicas podem se acentuar ou se atenuar ao longo da vida (em função de contingências particulares), mas sempre estarão presentes, à espreita do momento oportuno para se manifestar. O modelo para essas depressões não é o luto, como no primeiro caso, e sim o processo de adoecimento (no sentido trivial de ficar doente). Quando adoecemos, nós nos retraímos ou nos isolamos. Nosso contato com os outros é substituído pela auto-observação. Nosso desejo retira-se do mundo e entra em um estado de suspensão ou de preparação (adiada) para um novo momento de vida. Sentimos que a doença é algo que nos é imposto, que drena nossas forças, que não escolhemos e que nos submete contra nossa vontade. E não é nessa imagem que (em geral) gostaríamos de ser reconhecidos. Ora, a Depressão, nesse sentido, é de novo um exagero de processos normais. Assim como nos defendemos de forma narcisista contra a experiência de adoecimento, o depressivo defende-se contra a experiência de seu desejo com o Outro.

Além de ser um *luto patológico* e um *sintoma narcísico*, a Depressão pode se apresentar, segundo alguns autores, como uma *posição*, ou seja, uma maneira de reconstituir um objeto, uma estratégia psíquica para a reparação de laços. Em alguns casos, essa posição fracassa de modo sistêmico. Teríamos aqui os pacientes depressivos propriamente ditos. Nos outros dois tipos, seria um sintoma ou um diagnóstico de segunda ordem, ou seja, a Depressão pode estar presente em situações específicas durante a vida ou acompanhar de modo crônico os sintomas da neurose, da psicose ou da perversão. Neste terceiro caso, o da Depressão como posição e como impossibilidade dessa posição, estaríamos diante de um quadro clínico definido segundo uma autonomia diagnóstica. Poderíamos falar, com restrições, em uma *depressão estrutural*, ligada a certas experiências primárias marcadas pela antecipação.

O Outro do depressivo adianta-se à formulação de seu pedido, age fora do tempo, impedindo, assim, que o depressivo faça a experiência de seu próprio tempo. Esse tipo de Depressão acumula a fenomenologia dos quadros anteriores, mas acrescenta a estes a sensação de "estar fora do lugar", de "não pertencer ao próprio tempo" ou de "não estar no próprio corpo". Outro traço típico dessa variante da Depressão é que o sujeito "desiste antes da hora", ou seja, demite-se de seu desejo antes que ele se coloque como uma questão e exija, portanto, um destino.

2. Quais são suas principais causas?

Como toda pessoa que se preze, eu tenho minhas causas, mas também meus motivos e minhas razões. Se quiser saber de minhas origens consulte a primeira parte deste livro. Dizem que eu sou causada pelo déficit de certas substâncias no seu cérebro. Dizem também que esse déficit tem uma razão de ser, ou seja, lutos, traumas e falta de reconhecimento. Dizem ainda que entre as causas e as razões eu tenho meus motivos: uma vida sem grande satisfação, um trabalho irrelevante, a coisificação de uma existência da qual o desejo se evadiu. Segundo a hipótese depressiva, a transmissão do impulso neuronal, o que explicaria os sintomas depressivos ligados à economia prazer-desprazer e atividade-inibição: anedonia (perda da capacidade de experimentar satisfação), dificuldades de memória, lentidão da fala, encurtamento do raciocínio, sentimento de culpa (autorrecriminação), sentimento de vacuidade, futilidade ou isolamento, redução da iniciativa para a ação (retardo ou agitação psicomotora), perturbações do sono (parassonia, insônia, hipersonia), dores (fibromialgia), alterações da experiência corporal (fadiga), alterações de peso, pensamentos de morte ou suicídio. Costuma-se associar esse estado cerebral a disposições genéticas e causas ambientais, que vão desde a luminosidade (no hemisfério norte fala-se de depressões sazonais que acompanham a chegada do inverno) até a alimentação.

Contudo, argumenta-se que, se tal hipótese parte da descrição de um estado de funcionamento cerebral comumente encontrado em pacientes depressivos, isso não quer dizer que esse estado seja a *causa* da Depressão, ele pode ser apenas o efeito de um conjunto de experiências psíquicas. Pesquisas têm mostrado a remissão de sintomas depressivos tanto por meio de tratamentos pela fala como por tratamentos medicamentosos, sendo usual a recomendação de associação entre eles, dependendo da gravidade do quadro.

Quanto às hipóteses psicanalíticas, pode-se dizer que elas apontam para a Depressão como uma patologia do processo de reconhecimento – do eu, do outro ou do próprio desejo. Essa hipótese também é subsidiada pelos que estudam como o aumento dos casos de Depressão está ligado à expansão da cultura da performance e do desempenho.

O sujeito depressivo parece desarticular meios e fins em sua relação com o outro para articular processos desejantes. Daí lhe ser tão difícil, sobretudo, *começar algo* (levantar-se da cama, iniciar o dia, interromper uma tarefa iniciada). Essa desarticulação mostra-se também no caráter oscilante e instável – ou, no contrário, extremamente fixo e inalterável – pelo qual o depressivo articula sua vontade com seus atos. A incerteza, a descrença ou a indiferença pode aparecer sob a forma de indefinição quanto a agir a favor ou contra seus propósitos. E daí certas adversidades ou obstáculos serem interpretados como sinal e permissão para a desistência, os triunfos como derrotas, as realizações como sinais de insuficiência (perfeccionismo). Ao desorientar-se com relação ao próprio desejo, o sujeito bloqueia a possibilidade de ter seu desejo reconhecido.

Como eu tinha dito antes, o segundo aspecto desse processo pode ocorrer quando o sujeito não identifica o reconhecimento do outro em relação a ele. E o terceiro aspecto do processo depressivo deriva da limitação ou do enfraquecimento de experiências de reconhecimento de natureza simbólica, que pode ocorrer por vários motivos:

a. Atribuição da potência de reconhecimento a outras pessoas, origem do sentimento de dependência e de falta de autorrealização.
b. Atribuição do reconhecimento a um dote, de valor que independe do esforço ou do engajamento do sujeito (origem do sentimento de incongruência com o próprio corpo e com as próprias escolhas).
c. Impossibilidade de compartilhar ou socializar simbolicamente aspirações e expectativas de realização (origem do sentimento de solidão e isolamento).
d. Percepção de que não é possível nenhuma transformação (origem do sentimento de ausência de autonomia e determinação sobre a própria vida).
e. Percepção de que o reconhecimento obtido é falso, inautêntico ou ilegítimo (origem da sensação de vazio e de ausência de sentido).

3. Desde quando você se define como doença?

Hipócrates (460-370 a.C.) descreveu meu mais antigo ancestral como "melancolia" (ou bílis negra). Venho pois de uma ascendência nobre, composta por pensadores e poetas. Até o início do século XX, meus parentes formavam uma família meio dispersa, composta por tipos como a melancolia, a loucura circular e a distimia. Só ganhei nome e autonomia clínica no fim do século XIX. Em minha primeira aparição, na versão de 1952 do DSM, me chamaram de "reação depressiva". Até então andava misturada com meus primos conhecidos como desordens psiconeuróticas.

Mas fiz sucesso mesmo como a primeira doença mental, plenamente tratável e curável, graças à medicação. Em 1946, receitava-se penicilina para depressões geradas por neuroses de guerra – era, afinal, o que curava as depressões derivadas de infecções crônicas. Em 1948, passou-se a receitar o cloreto de lítio a partir de pesquisas em torno da hipertensão. Em 1951, a hidrazina, substância usada como combustível de bombas voadoras alemãs durante a Segunda Guerra Mundial, estava em excesso no mercado – testada contra a tuberculose, redundou nos inibidores da monoaminoxidase (IMAO), primeiros antidepressivos "específicos".

Por fim, na década de 1960, descobriu-se o poder dos benzodiazepínicos para abreviar os sintomas de ansiedade e insônia, comumente ligados à Depressão. A pesquisa original testava a droga em pacientes cardíacos. Nos anos 1970, surgiram, então, antidepressivos de terceira geração, que agem sobre a receptação da serotonina, como a fluoxetina e a paroxetina. Foi só em 1980 (*DSM-IV*) que a chamada *neurose depressiva* passou a ser denominada de forma autônoma no grupo dos transtornos de humor como "Depressão". A partir de então, foi subdividida em vários tipos e subtipos. O que genericamente chamamos "Depressão" inclui, na verdade, uma grande variedade de quadros.

4. Como reconhecer a Depressão?

A popularidade traz imitadores. Nos últimos quarenta anos, surgiram mais de quinze tipos usando a marca "Depressão"; às vezes como um quadro, outras como um tipo de sintoma e até mesmo como uma condição de base normal. O estatuto diagnóstico da Depressão se expandiu enormemente a partir dessa variedade de tipos e subtipos, e isso gerou efeitos de diagnóstico massivo, como a Depressão *me too*, associada, por exemplo, à propaganda do antidepressivo Paxil, no Japão, em 1980. Isso pode ser atribuído à extensão e à variedade dos sintomas relacionados. Genericamente, o diagnóstico é feito pela presença e pelo acúmulo de signos clínicos antes especificados como anedonia, transtornos do pensamento, da motricidade, da memória, da experiência corporal, do humor etc., mas o mais difícil é articular a relação entre os sintomas para qualificar o tipo e a função da Depressão em cada sujeito. Pode-se dizer que um bom diagnóstico seria aquele a localizar a especificidade desse sintoma no conjunto do funcionamento psíquico e das condições de produção dos sintomas.

5. Que outras doenças ou distúrbios podem ser confundidos com Depressão? Como distingui-los?

Certos tipos de Depressão estão associados a outras perturbações, como alcoolismo, quadros de adoecimento (pós-acidente cardíaco, pós-isquemia), dor crônica (fibromialgia), luto (por perda de entes, por desfechos amorosos, por demissão, por saída de filhos do lar), em função de estações do ano (depressão de inverno), dificuldades ligadas a momentos de vida (menopausa, gravidez), ou como a terceira idade (depressão senil) ou à gravidez (depressão pós-puerperal), além de constituírem sintomas de síndromes neurológicas (astenias, demências, coreias) ou endocrinológicas (hipotireoidismo, mal de Addison).

Um bom critério para distinguir a Depressão de base da Depressão como efeito colateral de uma condição clínica é perguntar a história dos sintomas e sua variação. Quanto mais fixos e recorrentes, maior a possibilidade de que estejamos diante de uma depressão primária (não reativa). Quanto mais lábeis e diversos os sintomas, maior a possibilidade de tratar-se de uma depressão secundária (reativa).

6. Quais são as reações químicas do cérebro que caracterizam a Depressão?

Depois de tantas pesquisas ainda não se tem uma certeza quanto a isso, mas todos dizem que me falta alguma coisa no cérebro:[118]

a. Déficit na receptação da serotonina, ao qual atribuem-se fatores como regulação do sono, atividade sexual, ritmo circadiano, funções cognitivas, modular dor, funções neuroendócrinas, temperatura corporal e atividade motora.
b. Déficit na receptação da dopamina, associado ao estímulo geral do sistema nervoso.
c. Déficit na receptação da adrenalina, ligado às experiências de satisfação e euforia.
d. Déficit na receptação da noradrenalina, relacionado às experiências de redução de atividade e inibição do sistema nervoso central.

7. Quais são os aspectos comportamentais que caracterizam a Depressão?

Eu, Depressão, sempre estive dividida entre uma descrição psicológica e outra mais psiquiátrica. Em retrospecto, já estava dividida entre antepassados religiosos e filosóficos, entre linhagens literárias e antropológicas. Para os primeiros, era mais importante a tristeza,

---

118. DALE E, BANG-ANDERSEN B, SANCHEZ C, Emerging mechanisms. and treatments for depression beyond SSRIs and SNRIs. Biochemical Pharmacology (2015).

sentimento de menos valia, idealização, condensação da extensão simbólica do pensamento, lentificação da fala, dor psíquica de existir, dor vivida no corpo, dor que impede o dormir e o alimentar-se, dor que tira a "graça da vida", culpa por ter sobrevivido, dificuldade de iniciar algo novo, concentração da memória em torno do que foi perdido, falta de concentração, indignação, impaciência e irritabilidade contra aqueles que não se encontram no "mesmo momento" pessimista, pensamentos ou imagens intrusivas em torno de morte, violência e perda de entes queridos.

Para minha versão psiquiátrica, é muito importante levar em conta anedonia (perda da capacidade de experimentar satisfação), dificuldades de memória, lentidão da fala, encurtamento do raciocínio, sentimento de culpa (autorrecriminação), vacuidade ou isolamento, redução da iniciativa para a ação (retardo ou agitação psicomotora), perturbações do sono (parassonia, insônia, hipersonia), dores (fibromialgia), alterações da experiência corporal (fadiga), alterações de peso, pensamentos de morte ou suicídio.

8. Há divergências entre a concepção da psicanálise e a da psiquiatria?

Sim, há divergências, mas penso que elas não residem nos pontos mais habitualmente focados. Ou seja, não há nada de contrapsicanalítico ou antipsicanalítico na ideia de que a Depressão corresponde a um desequilíbrio dos mecanismos de produção e recaptação de neurotransmissores como a serotonina, a dopamina ou a adrenalina. Também não há nada de avesso à psicanálise na tese de que Depressão não é tristeza e de que ela constitui uma "doença" em sentido lato ou estrito. Finalmente, não há nada de apologético na Depressão, que não deve ser confundida com melancolia nem tratada com a culpa da "falta de vontade". As diferenças começam quando examinamos certas consequências ou certas ilações de ideias sobre as quais há um consenso genérico entre psicanálise e psiquiatria contemporânea, a saber:

a. Dizer que existe correlação entre desequilíbrio neuroquímico *não implica* atribuir a este uma função causal. Ou seja, ficamos tristes porque há menos serotonina ou há menos serotonina porque ficamos tristes? Será realmente possível e desejável substituir sem perdas o vocabulário semântico e psicológico pela descrição neurobiológica? O que nos causa tristeza é realmente o que causa a diminuição da recaptação de serotonina no interior dos neurônios? As descobertas sobre a neuroplasticidade cerebral, os estudos com métodos derivados da neuroimagem e as pesquisas comparativas sobre eficácia de tratamentos psicoterápicos insistem no caráter reversível da equação depressiva. Ora, o problema não está em mostrar que a Depressão é reversível por meio de intervenções no cérebro, mas em mostrar porque ela *também* é reversível por meio de inúmeras práticas (psicoterapêuticas, narrativas, experienciais etc.). No fundo, a hipótese serotoninérgica é descritiva, não causal.

b. Dizer que a Depressão é uma doença tratável *não implica* endossar a disciplina higienista, a medicalização massiva e a recusa do detalhamento diagnóstico. A Depressão pode ser comparada com uma febre, que acontece em vários quadros clínicos e significa coisas distintas em situações clínicas diversas. Assim como a febre pode ser contida por um antitérmico, a Depressão pode ser contida por um antidepressivo. É uma temeridade a ideia de que, por ser uma doença (ou um *transtorno*), deve ser erradicada, como algo supérfluo e desnecessário, que pode ser tirado sem consequências. Implica desconsiderar duas ideias importantes para a psicanálise. A primeira é de natureza psicopatológica. Todo sintoma exprime um trabalho subjetivo; portanto, além de um problema (que é), exprime ainda uma forma de "solução" criada pelo paciente. A segunda é de natureza terapêutica. Todo medicamento só é eficaz porque realiza, "por outras vias", um trabalho (ou uma função) que o organismo (ou o sujeito) poderia fazer em condições normais. Ao introduzir o medicamento sem fornecer as vias para que o sujeito recupere a possibilidade de realizar esse trabalho, produzimos uma espécie de "efeito colateral", ou seja, uma "atrofia" das já debilitadas funções psicológicas requeridas tanto para realizar o trabalho positivo da Depressão (como força de reparação e integração) quanto o trabalho negativo (como recusa da experiência e fracasso da gramática do reconhecimento do desejo).

9. Por que a Depressão pode ser considerada um sintoma social? Como diferenciá-la dos "males" da modernidade, como a melancolia?

Sou uma patologia do social, ou seja, me encontro dividida entre mente e cérebro, entre indivíduo e coletivo, entre ideal e real, sou produto do meio e de minhas escolhas, enfim, minha popularidade se deve a forma como eu consigo traduzir as contradições, fragmentações, alienações e coisificações de nossa época. Ou seja: fragilização dos vínculos orgânicos e verticais (como família e comunidade de origem), extensão massiva do princípio de desempenho (pelo qual o valor dos sujeitos é medido por sua capacidade de produção), redução da extensão simbólica das narrativas (do trabalho, do amor, da política, da religião), substituição gradual de experiências dotadas de história singulares por vivências dotadas de repetição efêmera, aceleração do tempo e objetificação dos laços entre pessoas (reificação), substituição dos valores inerentes ao mundo da vida por valores inerentes à técnica e ao regime dos instrumentos (impessoalização). Uma maneira simples de definir o impacto conjunto de tudo isso na determinação coletiva da Depressão é dizer que tanto em nosso laço social como na Depressão há um *excesso de experiências improdutivas de determinação* (controles, disciplinas, normas, receitas, métodos, regulamentações, regras etc.) e, ao mesmo tempo, um *déficit de experiências produtivas de indeterminação* (real experiência de transformação, de diferença, da morte, do amor, do desejo, da incerteza, do que não sabemos, do que não controlamos).

Além disso, a Depressão é também um *sintoma do social*. É aqui que a diferença entre o entendimento psicanalítico do que é um sintoma e o entendimento comum aumenta. O deprimido é uma espécie de anti-herói de nossa época: não produz como devia, não performa a imagem de felicidade que esperamos encontrar no outro, não consome como deveria, não está no mesmo tempo dos outros. Torna-se, assim, uma espécie de pária da sociedade, que nos diz algo sobre o que deveria mudar e sobre as contradições que nem sempre percebemos com facilidade. Nesse sentido, um sintoma social é também um signo de resistência, de oposição e de protesto (uma palavra amordaçada como diria Lacan) à verificação de que vivemos no melhor dos mundos possíveis. Por exemplo, o sentimento de insegurança sistêmica, tão comum em pessoas deprimidas, é uma exageração de uma insegurança que de fato não se resolverá pela construção de mais muros, cadeados e fronteiras, e é isso que o deprimido, com outras palavras, palavras de sofrimento, nos diz.

Outro exemplo, pessoas deprimidas comumente têm seu sentimento de culpa aumentado ainda mais pela verificação, própria ou de outros, de que a eles "nada falta", seguindo-se, então, uma lista de bens ou condições, em verdade muito pobre para definir uma vida interessante. Mais uma vez, sai pela boca do depressivo um grão de verdade que seria importante escutar, não apenas eliminar ou silenciar. Isso não quer dizer que ele mesmo não seja responsável por seu sofrimento, uma vez que, em geral, o deprimido não sabe muito bem disso. Aliás, sua posição diante da Depressão costuma ser moderna, ou seja, ele individualiza o sofrimento, segrega-se como um fracassado e compartilha convictamente dos ideais em relação aos quais sofre.

Como dizia o poeta Nerval: "O melancólico vê as coisas como elas realmente são" (o realista é sempre um tipo especial de pessimista); contudo, o que ele vê nem sempre corresponde ao que ele acredita.

Quero explicar como, distanciado há muito da verdadeira rota, senti-me trazido de volta pela lembrança querida de uma pessoa morta, e como a necessidade de crer que ela existia sempre me fez voltar, ao meu espírito, o sentimento preciso das diversas verdades que não havia suficientemente recolhido na alma. O desespero e o suicídio são resultados de certas situações fatais para quem não tem fé na imortalidade, em suas penas e em suas alegrias: - acreditaria ter feito alguma coisa de bom e útil enunciando, ingenuamente, a sucessão de ideias pelas quais reencontrei o repouso e uma força nova a opor-se às infelicidades futuras da vida.[119]

De fato, a melancolia é uma doença antiga, já descrita por Hipócrates e Aristóteles, e não deve ser confundida com a Depressão, porque a melancolia representava uma verdadeira atitude diante da vida, com sentimentos que lhes eram próprios e que hoje não conseguimos sentir mais, como a accidia em português, "acedia" (espécie de desesperança que tomava conta dos monges medievais, diante da potencial descrença em sua fé). O melancólico é, em certo sentido, *menos que um deprimido* (pois sofre de uma hemorragia da libido, está tomado pelo sentimento de perda de si, de forma muito mais grave que na Depressão comum) e *mais que um deprimido* (pois transforma sua experiência do mundo em uma obra, um discurso ou uma maneira de compartilhar sua própria loucura). Ou seja, a melancolia é a própria expressão da perda de uma experiência fundamental (que caracteriza a modernidade), daí estar associada ao humor de filósofos e poetas.

A Depressão, ao contrário, principalmente a de *tipo estrutural* e de *tipo narcísico*, representa uma experiência de empobrecimento psíquico, de desertificação dos sonhos e de aridez da existência. Quase nunca cria alguma coisa de interessante (exceto quando saímos dela). A melancolia, ao contrário, é a própria Depressão tornada criação, ela

---

119. NERVAL, G. (1986) *Aurélia*. São Paulo: Ícone, p. 44.

representa a conversão da miséria do sofrimento em uma experiência de si mais radical (o que raramente ocorre aos deprimidos comuns).

10. A Depressão tem cura ou é apenas controlada?

Se entendemos por cura a completa erradicação do mal, sua exclusão permanente e indelével em todos os tipos e modalidades, espero, sinceramente, que nunca encontremos a cura para a Depressão. Poderíamos nos tornar mais saudáveis, mas nos tornaríamos certamente menos humanos. Ao restringir a noção de cura ao controle do exagero, à recuperação da autonomia no interior da Depressão e à melhor orientação na vida, pode-se dizer que a Depressão tem cura. Mais que isso, deve ser tratada com todos os recursos de que dispomos: psicoterápicos, psicanalíticos, farmacológicos, laborterápicos, nutricionais, e assim por diante. Do ponto de vista da psicanálise, seu prognóstico é melhor nas depressões do tipo *luto patológico* que nas depressões do tipo *narcísico*. Certamente esses dois grupos possuem um prognóstico melhor que o da *depressão estrutural*. Do ponto de vista da possibilidade de controle, a depressão narcísica, quando tratada com presteza e continuidade, apresenta ótima expectativa de melhora.

11. Em quais casos é necessário o uso de medicamentos?

O ponto é controverso tanto em relação a qual tipo de medicamento quanto a qual associação. Há algum tempo, firmou-se um consenso de que o melhor tratamento para a depressão típica e a atípica, de grau moderado para grave, constitui-se de uma estratégia combinada de antidepressivos, psicoterapia e atividades complementares (estéticas, motoras, dietéticas). Fazia parte desse consenso que a psicoterapia cognitivo-comportamental era o tipo de terapia mais indicado para essa associação. Contudo, um estudo recente (na verdade uma meta-análise, ou seja, uma análise de centenas ou às vezes milhares de pesquisas tomadas em conjunto comparativo) mostrou que a psicanálise (ou psicoterapia psicodinâmica de longo prazo) apresenta resultados mais consistentes. A hipótese aqui é que a verificabilidade da eficácia terapêutica da psicanálise seria mais difícil de ser feita (longo prazo, diferença entre linhas, diferença entre formação de psicanalistas, acesso dos psicanalistas aos *trials*, custo do tratamento) e que aquilo que o antigo consenso apontava era, na verdade, uma maior aptidão da psicoterapia cognitivo-comportamental (TCC) para conjugar-se ao método psiquiátrico de verificação de resultados (pela homogeneidade de procedimentos). No entanto, essa mesma meta-análise levantou um resultado ainda difícil de interpretar, ou seja, a psicanálise *sem uso de medicação* em alguns casos específicos de Depressão *apresentava melhores resultados que a psicanálise associada a medicação*.[120]

Já se observou também que as medicações antidepressivas vão perdendo sua eficácia e eficiência ao logo do tempo.[121] Isso significa que a mesma substância química obtinha resultados melhores em 1997 do que em 2017, um fato certamente perturbador.[122] Ademais, várias meta-análises indicam que a eficácia dos antidepressivos é apenas um pouco superior à dos antidepressivos, resultado, aliás, comparável ao obtido pelos tratamentos psicoterápicos inespecificamente considerados.

Apesar dessa controvérsia – aliás, bastante recente –, ainda vigora o consenso de que a utilização de medicamentos é necessária, benéfica e, sobretudo, que deve ser acompanhada pela participação ativa

---

120. LEICHSENRING, F.; RABUNG, S. Effectiveness of Long-Term Psychodynamic Psychotherapy: a meta-analysis. *Journal of American Medical Association*, v. 300, n. 13, pp. 1551-1565, 1º out., 2008.

121. FORNARO, M. et al. The Emergence of Loss of Efficacy During Antidepressant Drug Treatment for Major Depressive Disorder: An Integrative Review of Evidence, Mechanisms, and Clinical Implications. *Pharmacological Research*, v. 139, pp. 494-502, 2019. Disponível em: <https://doi.org/10.1016/j.phrs.2018.10.025>. Acesso em: nov. 2020.

122. MONCRIEFF, J.; WESSELY, S.; HARDY, R. Active Placebos Versus Antidepressants for Depression. *Cochrane Database of Systematic Reviews*, n. 1, 2004.

e continuada do paciente na decisão de recorrer ao tratamento, nas alterações de dosagens, no controle dos efeitos colaterais, no programa de descontinuação, na elaboração da estratégia geral de tratamento. Tal participação não é apenas necessária para maior aderência ao tratamento (evitando os casos infelizmente cada vez mais comuns de supermedicalização e de emprego continuado de antidepressivos, por décadas, sem supervisão psiquiátrica, em geral em subdoses ou em mediações inadequadas), mas também para evitar a "medicalização selvagem" (principalmente por não psiquiatras) e a automedicação.

12. A OMS divulgou que, em 2030, a Depressão deve ser a doença mais comum no mundo. Como entender esse quadro?

Mencionei razões para isso nas respostas anteriores. A Depressão é uma patologia do social. Daí que, à medida que o laço social organizado pelo mercado e pela capitalização das experiências intersubjetivas se expande, e com ele se expandem os ideais e suas estratégias de segregação, maior será a incidência da Depressão. Ainda assim, quero crer que há também um tanto de exagero nesse dado. Ou seja, suspeito que ele se apoie em alguma generalização de critérios diagnósticos e semiológicos que definem a Depressão. Quando um quinto da população mundial se encontra acometido pela Depressão, é preciso pensar se o próprio conceito da doença não está se alargando demais. Desconfio, ainda, que a proliferação desse diagnóstico tenha relação com a descoberta de formas eficazes de tratar o quadro. Ou seja, foi por causa da Depressão que inventamos os antidepressivos; mas foi também por causa dos antidepressivos que começamos a vê-la além daquilo que viam nossos antepassados – psicanalistas, filósofos ou psiquiatras.

Não seria a primeira vez na história que "um homem com um martelo na mão tende a encontrar pregos por toda parte". Uma sociedade fortemente orientada ao consumo, na qual os dois dos medicamentos mais consumidos no mundo são antidepressivos e anti-disfunção erétil (inibidores de PDE-5),[123] levanta a suspeita de que há algum tipo de "parceria" entre um fenômeno e o outro. Depois da fase da "pílula da felicidade", chegamos ao momento mais sóbrio e mais "administrado", por meio do qual o antidepressivo tornou-se banal – menos que levar aos céus, ele apenas alivia um pouco o inferno.

13. As pessoas costumam demorar quanto tempo para buscar tratamento?

Varia bastante, mas se podem citar duas situações-limite: a de quem nunca procura tratamento, resistindo a ceder a algo "psicológico", como se o psicológico não tivesse dignidade em si e fosse apenas um capítulo do controle moral de afetos, emoções e sentimentos, e a de quem busca o tratamento "rápido demais".

Algumas pessoas nunca buscam, integram o sofrimento que vem com a Depressão a uma explicação teológica, ao modo de vida ou a um "jeito de ser". Ao mesmo tempo, a própria Depressão caracteriza-se pela dificuldade em iniciar novas ações e pelo esforço em tentar transformar a situação em que nos encontramos. Assim, na medida em que o quadro se agrava, diminuem os recursos psíquicos para que a pessoa procure tratamento. Ao contrário de outras afecções que, quando nos fazem sofrer, nos despertam maior interesse ou preocupação para mudarmos, a Depressão ataca os recursos necessários para isso. Daí que muitos casos verdadeiros de Depressão surgem como "achados clínicos" em meio a uma investigação diagnóstica de outra natureza. Exemplos: ortopedistas se veem diante da depressão típica da fibromialgia; cardiologistas que se deparam com depressões ansiosas (que nas crises podem mimetizar ataques do coração); dermatologistas que encontram sintomas depressivos em meio a uma alopecia; pneumologistas que "esbarram" com uma

---

123. https://piaui.folha.uol.com.br/materia/a-epidemia-de-doenca-mental/

depressão em meio a infecções de repetição. Esse grupo de pacientes parece se familiarizar de tal maneira com os sintomas depressivos que os entende como parte da vida em relação à qual não se pode agir.

O caso mais típico disso é a variação de humor associada a alterações climáticas (depressão de inverno, por exemplo). O clima independe de nós, nos afeta, mas sem que saibamos exatamente como. Nossas oscilações de humor podem ser interpretadas como "independentes de nós", assim como faz sol, faz chuva ou neva à revelia de nossa vontade.

No polo oposto, há aqueles que sofrem de uma espécie de síndrome identificatória por meio da qual o contato com descrições e narrativas clínicas que apresentam os traços de uma doença produz um efeito automático de inclusão. O mal-estar flutuante e difuso, que caracteriza nossa experiência contemporânea com o mundo e com os outros, é estabilizado por essas nomeações. Dessa maneira, nós nos entendemos participando de algo que aconteceu com outros antes e que irá acontecer com os que virão. Ou seja, nós nos sentimos pertencendo a uma classe, o que torna nosso sofrimento, imediatamente, menos solitário. Por esse tipo de autodiagnóstico, que nos leva a procurar tratamento, integramos aspectos de nós mesmos, ou seja, nos observamos, juntamos traços e situações a que não dávamos atenção e que julgávamos apenas uma contingência da vida. Por exemplo, quem nunca passou, de forma mais ou menos intensa, por diminuição ou aumento de apetite; insônia ou aumento de sono; redução de energia ou fadiga; baixa autoestima; ou diminuição da concentração ou dificuldade de tomar decisões?

Considerando que esses são os cinco critérios para diagnóstico do *transtorno distímico*, forma mais branda da Depressão, raros seriam os que jamais se reconheceriam em tais traços. Isso não quer dizer que o diagnóstico seja tão simples assim, mas não muda o fato de que o "autodiagnóstico" da Depressão tenha se popularizado. Isso afeta o terceiro aspecto da procura por tratamento: a divulgação de que *existe um tratamento*. Ou seja, a oferta cria a demanda.

14. Atualmente quais são os principais medicamentos utilizados?

Parece-me que os principais medicamentos empregados são os antidepressivos, mas mais recentemente tem se adotado cada vez mais combinações destes com moduladores de humor, com a quetiapina e outros antipsicóticos atípicos[124] (especialmente no transtorno bipolar). Sugiro uma trajetória comum quanto ao uso de medicações desse tipo. É apenas uma generalização. Não quer dizer que tais medicações não funcionem, mas que eventualmente é difícil encontrar as condições para seu melhor emprego, sua escolha adequada e um bom acompanhamento.

Hipoteticamente, o "pior cenário possível" começa com uma Depressão leve diagnosticada de forma indireta por um não especialista ou utilizada de forma coadjuvante para redução de peso ou para parar de fumar. Aqui predominam o emprego dos inibidores de recaptação de serotonina, como a fluoxetina, a paroxetina e a duloxetina ou a bupropiona. Não se pode esquecer das pesquisas promissoras em torno de substâncias alucinógenas, com o LSD, ou enteógenas como a *ayahuasca*, no controle da Depressão.[125] Ao que tudo indica, a fronteira entre substâncias lícitas e ilícitas, usadas com ou sem supervisão médica, está se diluindo em prol da emergência de uma cultura do uso de substâncias como tratamento de si e regulador da paisagem mental.[126]

Quando isso não funciona perfeitamente e remanescem sintomas de ansiedade ou transtornos de sono, associa-se um benzodiazepínico ou um indutor de sono. Em seguida, vêm os antidepressi-

---

124. WEBER, C. A. T.; PASCOAL Jr., F. Quetiapina no tratamento da depressão bipolar: uma revisão. *Psychiatry on line Brasil*, v. 25, n. 11, 2018. Disponível em: <https://www.polbr.med.br/2018/06/01/quetiapina-no-tratamento-da-depressao-bipolar-uma-revisao/>. Acesso em: nov. 2020.

125. PALHANO-FONTES F, ANDRADE KC, TOFOLI LF, SANTOS AC, CRIPPA JAS, HALLAK JEC, et al. (2015) The Psychedelic State Induced by Ayahuasca Modulates the Activity and Connectivity of the Default Mode Network. PLoS ONE 10(2): e0118143.

126. WESTPHAL, L.; LAMOTE, T. *Les Usages de Drogues comme Traitement de Soi*. Paris: Paris Diderot-Langage, 2018.

vos que agem no sistema da serotonina e no sistema da adrenalina, como o milnaciprano, a reboxetina e a venlafaxina. E, nesse ponto, costumam começar as associações com os moduladores de humor.

Quando o paciente não melhora ou há perda gradual de eficácia, são convocados os inibidores de recaptação de serotonina mais avançados e eficientes contra os sintomas físicos (como dores), como o citalopram, a sertralina e o escitalopram.

Nessa fase, os sintomas colaterais tornam-se, em geral, mais problemáticos, em parte devido à extensão do tratamento, em parte em função de seu prejuízo social ou intersubjetivo. Isso costuma induzir uma mudança de estratégia. Considera-se que a depressão é mais resistente. Isso, muitas vezes, leva à escolha de medicações mais antigas e conservadoras, porém de eficácia mais genérica, como os tricíclicos do tipo clomipramina ou imipramina. A associação também pode ser com um neuroléptico – por exemplo, quetiapina.

Finalmente, quando nada disso parece obter o resultado esperado surgem as estratégias de eletroconvulsoterapia, de estimulação intracraniana profunda, de estimulação do nervo vago.[127] Nesse caso, os resultados ainda parecem divergentes, considerando os efeitos colaterais.

15. O uso indiscriminado de medicamentos retira do ser humano a capacidade reagir, de lidar "humanamente" com o sofrimento?

Sim, mas não é preciso situar os medicamentos como vilões da história. Há um aspecto pouco destacado sobre eles, principalmente quando no contexto psicanalítico. Para indicá-los, convém recuar um pouco no tempo e lembrar um debate, aliás, muito intenso, ocorrido na área da saúde mental – e não apenas no Brasil –, nos anos 1970. Naquela ocasião, opunha-se a psicanálise, um tratamento tido

---

127. BRUNONI, A. R. et al. Estratégias de neuromodulação para o tratamento da depressão maior: desafios e recomendações de uma força-tarefa. *Arquivos de Neuro-Psiquiatria* [on-line], v. 68, n. 3, pp. 433-451, 2010.

como longo e individualista, de resultados incertos, às terapias de grupo, mais rápidas, mais acessíveis, de resultados menos ambiciosos, mas certos e controláveis. Ora, esse debate, complexo e interessante, extinguiu-se quando entraram em cena alguns argumentos menos "elevados". Verificou-se que por trás da discussão encontrava-se uma suposição vexatória: a terapia de grupo era boa para os pobres, enquanto a psicanálise seria boa, e exclusiva, para ricos.

Sim, o medicamento gera efeitos colaterais ruins, mas uma relação ruim com o medicamento produz efeitos ainda piores. Assim como com qualquer tecnologia, nunca é apenas o objeto que está em juízo, mas seu modo de relação, a maneira como ele se propõe a nós, a maneira como o empregamos, o interpretamos e o incluímos em nossa vida.

Nos casos de depressão, em especial nos mais graves, há um dilema clínico muito difícil. Ao tomar a medicação, o sujeito sente que a vida "perdeu o sabor", tudo tem "gosto de papelão", e o mundo parece ser feito de "cenários de filmes tipo B". A boca fica seca, a libido diminui, a pessoa sente que está "funcionando bem", mas que os picos e as oscilações que dão o "tempero" da existência desapareceram. Tudo fica médio, mediano, medíocre, nem muito intenso para baixo nem tão intenso para cima. O humor fica "regulado".

Ora, esse quadro deve ser comparado com o inferno que são os picos oscilantes de exaltação e os abismos depressivos; a dificuldade em dar um passo para sair da cama, o "sol negro" da Depressão. Ou seja, muitas vezes não é uma troca do tipo 3 por 10; mas uma troca do tipo 3 por 7 menos 3.

Desconfio bastante dos discursos que fazem apologia ao sofrimento. Por exemplo, os médicos franceses resistiram muito em empregar a anestesia para as dores de parto, porque havia uma crença de que "sentir dor era bom", preparava a mãe para o que viria, punia a mãe pelo que veio. Ora, esse tipo de moralismo não tem mais sentido. Ocorre que, assim como não se pode continuar a dizer que o sofrimento salva e redime, não se pode afirmar que uma vida sem sofrimento seria uma vida feliz e que o sofrimento exprime, portanto, um tipo de fracasso, de não controle, de imprevisibilidade a eliminar.

Em psicanálise, há uma distinção importante a fazer entre o *sofrimento* (como categoria moral, que contém uma história, que forma vínculos e que une ou separa pessoas), o *mal-estar* (como posição existencial sobre a condição trágica e cômica de nossos assuntos humanos e de nossa finitude) e o *sintoma* (como privação de liberdade e realização simbólica de um desejo recalcado). Eles se cruzam, mas não creio que seja a mesma reflexão ética a coordenar suas abordagens e acredito que não deveriam ser tratados segundo a mesma ambição clínica. Quando perdemos a linha divisória entre o sintoma e o sofrimento, ou entre o sofrimento e o mal-estar, acabamos como Simão Bacamarte, personagem de Machado de Assis em *O alienista* que interna toda a cidade no asilo do qual só ele tinha a chave.

16. Sabemos que, infelizmente, existem profissionais que, não só em casos de depressão, receitam precipitadamente um medicamento antes de um diagnóstico mais aprofundado. Essa prática é comum com antidepressivos?
Sim, há cada vez mais medicalização selvagem associada a "automedicação". Isso não quer dizer que apenas o psiquiatra deveria receitar antidepressivos, pois há muitas formas de depressão reativa que são consistentemente relacionadas ao adoecimento e a outras condições psíquicas presentes em outras clínicas médicas. Outro problema é que as estratégias de descontinuação do uso de medicamentos não são aplicadas com muita presteza. É comum encontrar pacientes com mais de uma década de uso contínuo de antidepressivos, às vezes em subdoses ou em relações quase "placebo" com as medicações, associadas com indutores de sono, estimulantes de libido, uso terapêutico de álcool e maconha. Quero crer que falta incentivar uma posição mais ativa e participativa do paciente em seu próprio tratamento. A discussão franca em torno dos benefícios

e dos prejuízos da Depressão, dos efeitos colaterais, das transformações psíquicas e sociais necessárias para atravessar a condição. Infelizmente o problema com a hipermedicalização passa pela facilidade e pela "indolência", tanto dos clínicos como dos pacientes, em enfrentar o problema. É mais fácil e mais barato prescrever um antidepressivo com o qual o sujeito se "aguenta" durante um tempo que dar-se ao trabalho de discutir e acompanhar minuciosamente cada caso. A medicina "socializada", baseada em seguros e planos de saúde, também tem efeitos colaterais.

17. Crianças também são atingidas pela doença? Existe um tratamento especial para os mais novos?

Esse é um assunto ainda mais preocupante. As crianças são acometidas pela Depressão nos vários sentidos antes citados. Aliás, há momentos produtivos da Depressão na infância, ligados, por exemplo, ao luto pelo fim da infância, à adolescência. Sucede-se, com relação à infância, o inverso do que vemos no tratamento do assunto na terceira idade. Espera-se que a infância seja, sobretudo, feliz. Nessa medida, as dificuldades e as depressões que povoam tal etapa da vida são muito pouco toleradas e facilmente transformam-se em um problema em potencial. Ao contrário, espera-se que a terceira idade seja um momento de pouca valorização e descaso do sujeito consigo mesmo, afinal a pessoa deixa de ser produtiva e de se ajustar ao modelo narcísico "triunfante".

Assim como exageramos para mais o diagnóstico da depressão infantil, porque a criança é "naturalmente" um poço maníaco de felicidade, exageramos para menos esse diagnóstico na terceira idade. Vê-se com frequência a depressão na terceira idade ser subtratada ou abordada com leniência pela família e pelos médicos. Também entre terapeutas, infelizmente, persiste certo preconceito, inteiramente injustificado, com relação às perspectivas da psicoterapia na velhice.

Voltando à resposta em relação às crianças, a situação é preocupante na medida em que a medicalização massiva cresce assustadoramente, ainda mais em países como os Estados Unidos. Ao contrário de adultos, que tendem a resistir e participar do processo do tratamento, as crianças são presas fáceis da medicalização "ortopédica". Ou seja, há prescrição massiva de medicamentos como Ritalina para aquelas com "problemas de aprendizagem", seja de natureza motora, seja relativa à concentração ou atenção.

É fato, portanto, que a medicação abusiva para crianças já se mostrou uma realidade. É possível que nosso "atraso" em matéria de educação e a disposição tendencialmente crítica ao sistema escolar, que desenvolvemos em função disso, tenham nos "protegido" desse problema ou que venhamos a encontrá-lo de forma mais insidiosa daqui para a frente. É bastante conhecido o caso de crianças impedidas de frequentar a escola se "não estiverem em dia com a medicação". É comum que famílias iniciem batalhas jurídicas para educar seus filhos. Assim como a Depressão pode ser considerada estritamente uma doença genética que incide sobre os sujeitos sem que estes tenham qualquer ingerência sobre ela, o fraco desempenho escolar pode ser falsamente explicado pela presença desse elemento exógeno ao sistema educacional.

18. Qual é sua opinião sobre o uso da eletroconvulsoterapia, o popular eletrochoque, no tratamento da Depressão?
Aceitável em casos muito específicos, envolvendo catatonia, não responsividade a nenhum medicamento e paralisação geral do contato com o outro. Simplesmente inadmissível como uso "popular" e "barato" para contornar a falta de outros recursos ou a inépcia diagnóstica e a falta de empenho terapêutico. É assustador verificar o retorno dessa técnica sem que se tenha desenvolvido alguma teoria significativamente consistente sobre seu meio de ação, sobre as razões de sua eficácia ou suas consequências iatrogênicas (per-

manentes em termos de lesões no cérebro e funções psicológicas associadas). É assustador verificar que os incrementos técnicos na ciência médica, e sua complexidade, tenham gerado uma espécie de efeito colateral, uma "autoridade biossecuritária" que induz o estado de docilidade e passividade não só no paciente, mas nos familiares e nos responsáveis, diante de técnicas brutais como essa.

19. Quais são os primeiros sintomas da doença? Dor de barriga, nas têmporas ou nas costas podem ser sinais de que alguém está prestes a entrar em um quadro depressivo?

É comum que alguns pensamentos, sensações ou preocupações hipocondríacos sejam os primeiros sinais de um desenvolvimento depressivo, mas também se argumenta que nos quadros mais crônicos esses são os sintomas que mais facilmente justificam a procura de tratamento e, portanto, de acesso ao diagnóstico. Ainda há grande preconceito contra os sintomas psíquicos da Depressão, comumente associados à falta de vontade, fraqueza moral ou desorientação quanto a valores.

Como, porém, há vários tipos e subtipos de Depressão, são diversos os indicadores de seu início (ou da entrada em outra curva de piora geral dos sintomas). Os mais genéricos são:

a. irritabilidade, reatividade (agressividade mais frequente no homem) e labilidade de humor (mais frequente na mulher);
b. tristeza, apatia ou sentimento de indiferença;
c. alterações na libido, no sono e no apetite.

20. Que tipo de exames existem para detectar a Depressão? Como é feito cada um deles e o que cada um consegue detectar?

Não há exames clínicos, radiológicos ou de neuroimagem que diagnostiquem com precisão a Depressão. Há certas escalas (como a

Hamilton ou a Beck) que permitem reunir signos indicativos por meio de perguntas sobre a vida do paciente, mas, no fundo, elas apenas organizam o que uma entrevista diagnóstica pode fazer por meio da observação.

21. Quem é mais propenso a sofrer de depressão?

Podem-se citar pessoas sujeitas a rarefação de laços sociais ou amorosos, seja em qualidade, seja em extensão, pois a Depressão é frequentemente uma resposta ao empobrecimento de nossa forma de vida reduzida a parâmetros de funcionalidade e adequação. Há também aquelas que têm pela frente o trabalho de elaboração de perdas (de pessoas, de ideais, de ligações com o mundo), uma vez que não raro a Depressão ocorre quando "pulamos" ou nos recusamos a realizar esse trabalho no tempo que lhe é próprio.[128] E as seguintes características parecem compor o grupo de risco para a Depressão, pela ordem: antecedentes familiares, antecedentes pessoais, sexo feminino, não casados, acontecimentos de vida desencadeante, perda parental precoce, pós-natal feminino.[129]

22. Existe uma idade média em que a incidência de depressão é maior? Por quê?

Estima-se que no Brasil 5,8% da população sofre de Depressão, um pouco mais do que média global de 4,4%. Enquanto a taxa de suicídio caiu 32% no mundo, no Brasil ela subiu 24% entre 2006 e 2015, sobretudo entre jovens de 19 a 25 anos e na população negra e ru-

---

128. KEHL, M. R. *O tempo e o cão:* atualidade das depressões. São Paulo: Boitempo, 2009.

129. GUSMÃO, R. M. et al. O peso das perturbações depressivas – aspectos epidemiológicos globais e necessidades de informação em Portugal. *Acta Médica Portuguesa*, n. 18, pp. 129-146, 2005.

ral.[130] O suicídio é apenas uma medida indireta para pensar a Depressão, mas os dados coincidem com pesquisas recentes na cidade de São Paulo[131], em que encontramos as seguintes distribuições etárias: 25% na faixa etária de 18 a 29 anos; 10,4% na faixa etária de 18 a 34; 23% na faixa etária de 30 a 39; 11,9% na faixa etária de 35 a 49; 11,1% entre os maiores de 60 anos.[132] Isso sugere que os momentos de vida que cercam a entrada no mercado de trabalho e o fim do ciclo envolvendo o nascimento de filhos podem ter correlação com o desenvolvimento de sintomas depressivos.

23. A Depressão se apresenta da mesma forma em adultos e crianças? Quais são as diferenças?

A Depressão em crianças pode ser mais difícil de perceber. A redução do interesse ou do gosto pelo brincar, que seria um sinal, pode se confundir com fases de introspecção e irritabilidade que acompanham as inúmeras transformações e lutos que caracterizam a infância (mudanças corporais, de laços, de aptidões e exigências).

Por outro lado, em alguns casos é mais fácil, perigosamente mais fácil, ver "depressões" na criança, porque nossa cultura incentiva e idealiza cada vez mais a imagem da felicidade infantil. Isso muitas vezes mascara a depressão da criança sob forma de "culpa dos pais", mais ou menos assim: "Se a criança não está respondendo à imagem de felicidade que projetamos nela, é porque não fizemos ou não oferecemos o que devíamos". Portanto, é a nossa depressão por procuração (culposa) que mascara a depressão da criança.

---

130. ASSOCIAÇÃO BRASILEIRA DE FAMILIARES, AMIGOS E PORTADORES DE TRANSTORNOS AFETIVOS (ABRATA). *Depressão e adolescentes*. Disponível em: <https://www.abrata.org.br/depressao-e-adolescentes/>. Acesso em: nov. 2020.

131. ANDRADE, L. H. et al. Mental Disorders in Megacities: Findings from the São Paulo Megacity Mental Health Survey, Brazil. *PLoS One*, v. 7, n. 2, 2012.

132. OLIVETO, P. Tristeza mascarada. *Correio Brasiliense*. Disponível em: <http://especiais.correiobraziliense.com.br/depressao-e-mais-comum-entre-brasileiros-de-60-a-64-anos>. Acesso em: nov. 2020.

24. A Depressão se apresenta da mesma forma em homens e mulheres? Quais são as diferenças?

Referências consolidadas [133] falam em 5-12% de casos de depressão em homens; 10-15% em mulheres. É possível que a Depressão acometa homens e mulheres em igual proporção, porém sua versão masculina é mais difícil de ser reconhecida – pela cultura e pelo próprio sujeito. Homens relutam mais em admitir tal diagnóstico. A Depressão confunde-se, com frequência, com certos traços culturais de virilidade, como a agressividade, o alcoolismo, a introspecção, o sentimento de excessiva responsabilidade, o relativo desprezo pelo cuidado de si e de seu corpo.

Ao mesmo tempo, muitos traços da Depressão estão associados a certos estereótipos de feminilidade: sentimento de fragilidade e desamparo, reatividade de afetos, labilidade de humor. Há também mais sintomas somáticos (dores, sudoreses, distúrbios gástricos) em mulheres.

25. Quais são as diferenças de tratamento para adultos e crianças?

Na infância, muitas formas de depressão se apresentam de modo segmentar, mascarado – como um problema de concentração ou memória; atitudinal (de obediência, disciplina ou organização); ou como um problema de alimentação.

Muitas vezes o diagnóstico de depressão é substituído pelo déficit de atenção e tratado com medicação estimulante (a já citada Ritalina). Isso pode incorrer no mesmo erro do senso comum, que é tratar a Depressão como apenas um rebaixamento da "energia", que poderia ser compensada por medidas como repouso, superalimentação, mudança de ambiente ou estímulos artificiais.

---

133. Disponível em: <http://www.sumarios.org/sites/default/files/pdfs/53073_62 07.PDF>. Acesso em: out. 2020.

26. Existem diferentes tipos ou graus de depressão? Como se definem?

Do ponto de vista psiquiátrico, há episódios de humor (episódios depressivos maiores, episódios mistos), transtornos depressivos (transtornos depressivos maiores, transtornos distímicos, transtornos depressivos sem outra especificação), transtornos bipolares (tipo I, tipo II, ciclotímico) e depressão ansiosa (grave, leve, com remissão parcial ou completa), com suas características (catatônica, melancólica, atípica, pós-parto).

Do ponto de vista psicanalítico, por sua vez, fala-se em *depressão como um estado psicológico* que exagera, intensifica ou prolonga a resposta esperada para a perda, a ausência ou a indisponibilidade de algo ou alguém. Nesse sentido, seria como um *luto patológico*.

Há, ainda, a depressão como um tipo de funcionamento, ou uma *posição*, ou seja, um modo de realizar um laço social intersubjetivo com o outro. Esse caso pode se acentuar ou se atenuar ao longo da vida (em função de contingências particulares), mas sempre estará presente, como à espreita do momento oportuno para se manifestar. O modelo para essa depressão não é o luto, como no primeiro caso, e sim o processo de adoecimento (no sentido trivial de ficar doente). Quando adoecemos, nós nos retraímos ou nos isolamos.

Por fim, a depressão como uma condição que organiza e define as relações do sujeito com os outros, de forma fundamental e mais ou menos permanente. Nesse terceiro caso, estaríamos diante de um quadro clínico definido segundo uma autonomia diagnóstica.

27. De que maneira hábitos podem ajudar a evitar ou tratar a Depressão?

Muitos hábitos são danosos para o incremento ou a perpetuação de estados depressivos, por exemplo: excesso de trabalho, pouco sono e vida sedentária; isolamento afetivo, solidão social ou relacional; superfluidade de relações e déficit de experiências de intimidade; e baixa disponibilidade para compartilhar sucessos e fracassos, em geral pelo pouco investimento em amizades e vida social dotada de relevância para o sujeito.

Além disso, certos costumes, notadamente os que envolvem atividade física ou intelectual continuada, podem prevenir ou mitigar sintomas depressivos.

28. Qual é o papel da família no tratamento da Depressão de um parente?

Trata-se, em muitos casos, de um papel decisivo, pois o depressivo geralmente "pede para ser abandonado" e põe à prova a força do laço que o outro deposita nele, esperando sempre mais "retorno" que o correlato investimento de sua parte.

Por isso tolerância, compreensão e acolhimento parecem constituir um poço sem fundo para os que estão junto a alguém deprimido, para quem pequenos gestos (como sair da cama, dar uma volta no quarteirão ou ligar para um amigo) adquirem o peso de impossibilidade. Isso pode ser percebido como uma mistura curiosa entre desamparo e arrogância, o que com frequência também gera reações de raiva e ódio.

Pode ser difícil manter uma atitude acolhedora e assertiva no longo prazo.

29. Quais são as principais consequências na vida de um depressivo?

A Depressão, como muitas formas de funcionamento mental, tende a produzir uma espécie de "ciclo de autoconfirmação" ou de "profecia autorrealizadora", cujas consequências são:

a. redução de desempenho e produtividade laboral;
b. recorrência a práticas que visam à contenção artificial de sintomas (drogas estimulantes ou "depressivas", que geralmente produzem dependência cruzada; beber para reduzir a "dor"

causada pela Depressão, em seguida ter que lidar com os efeitos depressivizantes do álcool);
c. retraimento e perda de interesse tendem a reduzir os laços com o outro. E isso dificulta a realização de novas experiências, o que, por sua vez, reduz o interesse. Com o tempo, a situação gera indagações típicas do depressivo: "Em nome do que vale a pena viver?"; "para que envolver-se e levar adiante projetos e desejos?"; "tudo terminará mal, como sempre".

30. Quando é hora de procurar um médico?
Alguns critérios simples:

a. Recusa ir ao trabalho ou à escola, ainda que de modo intermitente.
b. Atitude crônica de "desistir antes de tentar".
c. Redução progressiva de laços afetivos.
d. Alterações persistentes relativas à libido, sono ou alimentação.
e. Ideias recorrentes de morte, adoecimento ou suicídio.
f. Perda de "graça" ou interesse na vida.
g. Dificuldade para iniciar o dia ou um ciclo de atividades.

31. Qual é a tendência de diagnósticos de depressão: aumentar ou diminuir? Por quê?
Penso que chegamos ao ápice da popularização da Depressão como forma de sofrimento socialmente hegemônica, com a supermedicalização e a dispersão diagnóstica, cuja maior parte dos diagnósticos de depressão não é dada por psiquiatras, mas por outras especialidades, como ginecologistas, cardiologistas e clínicos gerais.

A popularização do consumo de antidepressivos gerou situações alarmantes: pacientes crônicos que tomam subdoses por dez anos, até quinze, sem acompanhamento (reposição automática e inconsequente de receitas), pacientes supermedicados com escaladas acumulativas de remédios (primeiro um antidepressivo tipo 1, depois um modulador de humor, então um antidepressivo tipo 2; por fim um ansiolítico) com uma quantidade tal de efeitos colaterais que não se consegue dirimir a depressão dos efeitos gerados pelo tratamento.

A tendência é que surjam movimentos críticos que demandem mais parcimônia e acuracidade clínica na matéria.

Hoje o Brasil é o país em desenvolvimento com maior número de deprimidos. Há pesquisas que apontam algo entre 18% e 26% da população com sintomas de depressão há pelo menos um ano. Na cidade de São Paulo, por exemplo, uma pesquisa recente apontou o alarmante dado de 27% de pessoas com incidência de sintomas depressivos.[134]

32. A Depressão pode matar?

Pode – e, inclusive é a maior causa de suicídios no mundo.[135] É a segunda maior causa de afastamento de empregos, sem falar da associação com predisposição ao adoecimento direta ou indiretamente (por ausência de cuidado).[136]

33. Quais são os principais mitos relacionados à Depressão? Por que são mitos?

Podemos falar em *mito psicológico*, relacionado ao fato de que a

---

[134]. OLIVETO, P. Brasil tem maior incidência de depressão entre países em desenvolvimento. *Correio Brasiliense*, 2011. Disponível em: <http://www.correiobraziliense.com.br/app/noticia/ciencia-e-saude/2011/07/26/interna_ciencia_saude,262696/brasil-tem-maior-incidencia-de-depressao-entre-paises-em-desenvolvimento.shtml>. Acesso em: out. 2020.

[135]. CHACHAMOVICH, E. et al. Quais são os recentes achados clínicos sobre a associação entre depressão e suicídio? *Brazilian Journal of Psychiatry*, v. 31, suppl.1, pp. S18-S25.

[136]. ORGANIZAÇÃO PAN-AMERICANA DA SAÚDE (OPAS). *Depressão*, 2008. Disponível em: <https://www.paho.org/bra/index.php?option=com_content&view=article&id=5635:folha-informativa-depressao&Itemid=1095>. Acesso em: nov. 2020.

Depressão seria uma fraqueza moral (no fundo, um tipo de covardia ou preguiça) derivada da falta de valores sólidos e de uma firme perspectiva sobre a vida e seus objetivos. Nenhuma correlação, porém, se evidencia entre formas de educação ou disposições morais e incidência de depressão.

E há o *mito psiquiátrico*, segundo o qual a Depressão seria uma única e mesma doença do cérebro, causada pela ausência ou pela diminuição de substâncias químicas em seu interior, o que, por sua vez, seria causado por determinações genéticas. A Depressão é sempre uma doença crônica que exige tratamento médico ou psicoterápico por toda a vida. A mera descrição de estados cerebrais não explica por que tais estados se transformam com experiências educacionais, emocionais ou relacionais (que alteram o funcionamento cerebral).

Há, também, *o mito religioso*, em que a Depressão seria o equivalente à falta de fé, ausência de convicções firmes ou de uma educação moral bem estabelecida. Não obstante, o fato de que o apelo à participação em cultos e orações, bem como engajamento em comunidades e práticas religiosas, podem incrementar o envolvimento intersubjetivo e propiciar benefícios indiretos; esses benefícios, por sua vez, frequentemente são perdidos pelo cultivo de narrativas morais centradas na culpa e na individualização do sofrimento.

Podemos falar ainda do *mito disciplinar*, segundo o qual a Depressão costuma ser notada principalmente quando afeta o pragmatismo do sujeito (cuidados pessoais) ou seu rendimento ocupacional (absenteísmo) ou educativo (ausência de foco e concentração). É compreensível pensar que sua reversão pode se operar por meio do engajamento em práticas disciplinares, seja de natureza alimentar, seja ligada a exercícios físicos ou regramentos corporais. O mito da "falta de vontade" acaba frequentemente mobilizando esperanças que logo em seguida podem se reverter em novas decepções culposas.

34. O que pode desencadear uma depressão? Ela é sempre movida por um trauma?

Nem sempre a Depressão é desencadeada por uma situação traumática ou de perda localizável. Há situações como a passagem de uma fase da vida para outra (da infância para a adolescência, da adolescência para a vida adulta, da vida adulta para a terceira idade), mudança de país, de trabalho ou de companhias. Na Europa, por exemplo, fala-se em depressões sazonais, causadas pela chegada do inverno, e poderíamos citar pequenas depressões ligadas a dias ou períodos do ano. Há depressões pós-parto ou típicas do puerpério. Há variações geradas por um grande sucesso ou uma grande realização alcançada (que é vivida subjetivamente como fracasso, apesar de objetivamente ser um sucesso). Isso ocorre porque nossos ideais funcionam como uma espécie de mobilizador e orientador para nosso desejo. Quando nossos ideais se constituem de maneira demasiada em objetivos e resultados, e quando estes são alcançados frequentemente sobrevém uma crise ou uma pane do relançamento do desejo.

Há, também, depressões desencadeadas por situações traumáticas que não são imediatamente percebidas como tal. Por exemplo, no caso de uma pessoa que se vai, e na hora não nos parece representar uma perda substancial, mas, com o passar do tempo, vai se avolumando como um grande condensado de experiências que adquirem ação traumática.

Há muitas depressões, mas nem todas são formas de lutos malfeitos, inconclusos ou suspensos. E o luto não se aplica só à perda de pessoas queridas, mas também ao afastamento de lugares, atividades, amores, sonhos e ideais. Por exemplo, quando alguém perde um trabalho, junto com ele se vão todas as expectativas acumuladas ali ao longo do tempo, as relações formadas, as rivalidades e os reconhecimentos, as brigas e as esperanças de futuro ali vividas.

O caso mais comum, nessa direção, são as situações de luto interrompido; por exemplo, a mulher que não consegue encarar o luto pela perda do marido, porque está grávida e deve mobilizar suas energias para receber a nova criança.

35. De que forma um trauma vivido pode influenciar nesse problema?
O trauma nunca age sozinho. Ele precisa se encadear com outras experiências e lembranças para ser um indutor de sintomas. Por isso, o que pode ser traumático e tremendamente incapacitante para uns às vezes é irrelevante e inofensivo para outros. Não diria que a maior parte das depressões procede de traumas, mas de conflitos malconduzidos, de sentimentos não reconhecidos, de desejos dos quais desistimos antes da hora ou sem ter lutado completamente por eles. Como diz uma música antiga: "Só uma palavra me devora, aquela que meu coração não diz". Essas são as piores depressões, ou seja, as que são ocasionadas por uma desistência antes de uma tentativa, por um recuo covarde diante do risco do desejo ou do amor. Aquela situação para a qual nunca demos chance – e que nos apodrece por dentro.

36. Por que algumas pessoas passam por dificuldades semelhantes ou iguais, mas umas desenvolvem Depressão e outras não?
Há um fator a considerar aqui: a *resiliência,* ou seja, capacidade de se restabelecer, de encontrar seu lugar, de se reorganizar depois de uma queda. Há pessoas que, diante de uma decepção amorosa, ficam desesperadas, se martirizam e não conseguem deixar para trás o ocorrido, mas nem por isso a experiência destrói a "capacidade de amar", isto é, de recomeçar, de apostar em uma nova tentativa. E, ao que parece, aquelas que mais vezes caem são as mais dispostas e resistentes a novas tentativas. Ao contrário de outras, que parecem ter perdido não apenas um amor, mas a própria capacidade de amar e de se vincular ao outro. Por isso, o ressentimento é, muitas vezes, a porta de entrada para a Depressão.

37. É possível uma pessoa estar deprimida, mas os sintomas mais característicos se manifestarem depois de meses ou anos?

Sim, isso é bastante comum nas chamadas "depressões crônicas" ou "de fundo", que muitas vezes são confundidas com um jeito de ser, mais introspectivo ou tímido. Nesse tipo de depressão frequentemente o sujeito descobre um tratamento espontâneo ou selvagem. Por exemplo, o uso de álcool, drogas ou mesmo de certos estimulantes – naturais (como o sexo) ou socialmente tolerados (como o tabagismo) – funcionam como forma de suspender ou apaziguar "artificialmente" os sintomas da Depressão. Na verdade, esse tipo de trajetória é difícil de ser tratado, pois a Depressão se mascara em um "jeito de ser" que a pessoa defende firmemente, aliás, como parte dos sintomas depressivos.

Mas o tratamento da Depressão não consiste em revertê-la ou apaziguá-la por meio de episódios ou estados maníacos; pelo contrário, o alívio acarretado por tais técnicas de anestesia acaba resultando na somação de dois quadros: a dependência química (adição) e a Depressão. Esta, quando mascarada, pode atacar a capacidade de experimentar prazer, reduzindo a exposição do sujeito a experiências que criam e mantêm o desejo. O resultado é potencialmente um empobrecimento da vida, redução de laços sociais, superficialidade de relações, ensimesmamento.

38. Quais são as possíveis dificuldades no tratamento?

Inúmeros obstáculos impedem que os sintomas depressivos sejam reconhecidos e abordados. Há o preconceito moral que vê na Depressão apenas falta de vontade ou coragem para viver, ausência de identificação com narrativas "positivas" sobre a vida ou de otimismo e esperança sobre o futuro do mundo. Isso tudo faz com que a Depressão não seja reconhecida como forma de se posicionar diante da própria vida. O ruim é que essa falta de reconhecimento para a natureza interna da Depressão aumenta a irritação e a indisposição do depressivo para com os outros. Por exemplo, um traço típico, mas pouco comentado clinicamente, é que a pessoa deprimida desenvolve uma espécie de intolerância ou de indisposição à "felicidade" ou ao bom humor alheio. Assim, tudo o que parece "alegre demais" pode se tornar alvo de crítica e de ataque do deprimido, especialmente no caso dos homens.

Outra dificuldade no reconhecimento da doença é que sua imagem popular está muito vinculada com a depressão feminina: tristeza, choro, desânimo, sentimento de solidão. A versão masculina tem outros traços que não costumamos ver e pensar que podem ser sinais de Depressão, como irritabilidade, agressividade e isolamento. Para muitos depressivos, há um sentimento de que, se ficarem quietos, se tiverem um tempo a mais para pensar, se mudarem de trabalho ou de país, "aquilo" vai passar. Geralmente, quando agem nessa direção, que, via de regra, implica sequências de desligamentos objetivos (do trabalho, do casamento, dos amigos), sem transformações subjetivas, as consequências são desastrosas.

Podemos dizer que há uma narrativa mítica do depressivo que diz algo assim: "Preciso me retirar do mundo para reencontrar meu lugar" – e, quanto mais consistência essa narrativa adquire, mais difícil fica o tratamento.

Finalmente, o maior obstáculo ao tratamento é a Depressão em si, pois ela ataca a capacidade do sujeito se engajar em qualquer projeto, ainda mais de longo prazo – inclusive em uma terapia, ainda que combinada com medicação. Portanto, de certa forma, quando o deprimido consegue manter-se em um tratamento é porque ele já não está tão mal assim.

39. Como devem agir as pessoas (familiares, amigos) que estão ao redor de alguém em tratamento de depressão?

Pouco se fala, mas os familiares e o entorno social do deprimido sofrem profundamente com a trajetória. Sentem-se culpados por não serem suficientemente importantes ou relevantes a ponto de fazer o outro ganhar gosto pela vida e por compartilhar sua companhia. Procuram levantar o ânimo e estimular o humor do deprimido, o que só piora o estado de desconforto e impotência. Ou simplesmente abandonam aquele que não consegue (ou não sabe) suportar a companhia e a divisão dos sonhos compartilhados.

Frequentemente o senso comum toma o depressivo por alguém que só pensa em si, que, em seu egoísmo, não consegue receber nem acolher os esforços e o amor dos que o cercam. Como indicação genérica, é preciso lembrar que a piedade e a tolerância excessiva, bem como a intolerância e o descaso, são atitudes a evitar. Nada pior que sancionar a ideia de que a Depressão é uma doença, que os limites que ela impõe são inexoráveis e que ela justifica e autoriza todas as inconsequências que alguém pode fazer consigo e com os que o cercam. Apoiar o tratamento é mais importante que fazer o deprimido "aceitar" que está deprimido.

40. É comum que os depressivos sintam-se acuados e apoiem-se no tratamento para evitar situações de enfrentamento? O que pode ser feito para ajudá-los nessas situações?

Sim, o sentimento de fragilidade e de vulnerabilidade que cerca a experiência depressiva pode ser lido como uma experiência de recuo diante dos enfrentamentos que a vida coloca. Não diria que eles se apoiam no tratamento para recuar, mas fazem uso secundário de sua condição para manter a esquiva e a inibição, que, por sua vez, excluem a fonte de contato com o outro, capaz de ajudá-lo a sair de tal situação. A Depressão, junto com o alcoolismo – duas condições que frequentemente se associam –, é hoje a maior causa de absenteísmo no trabalho no Brasil. É importante que aqueles que cercam o sujeito deprimido mantenham alguma compreensão, mas que não se torne uma parceria para defender-se do mundo. Manter a presença, mesmo que o sujeito faça de tudo para torná-la insuportável, às vezes é uma boa estratégia.

10
A DEPRESSÃO EM TEMPOS DE FELICIDADE COMPULSÓRIA

1. A Depressão da Quarentena

Alguém pode se sentir feliz quando tudo à volta está em estado de devastação e miséria? Essa pergunta tem assediado os consultórios de psicanalistas e terapeutas desde muito tempo e a tese atravessou uma prova duríssima de realidade com a pandemia de Covid-19 em 2020.

Muitos já observaram certa relação entre clima e saúde mental. Hipócrates afirmava que a melancolia começa na primavera, os britânicos se apavoram com a chegada do inverno. Não creio que temperamento e temperatura tenham entre si outra relação a não ser o fato de que ambos criam em nós uma posição diante da mudança e da repetição, como que a dizer o que temos que aceitar, como um fato da vida, se está chovendo ou faz sol, e o que podemos mudar segundo nossos desejos e vontades. Por exemplo, a maneira como eu descrevo uma pedra, se eu a chamo de *stone* ou de *Steine*, se eu digo que ela contém vanádio ou chumbo, isso não altera em nada a pedra, ela mesma, em sua substância de *"pedridade"*.

Ocorre que em nossas experiências de sofrimento, a "substância" de nossa saúde mental parece desobedecer essa regra simples. Se eu digo que meu vizinho é um "louco de pedra", se eu leio um poema que me descreve como uma "pedra largada ao sol", a versão que faço de mim, e dos outros em relação a mim, altera quem eu sou e como eu sofro. Deveríamos poder substituir descrições em terceira pessoa como: "faltam 21 gramas de serotonina em seu cérebro" por descrições em primeira pessoa, como "sinto-me triste e sem iniciativa, com dores nas costas e problemas para dormir", mas na saúde mental, ao contrário de outras áreas médicas, a descrição que o paciente faz dos sintomas altera ou constitui os sintomas eles mesmos, mais ou menos como acontece na hipocondria.

O filósofo da ciência Ian Hacking (1936-) mostrou como as ciências naturais, que descrevem tipos naturais, e as ciências sociais, que descrevem tipos interativos, literalmente criam pessoas e doenças que afirmam curar. Quando a Organização Mundial de Saúde (OMS) redefiniu a saúde como "o mais completo estado de bem-estar biopsicossocial", em vez de "ausência de doença", ou o "silêncio dos órgãos", isso não significou apenas uma convenção normativa, mas parte da invenção de uma nova experiência de saúde. Doravante, não basta estar saudável (como uma pedra), mas é parte de possuir saúde sentir-se e interpretar-se saudável. Notamos, assim, como sofrer depende tanto da narrativa de sofrimento como de uma gramática de reconhecimento e, ainda, de uma espécie de pragmática pela qual compartilhamos, derrogamos ou legitimamos "quem" pode sofrer "como". Se a experiência real de sofrimento depende de como falamos dela e de como ela é reconhecida, existe uma espécie de luta ou conflito entre diferentes narrativas nos ajudando a entender por que existe um recorte de classe, de raça e gênero que dá mais visibilidade a certas maneiras de sofrer do que a outras.

Entendemos também por que o "clima político" afeta nossas disposições de sofrimento. Isso não ocorre por causa de alguma substância tóxica no ar, que nos contamina com radiações de otimismo ou de pessimismo, mas porque discursos políticos contêm necessariamente teorias de transformação. Eles não querem nos convencer apenas de que a tese A é melhor do que B, mas que as mudanças em estados de mundo ocorrem segundo a causalidade C ou D, por exemplo, pela graça divina ou pelo trabalho dos homens. A teoria de que o problema do país são as "maçãs podres" e que, na hora que limparmos a casa tudo melhora, não envolve apenas uma concepção sobre a institucionalidade do país. Ela produz certa relação com nós mesmos, com o cuidado e destino que damos ao nosso sofrimento. Notemos como a teoria das maçãs podres é um análogo similar a pensar que o problema da sua vida são aqueles "quilinhos a mais", ou que o que precisa mudar no seu marido é aquela "cervejinha de fim de semana" (que quase sempre vira uma "cervejona"). A teoria da purificação pensa a transformação como eliminação do agente tóxico. O mal vem de fora, ele não depende de nós nem foi criado por nós. Por isso a cura virá pela exclusão do agente maligno. Uma dificuldade no tratamento do sofrimento psíquico é que ele tende a se autoconfirmar, buscando a realidade que ele precisa para se fazer reconhecer. Disso decorre que as pessoas que sofrem carregam também suas próprias teorias de transformação. Teorias que são ao mesmo tempo políticas, estéticas, morais e religiosas. Agarram-se a elas, como fonte segura dos problemas que têm pela frente e das soluções possíveis que estas condicionam. A psicanálise se distingue, neste caso, não apenas por transformar o sofrimento, segundo a narrativa e as expectativas de reconhecimento que cada um criou para si, mas alterar a própria "teoria" da transformação a qual estamos apegados.

A quarentena enfrentada pelo mundo em 2020 convocou em nós diferentes teorias da transformação e diversos modelos narrativos para nos ajustarmos às contingências de medo, de angústia, de trauma e de exaustão que tomaram conta de nós. Esse foi um período no qual a depressão subiu 90%,[137] e o consumo de antidepressivos e antiansiolíticos 35.5% e o sofrimento das pessoas induziu a intensificação dos sintomas dos mais diferentes tipos. Essa foi

---

137. https://www.uol.com.br/vivabem/noticias/redacao/2020/05/05/depressao-brasileiros-isolamento-social-coronavirus.htm

uma experiência particularmente árdua para muitos depressivos, mas também um momento em que a trégua da vida, na qual eles se encontram, coincidiu com a trégua do mundo. Não "ter que" sair de casa, vestir-se apropriadamente, sustentar uma versão polida e bem-acabada de si mesmo, encontrar pessoas "felizes" por toda parte, pode ser um alívio para muitas formas de depressão.

Esses momentos de exceção trazem transtorno, medo e desordem, pois neles nossa vida prática se vê obstruída. Temos que parar e pensar. A lei do dia a dia é revogada e surge uma brecha na ordem das coisas. Tais momentos nos lembram que, por mais que tenhamos sonhos de controle sobre a natureza, sobre os outros e sobre nós mesmos, há ainda uma força maior que nos submete. Não estamos mais acostumados a enfrentar o poder da natureza, sem que ele esteja combinado com a imprudência, imperícia ou negligência humana. Quando algo dá errado recorremos inevitavelmente à busca de culpados e responsáveis, como se estes, uma vez localizados, nos autorizassem a voltar a dormir o sono dos justos.

A pandemia de Covid-19, que se alastrou pelo Brasil, faz lembrar as lições trazidas, desde sempre, pela peste como estado de exceção. A primeira delas é que a peste é democrática, ou seja, atinge ricos e pobres, mulheres e homens, brancos e negros, crianças e idosos, ainda que sobre estes últimos ela seja mais impiedosa e letal. Como dizia Hegel (1770-1831), diante da doença temos que nos lembrar que só há um mestre absoluto: a morte. Ela é a razão e a medida de todas as vidas e diante dela somos todos iguais. O mesmo não se passa com o sofrimento, que é diferente para cada qual, mas todos equivalentes entre si. Por isso ela pode ao mesmo tempo nos colocar tão juntos e solidários quanto separados e concorrentes. A peste materializa e sintetiza nossa relação com os outros, porque mobiliza a ideia de contágio e transmissão pelo contato. Coisas que passam de um para outro se prestam a simbolizar que a essência do convívio humano é a troca. Por isso a peste encarna nosso imaginário sobre a origem do mal. O mal não está e nem vem de nós mesmos, mas vem do outro, ele vem de longe, vem do Oriente, vem da China, que, como os bárbaros da Antiguidade, não fala nossa língua. A peste nos ameaça porque não ataca apenas nossos corpos, mas nossas identidades, nossos sentimentos de pertença e de filiação a uma determinada ordem. Toda doença séria e potencialmente letal levanta esta pergunta moral: "O que fiz para não ser tão amado e protegido pelo Outro que me envia isto?". Nossa irresistível tendência a ler a doença como uma mensagem punitiva e culposa tem a ver com a resistência em aceitar que existem coisas que não conhecemos e, portanto, não dominamos. Quando isso acontece nós criamos ficções e hipóteses para ler e atribuir significado ao que, em princípio, não tem sentido. É como metáfora da desordem que durante a Idade Média a lepra punia com a degradação do corpo aqueles que se deixavam levar pela luxúria. É com a desumanização, animalização e imputação de irracionalidade que tornamos a loucura o grande mal da modernidade, esta época definida pela razão. Durante os anos 1990 lemos na aparição do HIV-AIDS uma espécie de castigo divino contra homossexuais e todos que exerciam "demasiadamente" sua liberdade sexual. Ou seja, desde sempre transformamos o medo de um objeto que vem de fora na angústia indefinida de um pavor que vem de dentro. Tendemos a moralizar eventos naturais que escapam ao nosso controle, depositando sobre eles um sentido que eles não possuem. É assim que a experiência de adoecer e entrar nessa espécie de intervalo ou parênteses da vida pode tornar-se uma experiência de culpa e desamparo.

Na grande peste de 1666 erguiam-se fogueiras imensas nas encruzilhadas que davam caminho para as grandes cidades, como forma de evitar a peste bubônica. A teoria por trás da prática era de que o medo predispunha a pessoa a contrair a peste. A prova de coragem, enfrentando o fogo, purificava e autorizava a chegada do estrangeiro puro e afastava o estrangeiro impuro. A peste transmitia-se pelo olhar invejoso que o doente lançava sobre o sadio. Nossa tendência diante do que não compreendemos é ficar junto, criar grupos e dar as mãos. Ora, a crueldade adicional imposta pelo coronavírus é que justamente isso é o que não devemos fazer.

A peste convoca em nós essa dupla tarefa de enfrentar o medo e a angústia. O medo nos faz agir, avaliar riscos e calcular estratégias. Diante do medo podemos atacar ou fugir. Ele nos incita a tomar medidas protetivas, obedecer a restrições de contato social, ou métodos de higiene e limpeza. Só um tolo desfaz do medo apegando-se à ideia de que não há motivo para temor, que a fé nos protegerá ou que a doença é apenas uma invenção imaginativa.

O problema começa quando o medo do que vem de fora se enoda com a angústia que vem de dentro. Percebe-se assim como a ideia de contaminação é uma ideia objetiva e subjetiva. Ela fala da transmissão real de um vírus de corpo para corpo, da passagem simbólica da cultura entre nativos e estrangeiros, mas também da mistura imaginária entre o bem e o mal dentro de nós. Por isso a doença é o pretexto ideal para ativar preconceitos, invocar fantasmas e revitalizar complexos infantis. É como se diante da possibilidade da morte nos víssemos diante da inadmissível falta de sentido da vida e contra isso respondêssemos com nossas crenças inconscientes.

Podemos distinguir três reações básicas diante da peste e que são, também, três versões "populares" da depressão: o tolo, o confuso e o desesperado.

O *tolo* desconhece a importância do medo. Desprevenido e desinformado, ele irá em busca de culpados. Ele não é corajoso porque não reconhece os riscos e resolve atravessá-los mesmo assim. Ele simplesmente não quer saber do perigo, por isso também não toma providências. Esse tipo de depressivo é um caso de negação contumaz do conflito, e a possibilidade de contaminação é um conflito que demanda gestão de riscos. Como a garantia total e absoluta é impossível, é melhor negar a existência do problema.

O *confuso* lida com a angústia tentando transformá-la inteiramente em medo real. Ele estocará quilos de papel higiênico, andará com tonéis de álcool em gel no bolso e saberá tudo que todos os governantes falam, mas também acompanhará todos os boatos e disseminará todas as hipóteses conspiratórias. São os deprimidos desconcentrados, sem foco, aéreos e ao mesmo tempo inquietos. Tudo pode estar calmo, mas ainda assim a atmosfera lhes parece suspeita.

Os *desesperados* transformam todo o medo, gerado pela indeterminação, em motivo para incremento de angústia. No fundo, ele já estava inquieto antes disso tudo, a doença só veio dar corpo e carne aos seus piores fantasmas. A depressão ansiosa, a depressão-pânico, aquela que erige muralhas e barreiras contra o outro e contra a experiência com o outro, agarra-se aos seus pontos de segurança e garantia. O mundo se reduz, a passagem do tempo se lentifica. Para o desesperado, as notícias nunca acalmam ou aplacam sua preocupação. Ela parece aumentar na medida inversa aos esforços de pacificação.

Quando éramos pequenos desafiávamos a imensidão do mar, às vezes sem uma mão amiga. O *tolo* era aquele que não acreditava na profundidade marinha e achava que aquilo era apenas um truque que os pais criavam para ele não ir longe demais. Os *confusos* descobriam que, diante da imensidão do oceano, infelizmente, eram menores do que se imaginavam. Passavam horas brincando de segurar as ondas e construindo resistentes castelos de areia, com fossos e túneis de detenção. Enquanto isso, os *desesperados* enfrentavam aquela onda maior, que tirava o chão debaixo dos pés. Naquele momento eterno, tinham certeza de que jamais voltariam a sentir a segurança terrena novamente. Naquele instante infinito eles podiam afundar a cabeça, engolir água ou debater-se em desequilíbrio. Alguns aprendiam, a duras penas, que é possível entregar-se ao movimento e esperar, porque aquilo também passará.

Compare agora a imagem dessa onda com as curvas de evolução provável da Covid-19. Será ela uma curva em pico, no auge da qual não teremos recursos para intubar todos os necessitados, com afluxo massivo aos hospitais em estado caótico? Ou teremos uma curva baixa e mais longa, derivada de certa consciência coletiva de que, sim, o perigo existe, e que, sim, ele nos trará angústia de saber se seremos ou não escolhidos, mas que, ainda assim, podemos agir sobre o medo da peste, evitando aglomerações, reduzindo o contato entre crianças e idosos ou ficando em casa. Na angústia da peste aprendemos algo sobre nossos próprios fantasmas.

Acalmar-se é algo que ninguém pode fazer por você. Se você espera que apenas mais notícias, informações e comentários venham a te pacificar, ou se você acha que aumentar o estoque de máscaras vai sanear sua angústia, você está se enganando. O verbo chama-se *acalmar-se*, e não *ser acalmado pelos outros e seus objetos*. O medo se combate com precaução e medidas objetivas, a angústia com cuidado de si e trabalho subjetivo. Nesse sentido, a peste tem muito a nos ensinar, especialmente quanto a nossas ilusões de controle e dominação sobre o mundo e sobre nosso destino. A cultura do ódio e da emulação, a crença no meio digital de que somos muitos importantes e tantas outras promessas nos fazem acreditar que somos soberanos sobre nossas vidas.

Daí aparece um pequeno micro-organismo, bastante limitado do ponto de vista de sua capacidade reprodutiva e de estrutura biológica de RNA e nos derruba. Ou seja, do ponto de vista de nossa angústia o *Coronavírus* não poderia ter um nome melhor: ele nos tira do trono de nós mesmos e coloca a coroa de nossas vidas em sua justa dimensão. É a coroa de espinhos que convoca uma experiência escassa em nossa época: a humildade. Diante dessa pequena e destrutiva força da natureza nosso grandiloquente narcisismo se dobra como um vassalo encurralado. Apesar de dolorosa como um espinho na alma, essa pode ser uma experiência profundamente transformativa. Descobrir que podemos muito menos do que pensamos, aceitar o imponderável que nos governa e acolher com humildade o que ainda não dominamos pode ser muito benéfico. Pode ser uma verdadeira terapia para aqueles que precisam descansar a cabeça do peso de sua coroa de espinhos narcísicos.

2. A Depressão de Fim de Ano

Psicanalistas, psicoterapeutas e aqueles que de alguma forma lidam com o sofrimento psíquico serão unânimes em apontar que o período conhecido como "fim de ano" é uma época particularmente perigosa para a saúde psíquica, pois ela parece tornar mais aguda a exigência compulsória de felicidade. A "depressão de fim de ano" deveria ser incluída nas síndromes traumáticas do cotidiano, ao lado da angústia de domingo à noite e da mania das sextas-feiras. São, antes de tudo, situações de risco social iminente pela ruptura da rotina, da organização do tempo e pela variação caótica de encontros, desejados e indesejados. Como a síndrome de sexta ou a melancolia de segunda-feira, o fim de ano é um ponto de passagem, mas ao contrário delas sua localização temporal é indeterminada. Para alguns ela começa em novembro, para outros na semana do Natal, outros ainda absorvem a loucura de fim de ano ao complexo das férias perfeitas. Estabelece-se assim uma sequência de retraumatizações que às vezes só se resolvem pela pacificação representada pelo reinício do ano. Aliás, também o começo do ano parece representar mais um estado de ânimo do que uma data precisa no calendário.

Adormecida, a depressão de fim de ano permanece latente até que o próximo beijo de compras natalinas a reconvoca à vida. Assim é com o sofrimento neurótico em geral, como não se sabe de onde ele veio espera-se que ele vá embora por si mesmo. Na loucura de fim de ano convivem dois sentimentos opostos: o de que já chegou e o de que ainda não chegou a hora. Por isso tememos o fim do ano e também o esperamos ardentemente. Seu retorno insidioso, ano após ano, traz à luz as mais fortes experiências infantis. As lembranças de tantos desejos desejados se apossam de nós combinando a saudade e a fantasmagoria do passado. O esforço para reunir e comemorar nos coloca sempre perguntas silenciosas: "Afinal por que, nesta época, não me sinto tão feliz como deveria?", "Por que há esta angústia às vezes crônica às vezes aguda?". Recordar, repetir e elaborar, eis a difícil travessia que o fim do ano nos propõe. Essas três atividades, que coordenam o tratamento psicanalítico, são exigidas de forma concentrada e assistemática no fim do ano.

A mais comum descrição do que ocorre nessa época é que entramos em um período de exceção. Suspende-se a batalha, a luta, o cotidiano do trabalho, das tarefas domésticas e dos encargos com a sobrevivência se convertendo em trégua. Quando terminou a Primeira Guerra Mundial, muitos soldados voltaram para casa. Suas famílias e amigos, ou o que restou deles, há muito separados, aguardavam intensamente o momento de reencontro. Contrariando as expectativas, os soldados voltaram profundamente silenciosos. Não havia nada a contar, eles estavam mais pobres, e não mais ricos em experiências transmissíveis. Sobreviver a uma guerra, ainda mais uma guerra de tais proporções, deveria ser também uma aventura. A partir dessa experiência, deveria ser possível contar uma boa história; uma história triste, sofrida ou heroica, tanto faz, desde que fosse uma narrativa capaz de transmitir e integrar um fragmento de sentido adicional à comunidade de origem da qual se partiu. Mas não foi isso o que se verificou. Havia relatos e descrições, mas tais fatos e informações não são suficientes, em si, para uma boa história. Uma nova forma de miséria tinha sido inventada, a miséria moral da guerra fez surgir a miséria narrativa, a morte do desejo ou das condições para compartilhar simbolicamente uma experiência. Se o final do ano pode ser comparado a uma trégua, ele nos convida a enfrentar o mesmo dilema dos soldados retornados. Como contar a história do que se passou?

Esse problema levou o pensador alemão Walter Benjamin (1892-1940) à importante distinção entre a vivência (*Erlebnis*) e a experiência (*Erfahrung*). Ele notou que um conjunto de vivências, intensas ou banais, não faz, por si mesmo, uma experiência. De fato, o progresso da técnica, principalmente da técnica que se instala em nosso cotidiano, torna mais fácil a produção de vivências. Chamemos essa sensação de efeito internet, ou seja, a sensação psíquica de que tudo está mais rápido, de que tudo é mais acessível e mais prático: viajar, comprar, namorar, transar, comunicar, trabalhar, saber. Ao mesmo tempo, como acontece com aquilo que se massifica, tudo parece mais banal, vazio e pobre. "Conheça a Europa em 7 dias, visite 10 capitais!", resultado: muitas vivências, nenhuma experiência. Voltamos da viagem, no máximo, com uma coletânea de fatos, que começam a se misturar em uma pastosidade homogênea e decepcionante. A vivência é uma verticalização das sensações, o que as torna um evento efêmero e individual. Quem já passou mais de cinco horas em um jogo de videogame sabe da estranha sensação de solidão que sobrevém ao final da maratona. A experiência (*Erfahrung*), ao contrário, é uma horizontalização das sensações e demanda uma partilha social dos afetos. A vivência nos individualiza em sensações solitárias e instantes intensos, assim como a experiência comporta uma dilatação do tempo e a criação de sentimentos comuns ou íntimos. Experimente passar as mesmas cinco horas conversando apaixonadamente com sua namorada. Parece que foram cinco minutos e mesmo depois que você se separa dela, ela ainda fica presente na memória. Sua ausência se transforma na presença relembrada das palavras que ficam ressoando e que, muitas vezes, nos leva ao impulso de "passar adiante" aquilo que se recebeu. Mesmo sozinho você não se sente só. Como uma boa piada, ou uma história significativa, somos levados a partilhá-la com os outros, extraindo de seu relato o prazer adicional da transmissão.

    Imaginemos agora que no fim do ano, assim como nos fins de semana, em menor escala, temos que nos haver com a difícil tarefa de reconstruir narrativamente vivências passadas de tal forma que elas se completem como uma experiência. A perda progressiva da experiência tornou-se a tal ponto um problema que descobrimos maneiras de fazer esse trabalho com ajuda de discursos pré-fabricados. A presença desses discursos, em reuniões de despedida, festas natalinas ou de ano-novo são sempre um sinal preocupante. Três tipos são habitualmente encontrados na loucura de fim de ano. O primeiro deles é o deslocamento da experiência de tal forma que seu agente seja uma terceira pessoa, técnica mais conhecida como fofoca. Ao falarmos das coisas horrivelmente condenáveis feitas pelo outro, nós vivemos uma aventura de transgressão, com os mais picantes ingredientes acrescidos por nossa imaginação ou maledicência, mas vivemos a transgressão de forma deslocada e segura, ela se tornou uma transgressão *diet*. Em geral, o fofocado simplesmente realiza aquilo que, no fundo, gostaríamos de ter feito, mas que nossa covardia ou preguiça ética impediu. Assim parasitamos histericamente a experiência potencial do outro, propiciando a nós mesmos uma pobre vivência de satisfação. Vivemos sem viver a aventura transgressiva do outro e ao mesmo tempo temos a falsa sensação de que participamos de uma situação coletiva. Falsa coesão demonstrada no fato de que aquele que deixa o grupo será o objeto imediato e preferencial de tal prática.

    O segundo tipo de discurso que mimetiza a experiência, na depressão de fim de ano, é constituído pelos entendidos. Aqui o falso coletivo é composto pela exclusão dos outros que não sabem como é bom. A conversa é feita para deixar claro que quem dela participa tem um gosto ou um saber elevado, inacessível aos mortais. Ele possui vivências mais preciosas que o tornam alguém especial. São as "elevadas" considerações sobre a qualidade do vinho servido, sobre os charutos fumados, sobre os últimos eventos culturais frequentados, sobre os bens adquiridos, sobre a superioridade do sistema aeroportuário de outros países ou ainda sobre as inenarráveis qualidades daquele prato degustado no último restaurante. Mas são também as curiosas discussões sobre a qualidade insubstituível do bacalhau de antigamente, ou as queixas sobre a imperícia culinária do anfitrião. O discurso tirânico do gosto é um discurso universitário que pode ser tediosamente descritivo, quando se assume a perspectiva professoral de autoridade constituída. Aqui só há aparência de que se compartilha alguma coisa.

    O terceiro tipo de discurso a ser evitado, pelo seu caráter pseudoexperiencial, concerne à retórica do planejamento. Nesse caso incluímos aqueles para os quais o fim do ano não é a suspensão da guerra, mas o seu clímax, a guerra absoluta. Os ritos se impõem a seus praticantes adquirindo vida própria, cartões de Natal escritos em escala de massa, felicitações por atacado, presentes distribuídos em linha de montagem, práticas filantrópicas executadas milimetricamente segundo as últimas técnicas de gerenciamento do tempo e dos recursos humanos. O objetivo é chegar vivo até o início do próximo ano, mas sem fazer a experiência, apenas a reduzindo a um conjunto de tarefas. Aqueles percebidos como fora do circuito estão literalmente atrapalhando ou então explorando os serviços dos escravos da cozinha e dos afazeres impostos pela loucura de fim de ano. Se a ocupação comandava a vida até aqui, no fim do ano surge um redobramento: a sobreocupação. Preocupados em manter o sistema funcionando, esses mestres de fim de ano estão permanentemente irritados e atrasados. Sua posição sacrificial os autoriza a barbarizar os incautos, seu olhar é temido pela culpa que pode provocar. A conversa é reduzida à localização incógnita daquela lata de ervilha ou à fiscalização do cumprimento de ordens arqueológica e míticas em torno de como o peru deve ser feito. A prática da sobreocupação é no fundo uma técnica de esquecimento, uma fuga para a frente. Repetir em vez de lembrar, dessa maneira os afetos podem ser mais bem retidos e substituídos por ações.

A fofoca, o superentendimento e a sobreocupação são maneiras de nos desviarmos da primeira tarefa colocada pela loucura de fim de ano. São estratégias para não recordar, seja porque nos dedicamos a lembrar criticamente dos outros (fofoca), seja porque transformamos a lembrança em descrição de acontecimentos passados (entendidos), seja porque substituímos o lembrar pelo fazer (sobreocupação). Os discursos da histérica, do universitário e do mestre, para lembrar Lacan, são táticas para fugir do mal-estar (*Unbegahen*), mais do que meios para usufruir da satisfação esperada no fim de ano. A satisfação do "retorno para casa" não é, como vimos, um efeito automático, ela é fruto do tipo específico de trabalho psíquico que a reconstrução da experiência nos convida; trabalho que Freud chamava de elaboração (*Durcharbeiten*), literalmente "trabalho através de", mas também trabalho de luto (Trauerarbeit) e trabalho do sonho (*Traumarbeit*), ou seja, formas muito específicas e transformativas de lembrar, que traz consigo o afeto e a integração do lembrado ao presente, bem como a projeção de um futuro. Lembrar para poder esquecer. É a versão psicanalítica do tema da experiência.

Vejamos então como situações similares podem ser bons provocativos para uma verdadeira experiência. Nesse caso podemos incluir, por exemplo, a épica do lombo seco, o complexo dramático dos bolinhos de bacalhau, ou, ainda, a lírica ou cômica entrega dos presentes. Noté-se como nesse caso aquela travessa fora de moda com cara de Papai Noel é um detalhe imprescindível, sem ela o Natal não seria Natal. O juízo especialista do gosto autorizado é suspenso em prol do valor simbólico rememorativo de um elemento arbitrário. Fora daquela comunidade de destino, a travessa de plástico seria apenas mais um caso de mau gosto e não um evocador de histórias. Ao contrário da retórica descritiva da exclusão, a épica da experiência é inclusiva. Aquela tia falecida reaparece como modelo a ser seguido, o fracasso retumbante dos fios de ovos daquele ano volta à memória, a face forçada de satisfação daquele namorado em primeira visita natalina é rememorada com graça, ou seja, torna-se mais importante a história lembrada, o fato de que estávamos juntos, do que o que foi consumido ou quem pagou a conta. A experiência traz uma outra dimensão do tempo vivido. Os idosos se tornam mais sábios, as crianças se tornam mais crianças, os adultos interrogam sua própria maturidade. Isso ocorre porque além da própria posição cada qual se reconhece nas demais, avaliando, em si mesmo, o que poderia ter sido ou o que poderá ser. Como mensagens deixadas em uma garrafa, recolhidas vinte ou trinta anos depois, elas nos devolvem a nossa própria mensagem, agora de forma invertida pelo processo da experiência. Sabe-se que o tempo passa mais devagar para a criança, teoricamente isso tem relação com o fato de que suas conexões sinápticas estão em formação, ou, que a sua capacidade de aprender com a experiência é maior. A experiência lentifica o tempo, a vivência o comprime; é por isso que em uma viagem o caminho de ida parece demorar muito mais do que o caminho de volta. A primeira regra de nosso manual para sobrevivência psíquica em fim de ano refere-se a fazer da consciência crítica de nossa própria loucura uma experiência, trágica ou cômica, não importa, desde que seja digna de ser narrada. Fazer passar da vivência à experiência.

Mas por que seria o nosso passado imediato, representado pelo ano que passou, algo tão fortemente evitado? Qual a natureza de sua força traumática? O primeiro erro consiste, portanto, em subestimar o adversário, achar que o fim de ano é uma época como qualquer outra, e assim deve ser vivida. É assim que a loucura de fim de ano se infiltra, pequenos adiamentos, evitações, ansiedade flutuante, sem qualquer ação específica ou repleta de ações desordenadas. É a ação da amnésia, esperada em qualquer evento traumático repetitivo. Depois vem o súbito encontro com a coisa traumática, o que Freud chamava de *Schreck* (terror-pânico) e Lacan, de encontro com o Real. Muitos são seus desencadeantes: aquele presente misteriosamente "esquecido"; a notícia abrupta de que aquela tia virá, mesmo... e com os sobrinhos; o impacto, retinto de alívio e inveja, de que aquele cunhado não virá, pois evadiu-se para o abrigo antiaéreo da colônia de férias. Sem falar na pergunta decisiva: quem fará o peru desta vez? Fato é que o fim de ano nos coloca em estado de alta reatividade e atenção prevenida. Comentários banais se transformam em ofensas insuportáveis; como os soldados que voltam do *front*, somos tomados por uma espécie de neurose de guerra transitória.

Subitamente começamos a agir como se fôssemos mártires de nosso próprio destino. Não importa se o mártir se oferece ou é convocado, o pânico lhe parece uma nuvem flutuante prestes a se localizar no primeiro pretexto confirmatório disponível. O pânico foi um sentimento bastante estudado pelos teóricos da guerra, principalmente pelo fato de que é um sentimento coletivo e contagioso. O pânico instabiliza a ordem e sugere que não há mais ninguém no comando. Essa ruptura entre a linha de frente e os generais interrompe a cadeia simbólica necessária para a guerra e torna difuso quem é e onde está o inimigo. O inimigo confunde-se agora com qualquer um. Daí a solução do pânico em medo. No medo temos um objeto, sabemos o que temer. Neste caso o medo do futuro. Esse então é o terceiro momento da loucura de fim de ano: irritabilidade difusa, explosões de raiva desproporcional, dramáticas efusões afetivas além de decisões intempestivas.

Essa desorientação de referências pode surgir sob forma do afeto inverso ao pânico, ou seja, o tédio. Apesar de aparentemente opostos, pânico e tédio possuem a mesma gramática, em ambos há uma suspensão da orientação simbólica do sujeito. Mas no tédio há ainda uma espécie de fuga para fora da cena, de descolamento do sujeito em relação à sua própria experiência, como naquela pessoa que se sente estranha, deslocada diante de tanta "felicidade" no ar. Para o tedioso tudo lhe parece artificial, repetitivo e sem graça, pois, apesar de ele estar ali, ele não se sente ali. Ele está ou gostaria de estar em outro lugar. Assim como o pânico evolui para o medo, o tédio evolui para a melancolia. De fato, a depressão de fim de ano admite a figura do melancólico, que se sente excluído de algo e que se recrimina por isso. Ele vê na troca amorosa de presentes apenas mais uma manobra da lógica do capital; nos amigos que o procuram, apenas uma operação de *networking*; nas iniciativas solidárias, apenas um alívio para a culpa dos mais favorecidos. A crua verdade, sim... mas não toda.

No fim do ano há, portanto, essa tríade composta pela ansiedade da expectativa, pelo terror maníaco ou traumático e pela ressaca moral carregada de decepção e tédio melancólico. Se queremos contribuir para a sobrevivência subjetiva, nesse tempo de fraternidade compulsória, devemos examinar mais de perto as tarefas psíquicas que esse momento coloca. Comecemos pelo fato de que o fim de ano convoca a experiência do tempo. O tempo impercebido da ocupação cotidiana é suspenso. Sentimo-nos improdutivos. De repente nos damos conta de que o tempo passou, sem que nos déssemos conta. Todavia, saber que isso acontece é diferente de realizar que isso acontece. Se o tempo passou num instante, e se compreendemos que esse tempo se deu, é então momento de concluir. A forma mais simples e mais pobre de fazer isso é a contabilidade. Formal ou informalmente colocamos o ano transcorrido em certos crivos: metas, realizações, fracassos, decepções, empates, honrosos ou não. Essa espécie de ajuste de contas com o passado geralmente nos convida a um exercício de objetivação da experiência. Fatos, datas e resultados surgem como métricas espontâneas que nos permitem, de forma simples e rápida, saber se estamos em débito ou crédito com nossos sonhos. Atenção, aqui vem o engano. A contabilidade reduz processos a produtos. Como simples vivência aquela longa batalha com a trigonometria transforma-se em um apenas "passei de ano" e cumpri minha obrigação. A densa experiência representada pelo término de um namoro torna-se apenas mais um fracasso na lista de tantos outros. Além disso, cria circularidades do tipo: "A vida me deveu uma este ano? Vou comer aquela porção extra de rabanada... afinal, eu mereço" ou "A vida me presenteou com aquele bônus a mais este ano? Também vou comer a tal porção extra de rabanada, afinal... eu mereço". Ou seja, independentemente do resultado, fracasso ou sucesso, a própria prática da contabilidade empobrece nossa experiência, sentimo-nos vazios depois de fazê-la, com ou sem rabanadas adicionais. Ela só nos diz se estamos no positivo ou no negativo, escondendo, por efeito de método, se foi um fracasso interessante ou um sucesso sem graça. A segunda regra é, portanto, desconfiança com relação aos poderes da contabilidade, evite o cálculo neurótico do gozo.

O "balanço" de fim de ano infelizmente pode ser piorado por outra circunstância: o encontro com familiares e amigos, ou, tanto faz, o não encontro com familiares e amigos. Tido como momento de confraternização e reencontro, ele tem potencial altamente explosivo, sobretudo se acrescido de contabilidade negativa. Nesse caso, ao refazer a memória e a história coletiva, em vez da reafirmação e comemoração de um destino comum, a tendência será encontrar um culpado altamente disponível para o resultado obtido: o outro. Quer porque nosso balanço se mostre tímido diante das grandes realizações alheias, quer porque elas sejam atribuídas diretamente às vicissitudes de nossos próprios laços familiares, a insatisfação flutuante encontra aqui o terreno fértil para se transformar em culpa. A culpa é sempre uma decorrência do fato de que não estamos à altura de nossos desejos, ou seja, que na verdade não nos empenhamos como deveríamos ou gostaríamos para torná-los praticáveis. Além disso, a culpa é sempre um subterfúgio preferível à angústia. Assim, o sentimento de traição encontra logo um depositário. Em vez de meditar sobre a pergunta capital, qual seja "Será que, neste ano, realmente agi em conformidade com meu desejo?" substituo a meditação pela resposta rápida: "É claro que não, afinal o outro não me deixou". O fragmento de satisfação da qual me sinto frustrado é imediatamente imputado ao outro, segundo nossa própria fantasia fundamental. Foi ele quem raptou aquele pedacinho que faltou para a realização de meu próprio desejo. Ao mesmo tempo é o outro quem me lembra que estou em falta, a começar pelo fato de que não o encontro há tempos – aliás, esqueci dos amigos? Isso dá margem tanto para comparações depressivas como para pirotecnia exibicionista nos conhecidos excessos de fim de ano. O truque aqui é o seguinte: Quando adaptamos nossos desejos a uma imagem, que é o que fazemos quando os transformamos em metas, objetivos e bobagens que tais, a fantasia que neles se articula registra curiosa mutação. Ela passa de sua função regulatória, como horizonte semi-indeterminado de aspirações, para a condição de obrigação compulsória. Se escolhi querer, estou então obrigado a continuar querendo. É assim que nos tornamos prisioneiros e escravos de nossos próprios desejos de tal forma que rapidamente eles se tornam um fardo. Logo, terceira regra, jamais faça seus desejos caberem em suas metas.

Não há loucura de fim de ano sem os banquetes. Lautos e exagerados, eles são pretexto tanto para o encontro comemorativo como para o remorso com relação àqueles que estão excluídos. Excluídos são tanto os que se encontram privados de nossa companhia como aqueles que já se foram e que, como fantasmas, benévolos ou malévolos, retornam nessa hora. Aqui entra em jogo outro fenômeno próprio da loucura de fim de ano: a interpassividade. Todos nós conhecemos aquele truque de televisão que consiste em utilizar risos artificiais ou aplausos de auditório em uma comédia medíocre. Alguém levanta uma placa e todos riem, aplaudem quando ordenado ou vaiam quando for essa a diretiva. Um similar nacional desse truque são as carpideiras. Profissionais do choro, elas fazem a função de alguém que "chora por nós", assim como a claque de auditório "ri por nós". O resultado é que mesmo diante de uma comédia chata sentimos que afinal nos divertimos um pouco, quando, na verdade, "alguém se divertiu por nós". Aplique-se o conceito à loucura de fim de ano. Precisamos mostrar boa vontade porque afinal "mamãe" acha isso tão importante, ou então "as crianças acreditam em Papai Noel" e narrativas correlatas, logo não podemos decepcioná-las. Ou seja, há alguém que "acredita por nós" e para não desfazer o truque nos comportamos como se acreditássemos. Mas aqui há um efeito inesperado. A crença não é apenas um sentimento interno e individualizado que experimentamos em nosso íntimo. A crença é uma prática. Como dizia Pascal: "ajoelha e reza, a crença virá por si mesma". Quando, portanto, praticamos desengajadamente os rituais exigidos pela loucura de fim de ano, em nome de "alguém que acredita por nós", como se estivéssemos excluídos e a salvo do consumismo, da hipocrisia e da ganância segregatória, estamos de fato acreditando. O que se demonstra pela conhecida situação na qual as crianças continuam a acreditar em Papai Noel, mesmo que não acreditem, pois afinal... quem quer decepcionar os adultos? O problema da crença interpassiva é que ela impede que nos apropriemos de nossas próprias crenças, inclusive a ponto de criticá-las ou reinventá-las. Quarta regra de sobrevivência: leve os rituais a sério, eles são mais importantes e eficazes do que você pensa.

A crença interpassiva acaba nos desviando de um ponto muito mais crucial: uma vez findo este ano, o que fazer no próximo? O que fazer com o futuro? Aqui a insanidade de fim de ano porta o grão de verdade contido em cada forma de loucura. A loucura que afinal nos torna humanos ao dar o limite de nossa liberdade, segundo a tese de Lacan. Quem começou confiando na contabilidade fatalmente será presa fácil do dispositivo gerado pelas promessas de ano novo. Promessas feitas à base de metas e objetivos são facilmente derrubadas ao primeiro contato com o cotidiano real. Elas redundam na decepção com nosso presumido poder para praticar a liberdade. Isso já aparece de forma larvar no jeito como depositamos, nesse período de fim de ano, a expectativa de que poderemos enfim colocar a casa em ordem. O tempo de férias é rapidamente mobilizado para resolver as coisas em atraso. É preciso resolver o passado para criar um novo futuro, sem pendências. Essa fantasia de renascimento se apoia na ancestral prática cultural de comemorar a mudança de ciclo das estações. O solstício e o equinócio correspondem a momentos de passagem, logo de potencial desequilíbrio, entre um modo de vida e outro, entre o dia e a noite, entre a colheita e o plantio, entre a juventude e a velhice. Durante muito tempo, aprendemos a simbolizar a transição compartilhando, rememorando e reescrevendo a história a partir de certos dualismos primários. O que não devemos esquecer é que tais dualismos não são naturais, eles são criados por atos em que se exprime nosso pouco de liberdade. A festa, o fim do ano, mas também em menor escala, o fim de semana e o fim do dia, são exemplos, mais ou menos coletivos, desses pontos de suspensão. Nossa época, entretanto, não aceita muito bem que tal ponto, justamente onde se anuncia algo de nossa liberdade, esteja sujeita a tamanha coerção social. Isso ajuda a entender por que, apesar do espírito de confraternização, a loucura de fim de ano nos convoca tão facilmente para a experiência da solidão. No fundo, desconfiamos do destino coletivo que comemoramos e sabemos que o destino é uma tarefa profundamente solitária. A quinta regra de sobrevivência psíquica inspira-se na sabedoria bíblica que reza guardar sábados e festas. O mandamento não diz gozar ao máximo sábados e festas nem mesmo penitenciar-se e ou culpar-se em sábados e festas, apenas guardar. Guardar significa preservar certa distância, cuidar ao longo do tempo, manter a atenção... para com nossa própria loucura.

Para muitos a depressão de fim de ano assume a dimensão sagrada, mística ou religiosa. Seria possível criticar a teoria da experiência supondo que ela é, no fundo, uma forma de saudosismo e de valorização regressiva do passado, como um mero escapismo para as dificuldades do presente. Afinal, não vivemos mais nem os ciclos dos agricultores sedentários nem as aventuras dos marinheiros viajantes. Os ciclos das bolsas de valores nos afetam mais do que tempestades ou secas. Nesse sentido é um anacronismo imaginar que a verdadeira experiência seria uma espécie de reatualização do tipo de laço que supomos presente nas antigas comunidades orgânicas do passado. Melhor seria olhar para essa força simbólica da cultura sem tentar resgatar a essência de um passado que talvez nunca tenha existido. Como na história do pai que ao morrer diz aos filhos que há um tesouro enterrado em suas terras. Em busca do tesouro, os filhos reviram a propriedade, não encontrando mais que raízes e troncos, além de decepção. Todavia, como efeito desse trabalho, naquele ano a terra se mostrou mais fértil do que nunca, produzindo assim o tesouro que o pai prometera. Aqui o truque é simples, em vez de mimetizar o passado, como se sua repetição fosse garantia de felicidade e segurança, é preciso arriscar repetir o passado que ainda não aconteceu, produzindo assim um tesouro que não estava lá. É pelo mesmo princípio, pelo qual uma ficção pode produzir efeitos reais, que opera a transferência no tratamento psicanalítico.

Boa parte da loucura de fim de ano se aviva com a promessa de um passado essencial que nos colocaria em linha com um futuro previsível, geralmente anunciado nos pedidos e promessas de ano novo. Portanto, sexta recomendação: encontre a repetição produtiva, caso contrário... tocos, raízes e mais algumas minhocas.

No fundo, a depressão de fim de ano não acrescenta nada de novo, apenas potencializa a nossa loucura que já estava lá, encoberta pela nuvem do esquecimento e da ocupação. Erasmo de Roterdã (1466-1536), pensador do século XVI, tinha uma classificação muito atual da loucura. Ele dizia que há dois tipos: a loucura louca e a loucura sábia. A loucura louca é aquela que desconhece que os assuntos humanos são uma comédia de representações na qual cada um diz uma coisa e pensa outra, pensa outra e age de acordo com uma terceira. O louco louco é aquele que toma o teatro humano pelo seu valor de face esperando dele o que ele não pode dar. O louco sábio, ao contrário, é aquele que sabe que toda loucura é louca, aquele que, sem se isentar dos assuntos humanos e de sua estrutura trágica e cômica, olha de frente para a verdade do teatro que a ele se apresenta. Não para desmascará-lo como hipocrisia mentirosa, sob a qual se esconderia a sórdida verdade essencial, mas para habitá-la como espaço possível de liberdade e criação. A sétima regra de sobrevivência psíquica em tempos de depressão de fim de ano, a regra de ouro, é, portanto, não levar demasiadamente a sério sua própria loucura, guardá-la com carinho é suficiente.

3. A Depressão Política

Assim como podemos falar, me sentindo aproximativo de uma depressão de fim de ano, cujo correlato é a retórica da felicidade, poderíamos falar da depressão política que tomou conta do país desde 2018.

Momentos sombrios criaram uma espécie de recolhimento defensivo. Tendemos a nos contentar com menos, reduzindo expectativas e comparando a própria vida com a infelicidade alheia.

O futuro se encurta, o passado se torna um pesadelo de bons momentos perdidos. Os detalhes e as insignificâncias aos quais se apega nossa miséria neurótica são fonte de irritação e contrariedade permanente. A alternância entre dores e prazeres se torna tediosa como um longo caminho que não leva a lugar algum.

A retórica da insegurança e da ameaça baseada em inimigos internos e imaginários, levada a cabo pela ascensão de Bolsonaro, parece ter nos convencido de que buscar a felicidade é uma tarefa luxuosa demais em tempos em que a sobrevivência já é por si um grande valor. O medo reduz a curiosidade e nossa orientação para o risco, como bem sabem os economistas. Mas eles ignoram que o medo nem sempre é combatido com regras claras e estáveis.

O fator político da felicidade não depende apenas da negação do medo. Ele envolve uma espécie de confiança relacional, ou seja, nem a aposta egoísta em si mesmo nem a esperança altruísta nos outros, mas a perspectiva de que, para o bem e para mal, estaremos juntos na jornada de felicidade que inventamos para nós mesmos. Quando isso acontece, tudo pode terminar mal, mas terá sido, mesmo assim, uma boa viagem.

Nos últimos tempos nunca se falou tanto sobre política nos divãs: relações perdidas, famílias partidas, amores interrompidos e, sobretudo, decepções. Depois disso, sobreveio um tempo de luto e silenciamento em meio à contagem de mortos e feridos. Mas não foi como das outras vezes, nas quais a política desapareceu, nas brumas do passado, como fim de campeonato ou último capítulo de novela.

Dessa vez, a renovação da tarefa da felicidade tornou-se um peso e um fardo, quando não uma obrigação sem sentido. É como se assistíssemos, impotentes, à felicidade queimar na Amazônia em chamas, escoar pelo ralo da Lava Jato, humilhar-se em nosso passado de tortura glorificado sem decoro, embrutecer-se na ciência faminta que restou nas universidades.

Involuímos nosso padrão de felicidade. Isso se explica pelo caráter dual do discurso do presidente, que se capilariza nas relações cotidianas de autoridade e poder. Por um lado, trata-se de uma caçada e de uma intimidação aos demasiadamente felizes: os que mamam nas tetas do governo, os que fazem cocô demais, os corruptos privilegiados, os que praticam *golden shower*, intelectuais, professores e artistas.

Por outro, trata-se da emergência de um novo tipo de otimismo, marcado pela positividade tóxica. Sua máxima afirma que se não falarmos de coisas desagradáveis, se não mencionarmos frustrações e se não nos aproximarmos de conflitos, isso fará bem à nossa saúde mental e deixará nosso ânimo melhor. Se não formos expostos ao conflito e a notícias ruins estaremos a salvo da depressão. De fato, há algum tempo, reverbera o estudo sobre usuários de Facebook que tiveram seu humor manipulado por contágio gerado pela indução de palavras positivas e palavras negativas.[138] Mas se a potência do contágio emocional e da manipulação do humor atmosférico, por quem detém força no *big data* ou sabe manipular atitudes digitalmente, parece óbvia nem sempre a solução é o que parece.

Uma leitura básica desse fato, que ao que tudo indica chegou a se expressar, agora, com a noção de positividade tóxica, nos levaria a argumentar que, sob qualquer situação ou cenário, comporte-se como a heroína de Eleanor Porter, conhecida como *Pollyanna*. Isso tem gerado uma batalha de filosofia miúda entre otimistas e pessimistas, acirrada agora pelo estado de quarentena. Para os primeiros, já estamos saturados de más notícias e de infelicidades, portanto, por que não olhar para o lado bom da vida e tomar, devagarinho,

---

138. "Os pesquisadores fizeram um experimento dividindo os usuários do Facebook, em geral, quase 700 mil deles, em dois grupos: um teve mais palavras positivas introduzidas em seus *feed* de notícias, o outro grupo foi exposto a mais palavras negativas. Os pesquisadores então mediram se esses usuários, subsequentemente, à luz dos dois tratamentos, publicaram mais palavras positivas ou negativas. Eles descobriram que, de fato, o fizeram, confirmando o contágio social. Para nossos propósitos, o ponto principal é que o estudo mostrou experimentalmente que, sem o conhecimento dos usuários do Facebook, seu humor (contágio emocional) poderia ser manipulado." In: SCHROEDER, R. Big data: moldando o conhecimento, moldando a vida cotidiana. *Revista Matrizes*, v. 12, n. 2 maio/ago., 2018.

o resto de meio copo cheio? Para os ditos pessimistas a vida boa é a vida intensa, e o maior intensificador de experiência que pode existir é saber que aquilo com o qual se está lidando é real. Pessimistas chamam os otimistas de iludidos e idealistas, negadores da realidade tal como ela é. Otimistas declaram que os pessimistas estão apenas querendo exagerar conflitos e tensões para manipular as coisas a seu favor. Tudo se passa como se os pessimistas fossem inertes observadores do mundo, queixando-se de seus infortúnios, enquanto os otimistas, pelo menos estão "fazendo alguma coisa". Enquanto os positivos querem engajamento e atividade, os pessimistas parecem nos empurrar para a aceitação complacente e fatalista das coisas.

Ainda que Schopenhauer (1788-1860) ou Nietzsche (1844-1900) estejam rastejando em seus túmulos, ambos parecem ter razão. Schopenhauer porque provou, afinal, que a vida termina mal, e que nada mais somos do que ilusões e representações moldadas por nossa própria vontade de autoengano; Nietzsche, por sua vez, porque, afinal, o amor ao destino faz sobreviver nossas obras e ideias – enfim, estamos aqui discutindo qual dos dois tem razão até hoje. Fato é que quando colocamos o problema de maneira dual estamos obviamente no interior de um problema maior, qual seja, o de que queremos amputar uma perspectiva, demandando um sentido para a vida e negando que, obviamente, há bons e maus momentos na existência. A verdadeira oposição deveria se estabelecer entre fatalistas e positivistas de um lado e dialéticos do outro.

O positivismo tóxico fez sua declaração programática diante do número de mortes em ascensão no Brasil, diante da pauperização econômica gerada pela Covid-19, e, diante dos mortos deixados pela ditadura militar, a resposta parece ser mesma: "Que tal deixar o lado ruim da vida para trás?". Ou, de forma mais textual: "Por que ficar carregando um cemitério nas costas?".

A frase serve para estabelecer o litoral entre uma perspectiva de otimismo desejante, ou seja, o que Freud chamava de uma certa ilusão necessária para continuar caminhando, e a mais pura negação perigosa de conflitos e infortúnios. Este segundo caso é particularmente dramático para a saúde mental, pois ele equivale a expulsar pela porta da frente o conflito que se reapresentará inesperadamente na porta dos fundos. Mas durante o tempo entre expulsão e retorno, em vez de examinarmos o problema e nos dedicarmos a enfrentá-lo, objetiva e subjetivamente, nos comprazemos com uma paisagem de mundo confortável, ou um estado mental harmonioso. O caráter tóxico do positivismo começa quando passamos a achar que a realidade vai se alterar apenas pela ação do nosso pensamento ou por nossa disposição de humor. A pessoa simplesmente não lê a continuação de *Pollyanna*, chamada *Pollyanna Moça*, publicado em 1915, na qual nossa heroína torna-se paralítica e sofre outras tantas desventuras. O otimismo não nos protege do pior. Quando ele se torna tóxico, não só perdemos precioso tempo como nos colocamos em situação de fragilidade ainda pior quando o problema retorna. Em geral, e desagradavelmente, ele retorna com uma feição cada vez pior, porque é intratado.

Quando a voz do otimismo pergunta "Por que carregar um cemitério nas costas?" há algumas suposições em jogo que, por exemplo, o fato de que o cemitério é uma palavra "ruim", que nos traz tristeza e provavelmente seria capitalizada pelos algoritmos como indutora de pessimismo. Mas isso deixa de lado que é lá no cemitério que estão nossos queridos e muitas vezes mais preciosos entes queridos. O cemitério representa nosso passado, mas também nosso futuro. Ele é lugar comunitário de respeito e sabedoria. É onde nos reunimos para coisas tristes, mas também para praticar o dever de memória, que transforma a dor, gradativamente, parte da saudade com a qual trazemos, desde sempre, e já, um cemitério dentro de nós. O que eu quero dizer com isso é que, *carregar um cemitério nas costas* pode nos tornar mais fortes, desde que estejamos reconciliados com aqueles que se foram. Desde que os que se foram façam parte inesquecível do melhor que nós somos.

Pensando assim fica claro a inversão. O dito otimista é apenas alguém que está pensando curto, que quer ficar em uma vida no alcance imediato de sua mão. Se aprofundamos o próprio otimismo, vemos que ele se inverte em "pessimismo" para depois renascer como otimismo ampliado porque carrega nas costas a gratidão para com a história. Otimismo mais forte porque filtrado pela realidade e pela certeza da experiência que ela nos traz. Otimismo cujas costas se tornaram mais musculosas porque vivemos nosso luto coletivamente e não apenas como culpa e individualização.

Para o bem, para o mal e para além do bem e do mal.

Por outro lado, temos a felicidade compulsória, justa e "como deve ser", passada a limpo e lavada a jato. Aqui emerge a ideia de que todo mundo deve gozar do mesmo jeito, e esse jeito é conforme o tamanho de seus meios e de suas posses. Logo, quem tem mais goza mais, quem tem menos goza menos. Aqui a felicidade assume um gosto obsceno de falsa justiça, de justiça feita com as próprias mãos, também chamada de vingança. O que caracteriza esse tipo de felicidade é a relação de posse, de uso e de abuso com relação aos meios. Se tenho um chicote, por que não o usar? Talvez isso explique por que os níveis reais de criminalidade caem enquanto a percepção social de insegurança cresce.

Mas o verdadeiro cavalo de pau na felicidade brasileira veio em função do fator tempo. A promessa de que ações diretas gerariam resultados rápidos para uma massa agonizante assim que a torneira da corrupção fosse fechada foi gradualmente substituída por números pífios da economia, devastações ambientais, regressões na educação e na cultura, sem falar na névoa de corrupção que começa a se insinuar por entre bravatas e vergonhas presidenciais.

Os sismógrafos psicanalíticos voltaram a tremer na segunda-feira, 19 de agosto de 2019, quando as trevas se formaram nos céus de São Paulo. A atmosfera é um fator potente para a felicidade miúda, como se vê nas depressões sazonais, nas alegrias de primavera ou nos amores de verão. A natureza ainda encerra uma mensagem que submete a todos como uma espécie de lei geral. Se cada época tem a felicidade que merece, naquela segunda-feira sombria de agosto pudemos realizar a equação que nos levou do desastre, no passado recente, ao futuro de devastação ambiental, por meio de nossa própria vontade e voto.

Diante dele, o argumento de que "ao menos" não temos pessoas parasitando ou se aproveitando de nós, defendido por Bolsonaro e seus eleitores durante a campanha, está se tornando pequeno e gasto demais. Depostos os inimigos, o que fazer com o deserto? O que fazer com a ingratidão sombria, o sentimento de que o mundo e "as pessoas" se apequenaram em suas covardias justas ou ressentidas, escondidas em neutralidades suspeitas?

Quando os aliados bombardearam impiedosamente Hamburgo ou afundaram um navio após outro no porto alemão de Danzig (atual Gdansk), minha avó assistia a tudo isso, segurando seu filho de 9 anos, futuramente meu pai, e só tinha um pensamento: "Nós merecemos".

Talvez a felicidade reconstituída comece pela lucidez realista e implicada. Mas implicação não é culpa. A culpa muito frequentemente é uma maneira de localizar a causa, não de reverter seus efeitos. Para recriar alguma felicidade em tempos sombrios, proponho aqui um roteiro em três passos.

Primeiro passo: autocrítica não é culpa. Pensemos aqui no marido que trai a esposa e precisa confessar para ela depois, simplesmente para se livrar da culpa, não para reparar a deslealdade. A culpa é um verdadeiro fermento moral da irresponsabilidade, pois, com frequência, permite que possamos nos penitenciar, em geral de forma sádica, vingativa ou cruel, para logo em seguida estarmos "limpos" para pecar de novo. Nem sempre a culpa nos transforma; na maior parte das vezes, ela apenas faz com que encontremos explicações para nos evadirmos da responsabilidade de consertar os efeitos de nossos atos ou de fazermos melhor da próxima vez.

A felicidade é realista, ou não será. Por isso se diz que aquele que não puder encontrar a mais melancólica tristeza no abismo de si mesmo jamais será realmente feliz. Os desavisados, os possuídos pelas massas digitais, os isentos inconsequentes, os militantes que não chegaram junto nos últimos votos, os que não souberam prezar as alianças e os que se apaixonaram por elas, os que acharam que era "só um jeito de dizer" e 10% de convictos – enfim, todos nós, sem exceção, agimos, deixamos de agir ou deixamos os outros agirem. Estamos todos implicados no presente que nós criamos. Das desculpas rameiras jamais adveio felicidade alguma.

Segundo passo: é preciso superar o estado em que nos deixamos chantagear pela esperança. Ninguém tem que nos oferecer nada nem nos convencer de que a vida vale a pena ou de que há luz no fim do túnel. Lacan dizia que era muito importante não envenenar ainda mais o depressivo com esperanças, ou seja, com ilusões improdutivas.

Esperança é efeito do desejo, não sua causa. Aposente a conversa sobre otimismo ou pessimismo, deixe isso para os pequenos moralistas e o *coaching*. Seria preciso reconstruir a felicidade por certa reconciliação com o fato que o desejo não pode ser condicionado a nada. Neste momento, a névoa de culpa e as sombras do medo cedem lugar para a descoberta de que é na hora mais escura que podemos reconhecer quem são, afinal, *aqueles com quem podemos contar*.

Ninguém precisaria dar motivos ou razões para que nos implicássemos em nosso desejo, pois aquele que se encontra nessa posição de espera – aliás, de onde vem a palavra "esperança" – está, de saída, subornado pelo outro. Por isso, também o desejo opera melhor em estado de solidão produtiva e intransigente que na massa turbulenta. Quando percebemos que entregamos nossos mais preciosos sonhos em troca de palavras vazias, da ilusão de uma felicidade fácil e inconsequente, há pelo menos um benefício. Aprendemos que a felicidade custa caro e que perdê-la é como perder a liberdade.

Antes ela parecia gratuita e sem custo, mas agora sua ausência nos aparece asfixiante. Esta é a grande lição que os piores momentos nos deixam: autocrítica e vergonha são melhores companheiras para escrever a história que culpa ou esperança. Essa moral da resistência é importante para sonhar com uma felicidade que não seja merecimento divino ou graça recebida de padrinhos mágicos e que, portanto, pode nos ser tirada por tiranos de ocasião.

Felicidade é encontro precioso e raro, não estado de beatitude. É uma conquista e uma tarefa para cada qual, exatamente como a felicidade menor e a moral do sobrevivente: contente por estar vivo. Isso também passará, diz o ditado judaico.

Mas a verdadeira felicidade só será restaurada pela capacidade de sonhar. E sonhos são feitos da mesma fina poeira que recobre a realidade e dá forma às trevas. Esta sutil matéria chamada felicidade é feita de *pessoas, qualidade de experiência* e *tempo*.

Geralmente achamos que, para desejar, é preciso causas relevantes, motivos importantes ou razões de ordem superior. Mas a felicidade no desejo é amiga da falta e do respeito com a escassez. Freud falava em "técnicas de felicidade", cujos maiores exemplos são o trabalho coletivo, o amor e a criação estética. Evite os tipos menores, como a fuga delirante da realidade, o refúgio na fantasia neurótica ou a anestesia tóxica. O desejo não desperta quando nos livramos do sofrimento, essa conjectura virtual e enganadora, depois da qual a vida, afinal, começará.

O desejo do novo vem quando escutamos seu percurso de formação, que sempre fala baixo, mas que, quando aparece, vem com a força de algo que sempre esteve aí. Por isso é importante ater-se a seu *"grow onírico"*, ou seja, pequenos sonhos, mas cultivados com carinho e continuidade, no tempo longo em que as coisas começam de novo.

Cada um encontrará o momento em que decretar o fim do luto e o novo começo, uma espécie de marco zero para a retomada. E ela virá do trabalho alternado de decifração do passado e de criação de futuros mais longos que quatro anos.

Passar tempo com pessoas queridas, cultivar alguma gratidão, qualificar prazeres e sabores podem, lentamente, transformar o medo e a culpa na raiva e na coragem necessárias para mudar a si e ao mundo. Experimente intensamente o momento presente em sua infinita tragédia e devastação. Lembre-se de cada passo que nos trouxe até aqui, agora com sobriedade e distância.

Estude como sua própria história se combinou com a de todos nós. Se for para resumir em uma palavra: estude. Aprenda como um monge copista na Idade Média. Leia como um inveterado romântico ou como um *beatnik* dos anos 1960. Entenda que estamos diante de uma época de ignorância, com pessoas presas a suas sombras, como na Caverna de Platão.

Aprenda com os resistentes de *Matrix*, com os replicantes de *Blade Runner*. Certifique-se, com os próprios olhos, de que Jesus não é isso que está sendo vendido por aí, atrás de uma arma ou em cima de uma goiabeira, e de que Newton não foi aposentado pela Terra plana. Lembre-se de que não há saber sem amor e de que, se você trocou seus sonhos por bijuteria, é porque não estava cuidando muito bem deles.

Evite, sobretudo, as ilusões reativas que nos trouxeram até aqui, movidos por um futuro feito de felicidade fácil a preço módico, muita ignorância e justiça feita às pressas.

Quando acordar para a vida, na próxima vez, pise com cuidado, porque o peso de sua felicidade faz parte do sonho de todos nós.

4. Depressão e hipocondria

No final do século XVIII, a hipocondria intrigava médicos e filósofos, pois se apresentava como um verdadeiro desafio para o entendimento da mente humana. Como é possível que alguém acredite firmemente estar doente sem que nada possa demover a pessoa desse sentimento? O termo aparece na medicina por volta de 1398 para designar uma doença das "falsas costelas", mas também um paciente triste, caprichoso, sempre inquieto com sua saúde. Uma terceira característica notada entre os hipocondríacos é que eles frequentemente apresentam um tipo de personalidade excêntrica ou extravagante. Em função da tristeza os hipocondríacos foram considerados, durante muito tempo, um subtipo da melancolia. Acredita-se que a expansão da hipocondria durante o século XVIII possa ser atribuída à expansão do direito à saúde e segurança de seu corpo com o desenvolvimento da medicina como um saber científico investido de crescente autoridade.[139]

Em 1673, Molière estreava sua última peça, conhecida como o *Doente imaginário,* na qual Argan, um velho rico e hipocondríaco pai, tenta casar sua filha com o filho de um médico para com isso obter tratamento gratuito e infinito. Ele é salvo de si mesmo pela ação de seu irmão e da governanta que combinam a seguinte prova: ele fingirá que está morto e dessa maneira poderá perceber as tramas daqueles que o tentam enganar.

Em tempos de Coronavírus, vale a pena lembrar do truque de Molière. Primeiro façamos uma inspeção criteriosa em torno daqueles que vão querer se aproveitar da doença alheia, e mais especificamente do temor que a doença levanta nas pessoas. Na cabeceira desse movimento estarão os negacionistas. Eles dirão que os dados são um exagero, que isso tudo é fantasia da mídia e que, no fundo, existe algum tipo de conspiração por trás da pandemia. Não contentes com isso, eles tenderão a criar para si um manto de invulnerabilidade dizendo que nada os afetará, pois, afinal, foram escolhidos por algum tipo de proteção mágica para não serem contagiados. Assim, estarão livres para se aproveitar do medo alheio vendendo proteção barata em nome da ignorância. Entre eles se encontra o nosso Brás Cubas, herói de Machado de Assis:

> O principal deles foi o divino emplastro Brás Cubas, que morreu comigo, por causa da moléstia que eu apanhei. Divino emplastro, tu

---

139. AISENSTEIN, M.; FINE, A.; PRAGIER, G. *Hipocondria.* São Paulo: Escuta, 2002.

me darias o primeiro lugar entre os homens, acima da ciência e da riqueza, porque eras genuína e direta inspiração dos céus. O acaso determinou o contrário; e vos ficais eternamente hipocondríacos. Não alcancei a celebridade do emplastro, não fui ministro, não fui califa, não conheci o casamento [...]. Não tive filhos, não transmiti a nenhuma criatura o legado de nossa miséria.[140]

É preciso atentar para a atitude grandiosa que cerca a invenção do tal remédio. Ele vai curar a hipocondria e se tornar muito famoso com isso. Há uma autoironia aqui: ao procurar os céus da fama, ele encontrou foi sua própria ruína. A sabedoria literária nos informa sobre algo profundamente clínico. A sua idealização de si mesmo fez com que ele negasse a pneumonia real que nele se infiltrava, de tal forma que o seu emplastro curou-o ou tornou-o displicente com relação à sua saúde. Moral da história: se ficarmos completamente curados de nossa hipocondria, nos tornaremos tolos. Se nos libertarmos da função benéfica do medo de doenças, não nos dedicaremos a enfrentá-las com cuidado e inteligência, com apuro e disciplina. Na verdade, dos que sofrem do "complexo de Brás Cubas" são como os antigos tolos, que parecem corajosos, mas são incapazes de usar o medo como instância de transformação da realidade e de nossa atitude com relação a ela.

Contudo, os verdadeiros hipocondríacos não são como Brás Cubas, que tem apenas uma patologia do medo e da superestimação de si. Eles são antes de tudo tristes, pois a causa de seu sofrimento nunca é propriamente reconhecida pelos outros a quem apelam. Nossa cultura tende a punir os hipocondríacos como se eles fossem pessoas que sofrem de uma hemorragia de atenção, requerendo mais e mais cuidados onde não há nada a fazer. Não me peçam para dizer o que um verdadeiro hipocondríaco sente quando examina

---

140. ASSIS, M. *Memórias póstumas de Brás Cubas*. São Paulo: Ateliê, 2004. pp. 252-253.

seu corpo dia e noite, quando se aflige com pequenas e infinitamente desagradáveis sensações, quando se perturba com as mudanças de ritmos cardíacos, das alterações de sono ou alimentação, quando pensa sem parar que aquela protuberância em sua pele ou aquela dissimetria em seus seios pode ser o sinal certo do pior. Um hipocondríaco não está fingindo que tem uma doença, ele realmente sofre com isso. Dizer para essa pessoa que isso tudo é psicológico é simplesmente aviltante. A indeterminação das causas do que ela tem é apenas o pretexto para mais exames, mais medicamentos, mais atitudes preventivas. Quanto mais o paciente e seus familiares – a essa altura em geral exaustos – cedem nessa direção, pior fica. A solidão vivida por essas pessoas é infernal. Solidão que torna seu corpo literalmente um corpo estranho.

A hipocondria, até 2013, era considerada um transtorno somatoforme, ao lado dos transtornos conversivo, dismórfico corporal (no qual a imagem de si se altera brutalmente), somatizador, de dor crônica (fibromialgia) e próxima dos transtornos factícios (como a síndrome de Münchausen, na qual a pessoa deliberadamente cria sintomas em si mesma, ingerindo venenos, cortando-se ou expondo-se a condições mórbidas). A hipocondria pode ser um sintoma secundário em muitos quadros de linhagem ansiosa, depressiva ou paranoica. Seu tratamento é difícil e sistêmico, ou seja, debelando-se a depressão a hipocondria tende a melhorar indiretamente. Mas se há algo que deve ser enfrentado é essa relação entre a experiência do corpo, e principalmente dos prazeres, com a sua inscrição ou tramitação psíquica. Tipicamente um hipocondríaco piora diante de uma grande satisfação, como se seu "aparelho" de prazer estivesse limitado a um nível muito baixo e muito sensível de funcionamento.

O terceiro traço da hipocondria diz respeito à sua sugestionabilidade. Ouvir notícias sobre uma nova doença ou epidemia é algo insuportável e ao mesmo tempo compulsivamente atraente. Da informação para a preocupação parece haver uma passagem direta. Ao que tudo indica, a hipocondria tem certa facilidade para captar e traduzir a atmosfera social de insegurança ou pessimismo, como se aquilo que é muito complexo e indeterminado para receber um nome na realidade material se transformasse em um enigma de nomeação para a realidade psíquica. Entre 1878 e 1914 quase 17% dos internos suíços tinham ideias hipocondríacas. Durante a guerra esse percentual subiu para 24%, caindo nos anos subsequentes. Na Escócia a diferença vai de 7% para 29%.[141] A capacidade de se influenciar com notícias e reportagens médicas ou epidemiológicas parece estar diretamente relacionada com o pertencimento e a nomeação do mal-estar. Ela explora a atitude de extremo reconhecimento e submissão à ordem médica, mas também de resistência e de exceção em relação à sua potência real de cura. Observemos aqui como Argan, o doente imaginário de Molière, superou sua dificuldade. No fundo, ele aceitou e encenou o pior pesadelo que ele "vivia antes de viver", ou seja, a morte. Quando ele conseguiu brincar de morto, fingir que tinha lhe ocorrido o pior de seus cenários, foi também o momento em que ele descobriu a verdade sobre sua doença. Conselhos: olhe o medo de frente, aceite que o perigo é real, mas não deixe que o medo que vem de fora se confunda com a angústia que vem de dentro. Para o primeiro conselho, cautela e informação; para o segundo, algo que ninguém poderá fazer por você: *acalme-se*. Leia, preste atenção em seus sonhos, medite sobre sua história de vida, para pensar no que você tem feito consigo mesmo nos últimos tempos. Aprofunde-se em si mesmo, experimente o abismo mais profundo de seus fantasmas. Depois volte e conte uma boa história.

Ocorre que para a psicanálise todos os sintomas existentes estão presentes em cada um de nós, em estado latente. A aptidão para produzi-los decorre do fato de que os sintomas são soluções possíveis para conflitos que potencialmente estão em todos nós. Diante da pandemia de Coronavírus, portanto, cada um de nós

---

141. BERRIOS, G.; PORTER, R. *Uma história da psiquiatria clínica*. Vol. III: a origem e a história dos transtornos psiquiátricos – as neuroses e os transtornos de personalidade. São Paulo: Escuta, 2012.

deverá enfrentar sua própria hipocondria. Não subestime nem superestime o medo. Siga todas as recomendações de isolamento social e cuidados com higiene e limpeza, mas não se deixe dominar pela solidão. Respeite seu medo, mas não o deixe se transformar em angústia e desespero. Fique em casa, consigo e com os outros que também estão passando por isso junto com você, ainda que a distância. Informe-se bem e o dia todo, mas não deixe que a sugestionabilidade tome conta da casa. Tempos de incerteza e indeterminação são muito bons para revermos nossa arrogância e nossa expectativa de controle sobre a realidade. É possível que com calma e circunstância o Coronavírus faça com que nós deixemos nossas coroas narcísicas de lado e nos tornemos mais humildes diante de forças mais poderosas da natureza. Aproveite para pensar que o tratamento para sua solidão hipocondríaca pode ser um pouco de solidariedade. Se ainda assim, depois de tudo, sobrar alguma energia, pode agradecer à ciência, às universidades, ao Sistema Único de Saúde (SUS) e a todos os médicos, jornalistas, políticos e cuidadores que estão fazendo o possível nessa situação.

11
PEQUENA HISTÓRIA DA DEPRESSÃO NO BRASIL

Em algum dia, entre 1652 e 1661, padre Antônio Vieira (1608-1697) dirigiu-se à sua comunidade de fiéis no Maranhão. Naquela época, os sermões dominicais eram uma ocasião múltipla de ensino, catequese, formação moral e divulgação de temas políticos e culturais. E, nesse contexto, o jesuíta dedicou-se a um tema novo: transmitir a arte de não estar triste. Para aqueles que se acostumaram a separar tristeza e depressão, como se a primeira fosse uma disposição comum da alma e a segunda fosse uma doença do corpo, a clareza clínica de Antônio Vieira é surpreendente. Ele distingue a tristeza da qual está falando tanto da melancolia, como temperamento, quanto do tédio, como estado provisório da alma. A descrição é precisa: esmaecimento do corpo, aborrecimento com o mundo e consigo, perda do desejo, desgosto com a vida e, sobretudo, hipersensibilidade à dor e temor incerto diante da vida. Quando aguda, é sempre mortal – e, no mais, afeta a saúde geral do corpo. No *Sermão da quarta dominga depois da Páscoa*, trata-se da *mais universal enfermidade que padece neste mundo a fraqueza humana*. A tristeza é considerada um afeto natural e universal, que, no entanto, pode degenerar em vício e enfermidade quando não se vê governada pela razão e pelo livre-arbítrio. Ela não é filha da natureza, mas da culpa, acometendo príncipes e papas, assim como os simples e humildes.

A anatomia diagnóstica de padre Vieira traduz-se em interessante estratégia terapêutica. Esta consiste em incitar o triste a colocar-se uma pergunta: *quo vadis?* (aonde vai?). Essa pergunta deve ser posta tanto para o corpo como para a alma. Aqui a sagacidade clínica de Vieira mostra-se também atual. Ele percebe que o depressivo responde de maneira rápida e realista à questão. O corpo vai para a sepultura, a alma vai para o céu. Ele nota que o triste não mantém a pergunta, não a conserva nem a desenvolve, mas se detém em seu resultado cabal e insofismável. Ele "queima" passos cognitivos. A retórica terapêutica consiste, portanto, em fazer o fiel deter-se, entrar em outra experiência do tempo e trabalhar a questão, reconhecendo o aspecto incerto e precipitado de sua resposta.

Trata-se de uma terapêutica barroca, atenta à força de contornos, torções e detalhes de forma a conciliá-los com a simplicidade do conceito que os reúne em uma única ideia, eventualmente contraditória. O triste é um clássico que, entre dois pontos, só vê uma única reta. Padre Vieira argumenta que o triste não se pergunta o que virá ao corpo depois da sepultura. O fim das diferenças entre pobres e ricos, devorados pelos mesmos vermes, a abolição das preocupações com a degradação do corpo e a vacuidade de suas vaidades. Também a alma responderá, rápido demais, que ela segue para o céu. Suprime-se, assim, o longo, incerto e sinuoso caminho a trilhar até lá. Daí que existam duas formas da tristeza, a que nos colhe por fora e a que nos devora por dentro. Como os apóstolos diante da perda de Jesus, a tristeza não decorre da ausência do mestre, mas do silêncio que se segue a sua partida. Ou seja, a tristeza decorre da culpa, mas sua causa é o silêncio.

Surge aqui a figura do profeta Elias, que bem poderia ser considerado o santo padroeiro dos depressivos. Elias fora recolhido à sua montanha em uma curiosa condição: não havia morrido, mas também não vivia mais. Assim como Enoque, permaneceria nessa condição transitória à espera do fim do mundo, que o libertaria da indeterminação. É uma espera fora do tempo e, salienta Vieira, uma espera em silêncio. A falta de palavras é interrompida quando Elias decide implorar aos anjos que o deixem morrer. Estes lhe aparecem dando-

-lhe de comer um pão e dizendo: "Há muito ainda a caminhar". Essa é uma imagem muito bem escolhida no sermão e que confere, com a profusão de alegorias típicas – andar, caminhar, dar o primeiro passo –, que acompanham o discurso e os sonhos dos depressivos até nossos dias. Confere também a sensação de que se caminha no deserto, de que se anda em círculos, de que se perdeu a sombra.

Temos, então, dois pontos nevrálgicos do tratamento da tristeza: a alma muda, que não se pergunta *aonde vai?*, e a palavra que não se desenvolve, encontrando rápida conclusão. Falta ao depressivo a solução estética das colunas salomônicas. Espessas, carregadas nos dados, informativas e geralmente orientadas a assuntos que envolvem lógica da decisão em ato. Elas não remontam aos tempos bíblicos, mas à imaginação dos arquitetos barrocos que tentavam produzir o efeito de movimento e retorção. Ao contrário das colunas jônicas ou dóricas, que trabalham às dezenas, as salomônicas reduzem-se a duas (Boaz e Jachin). Nas colunas salomônicas, não se trata da formação de uma atitude nem da invenção de um juízo improvável, mas de acirrar o paradoxo e, quiçá, resolvê-lo em dialética prática: o movimento preso ao instante perene.

É preciso colocar o *Sermão da quarta dominga*[142] no contexto das práticas de interiorização de si e de autorregulação da consciência no Brasil do século XVII. Sabe-se que os inquisidores que visitaram o país nesse período encontraram um curioso problema. Os brasileiros confessavam seus pecados com grande desenvoltura, ou seja, confessavam bem demais – ou simplesmente mentiam ou omitiam suas faltas capitais. Lembremos que o padre constituía um misto de médico, religioso, político e professor, sendo, portanto, parte interessada em boa parte das causas "inconfessáveis". Nos dois casos, a Inquisição não encontrava o discurso ao qual estava habituada, ou seja, não apenas a descrição detalhada e naturalista

---

142. VIEIRA, P. A. Sermão da quarta dominga depois da Páscoa. Com comemoração do Santíssimo Sacramento. Pregado em S. Luiz do Maranhão. *Revista Latinoamericana de Psicopatologia Fundamental* [on-line], v. 9, n. 3, 2006.

dos erros morais, mas a divisão interior, exploração e observação de si à procura dos detalhes desconhecidos ao próprio confessante. A luxúria silenciosa, a imagem sugestiva, o silêncio de cumplicidade, ou seja, a narrativa da carne estaria ausente nos brasileiros. Faltava a trama da concupiscência, a descoberta do desejo ali onde não o imaginávamos presente: as pequenas sensações, os olhares, os pensamentos. Tanto a confissão como a ocultação eram praticadas sem este ingrediente crucial: a culpa interiorizada.

Assim, pode-se entender por que Antônio Vieira não faz da culpa a causa da tristeza, mas a falta da palavra, o silêncio sobre os processos de produção e construção do desejo. Ao mesmo tempo, cabe-lhe o mérito de distinguir perfeitamente a tristeza em questão do ócio associado aos indígenas, da resistência passiva ou da preguiça dos escravos e, ainda, da saudade que rondava os ibéricos imigrantes. A tristeza é questão universal e não pode ser atribuída às contingências de temperamento nem de condição.

Esse quadro muda substancialmente apenas a partir do fim do século XVIII, encontrando seu momento crítico com a aurora republicana. Com a expulsão dos jesuítas pelo marquês de Pombal e a crescente laicização das elites e dos sistemas de legitimação de saber, torna-se importante retirar a tristeza de seu solo moral-religioso e transpô-la para o registro natural. Isso será feito por intermédio de duas estratégias distintas: o positivismo-liberal e o romantismo-naturalista.

Na esfera do positivismo-liberal, encontramos a elaboração de um discurso antropológico sobre a raça, o clima e o ambiente, que tenta fixar certas disposições de temperamento a essências substancialmente distintas. Sua preocupação é a segurança das populações e a viabilidade "etnológica" do país. Sua hipótese é de que a tristeza patológica exprime alterações cerebrais cuja causa resta determinar: febres, clima, parentesco, personalidade, intoxicação formam uma espécie de caldeirão de incertezas. Para unificá-las, havia a hipótese genérica de degenerescência. Assim como as raças se degeneram, as famílias e as pessoas se desagregam sob determinadas condições, e isso constitui um processo de "acumulação de vícios" que se replica em uma hierarquia das enfermidades.

Nossos primeiros psiquiatras eram também antropólogos. A novidade é que agora há uma forma científica de descrever a tristeza: a melancolia involutiva (Kraepelin), a loucura circular (Falret), e a lipemania (Esquirol) e a hipocondria moral (Griesinger), que hoje ligaríamos ao campo das psicoses, combinavam-se com a distimia (Kahlbaum), a astenia (Janet) e a histeria (Charcot), que hoje ligaríamos ao campo das neuroses.

É importante notar que a psiquiatrização da tristeza no Brasil parece ter "pulado uma etapa" em relação ao processo ocorrido na Europa. Ou seja, nossa depressão seria ainda mais depressiva que a europeia, caminhando direto para o capítulo final da história. Na França e na Inglaterra, a formação da clínica psiquiátrica foi precedida pelo movimento conhecido como "alienismo". No início do século XIX, a partir das ideias de Philippe Pinel (1745-1826), na França, e William Tuke (1732-1822), na Inglaterra, começou a se construir a ideia de que os loucos eram também seres humanos, com direitos e condições de racionalidade e que podiam ter seu "desvio de vontade" recuperado a partir de dois grandes valores: a liberdade e o trabalho.

Ora, esse movimento que procurava retirar os loucos de seu encarceramento e recolocá-los no espaço da razão e do discurso sucedia-se em uma época em que no Brasil ainda havia escravos. Verdadeiros escravos acorrentados, que, mesmo depois de 1822, permaneciam em situação prática de cativeiro. Ou seja, o alienismo no Brasil só podia ser uma caricatura, e o conto homônimo de Machado de Assis é uma alegoria dos temores aristocráticos em relação à escravidão, não em relação à loucura. Os muros do manicômio são antes muros de classe e de raça que muros de contenção da desrazão.

Portanto, a psiquiatrização no Brasil aconteceu sem que estivesse estabelecida a condição propriamente humanizada da loucura. Ela serviu, assim, à reprodução da segregação social e à manutenção da objetificação da diferença. E isso implicou a instalação tardia de um sistema de asilos para doentes mentais. Em 1835, José Francisco Sigaud (1796-1856) denunciava um terrível estado de coisas em "Reflexões sobre o trânsito dos doidos pelas ruas da cidade do Rio de Janeiro".[143] Chamo atenção para a expressão popular "doidos", típica do alienismo, não de um termo técnico, já em uso na época, "doentes mentais".

Sigaud foi também um dos primeiros a descrever o banzo, esta depressão que atingia os negros escravizados: "paixão da alma" a que se entregavam e que só se extinguia com a morte, um entranhado ressentimento causado por tudo o que os poderia melancolizar: "a saudade dos seus, e da sua pátria; o amor devido a alguém; a ingratidão e aleivosia que outro lhe fizera; a cogitação profunda sobre a perda da liberdade;[144] e o pesar pelos maus-tratos recebidos." [145]

Na língua quimbundo "*mbanza*" de onde procede o termo "*banzo*" significa aldeia, ou talvez advenha do quimbundo, "*mbonzo*", que significa saudades e paixão. O banzo foi usado como argumento médico-antropológico para abolir a escravidão. Ele produziu uma inusitada conexão com uma forma de sofrer europeia chamada nostalgia (*melancolia helvética*), proposta em 1678 pelo suíco Johanes Hofer, a partir do radical "nosto" (regresso) e do termo "algia" (dor). O banzo talvez não fosse apenas um sentimento, mas uma investigação ou uma meditação, no decurso da qual se decidirá sobre a liberdade ou a morte. Há, portanto, uma decisão de morrer, que pode envolver comer terra, inanição ou afogamento, que parece ter se espraiado também como prática indígena.

---

143. SIGAUD, J. F. X. Reflexões sobre o trânsito livre dos doidos pelas ruas da cidade do Rio de Janeiro. *Revista Latinoamericana de Psicopatologia Fundamental* [on-line], v. 8, n. 3 [cited 2020-10-17], pp. 559-562, 2005.

144. MENDES, O. 2007, p. 370 [1812]

145. ODA, A.M.G.R. Escravidão e nostalgia no Brasil: o banzo. *Revista Latinoamericana de Psicopatologia Fundamental* [on-line]. 2008, vol.11, n.4, suppl. [cited 2020-12-15], pp.735-761.

Nesse quadro, a estratégia positivista-liberal voltava a misturar o que Antônio Vieira havia separado: o temperamento dos afetos e os afetos em geral, da tristeza muda. Também a ideia de universalidade havia se perdido, junto com o capítulo extraviado do alienismo no Brasil. Em 1906, Juliano Moreira (1873-1933) e Afrânio Peixoto (1876-1947) apresentam seu extenso estudo sobre *As doenças mentais nos climas tropicais*.[146] Um verdadeiro mapa das afecções nervosas em nosso país. Um mapa erguido contra a hipótese dominante de que o clima, a geografia e a origem da pessoa determinam sua enfermidade mental: histeria (27%), alcoolismo (15%) e loucura maníaco-depressiva (13%) são os diagnósticos predominantes entre mulheres. Alcoolismo (28%), demência precoce (14%) e epilepsia (10%) são os tipos patológicos preferidos entre os homens.

Insinua-se aqui a constatação de que os grupos clínicos em que se poderiam verificar estados depressivos, tais como histeria e loucura maníaco-depressiva, são predominantes em mulheres. A depressão masculina estaria reservada a outro cenário: a literatura romântica.

A estratégia romântico-naturalista se ocupará daquilo que foi esquecido por essa espécie de psiquiatrização tardia no Brasil, ou seja, os temas da liberdade, do desespero e da saudade como ligados à tese da essência perdida. Como se sabe, o problema aqui é que nossas representações da origem ofereciam um cenário um tanto distante e diferente do que se verificou em solo europeu. Simplesmente não tínhamos uma antiguidade ou um período clássico ao qual regressar, e nossa origem indígena precisaria ser completamente transformada para servir de subsídio a nossas fantasias de felicidade perdida ou equilíbrio original. O Brasil era a própria expressão da fantasia europeia de liberdade (Montaigne, 1533-1592) e do estado de natureza (Rousseau, 1712-1778); portanto, estávamos compul-

---

146. MOREIRA, J.; PEIXOTO, A. As doenças mentais nos climas tropicais. *Revista Latinoamericana de Psicopatologia Fundamental* [on-line], v. 8, n. 4, pp. 794-811, dez. 2005.

soriamente obrigados a apresentar a imagem da felicidade tropical. Essa foi a descoberta que tornou nosso romantismo tão corrosivo.

Nada há de mais depressivo que sustentar uma imagem de felicidade e satisfação sentida como inautêntica e vazia. Uma experiência que nunca está à altura de si mesma. É o que vemos nas diferentes formas de identificação depressiva: heroica, em Casimiro de Abreu (1839-1860); masoquista, em Álvares de Azevedo (1831-1852); irônica, em Machado de Assis (1839-1908). O discurso sobre os estados depressivos, ou mesmo melancólicos, como em Alfonso de Guimarães (1870-1921), não são apenas uma idealização do sofrimento, eles são o desenvolvimento de uma palavra, são sua cura, se pensamos na tese de Antônio Vieira. Cura que começa agora pela pergunta romântica por excelência: *de onde viemos?* Cura que se opõe à negação do *quo vadis?*, praticada pelo nominalismo psiquiátrico (afinal, *vadis* a lugar nenhum além das paredes deste hospício).

Até aqui, temos nos referido aos estados depressivos como sintomas ou signos que podem se apresentar em inúmeras condições clínicas. A história do termo "depressão" é similar à que encontramos em noções como a de "trauma" e de "neurose". Por volta de 1850, o termo era encontrado frequentemente em manuais médicos de cardiologia referindo-se à descompensação dos batimentos do coração. Ele migra para a psiquiatria investido de uma dignidade científica que termos como "melancolia" (confusamente popular e antigo) ou "lipemania" (obtusamente técnico e novo) não possuíam.

No início do século XX, a depressão separa-se, assim, da mania e de sua necessária ligação com os estados de excitação e estupor. No Brasil, antes da Segunda Guerra Mundial, as depressões maiores encontraram seu destino no encarceramento e na efetivação de um sistema psiquiátrico asilar. Quanto ao que chamaríamos de "depressões neuróticas", sua representação também está ligada ao confinamento, mas de outro tipo, o da mulher em seu ambiente doméstico e privado.

Verificando os livros contábeis de fazendas localizadas em ambiente rural mais afastado, bem como as propagandas em jornais e revistas na República Velha, encontramos uma recorrente referência a medicamentos. Descontando os insumos diretamente ligados à produção, o maior gasto proporcional dos fazendeiros era com médicos e medicamentos. Caros e modernos, associados aos ideais de higienização e saúde, os medicamentos, assim como a literatura destinada às mulheres, participaram ativamente da formação da sociedade de massas no Brasil. Entre esses remédios proliferavam os tônicos, que ofereciam múltiplas serventias: dores de estômago, dores de cabeça, tuberculose, sífilis, malária e a popular *asthenia* – todos casos tratados simultaneamente pelo mesmo tônico. Com fórmulas diversas, explorando a retórica da modernidade científica em conjunto com a tradição popular, os tônicos não requeriam sempre a presença do médico, que, não obstante, os receitava invariavelmente como complemento.

A ideia de que a *asthenia*, ou seja, fraqueza muscular acompanhada de desânimo e pensamentos mórbidos, podia ser curada com um tônico se fazia acompanhar pela receita universal do descanso, das viagens e dos banhos em estações de águas ou lugares arejados. Note como passamos reversamente da ideia de que a tuberculose causa a *asthenia* para à de que o que cura a tuberculose cura também a *asthenia* – replicando-se, ainda, o argumento para a sífilis, as desordens gástricas, a epilepsia etc. É possível que os pensamentos hipocondríacos, o sentimento de insegurança e a sensação de imobilidade, geralmente presentes na depressão, encontrassem uma espécie de *tratamento colateral* nas práticas mencionadas.

É nesse contexto que podemos entender a grande reviravolta sofrida no estatuto da depressão que verificamos no Brasil após a Segunda Guerra Mundial. Possivelmente todos os medicamentos para a doença, até os anos 1980, surgiram em descobertas ocasionais. Seria possível, sim, argumentar que o importante é a eficácia do medicamento, não seu contexto de invenção. Ocorre que a ausência de uma descrição do mecanismo de ação se desdobra na suposição de uma polivalência de seus efeitos terapêuticos e uma popularização de sua prescrição. Ou seja, ocupa-se exatamente o mesmo lugar simbólico antes destinado aos tônicos. Isso ajuda a entender sua grande e imediata recepção na cultura brasileira.

Os anos 1960-1970 foram também uma época de grande difusão da psicanálise e das psicoterapias no Brasil. Aqui novamente temos uma diferença interessante. Enquanto as mulheres na Europa e nos Estados Unidos experimentaram uma abrupta saída do lar, tendo que ocupar postos de trabalho antes de homens mobilizados pela guerra, e depois se deparar com a reacomodação do pós-guerra, no Brasil, a entrada no universo do trabalho deu-se posteriormente. Ela foi, então, associada a uma causa endógena – a crise da família –, não a uma circunstância externa. Acrescente-se a isso que as camadas de mulheres mais pobres já se encontravam ligadas ao universo do trabalho.

Portanto, a mudança social em curso nas camadas médias cruzava dois fatores: a associação com o declínio social e a insubmissão conjugal. Não por acaso o tipo de psicanálise que se desenvolve nesse período estava fortemente ligado aos temas das relações primárias entre mãe e criança, ao conceito de depressão e ao funcionamento das identificações dentro da família. A própria situação clínica oferecia um espaço intermediário entre a casa (com sua zona de intimidade e privacidade) e a rua (como espaço de tratamento profissional).

Novamente, encontramos a pergunta que não se pode enunciar (*quo vadis?*) e a dificuldade de desenvolver uma resposta que não seja imediata. A emergência da depressão como paradigma do sofrimento psíquico (eminentemente feminino) ligava-se, assim, à crise coletiva de um sistema de reconhecimento intersubjetivo. Uma vez liberta de seu claustro familiar, a mulher era jogada na conhecida posição, que vimos tematizada pelos românticos, em que devia ser duplamente feliz: dona de casa e trabalhadora.

Lembremos de que a compulsão à felicidade e à satisfação conformada encontrava forte apoio no ambiente ideológico da ditadura militar e seu imperativo: *Brasil, ame-o ou deixe-o*. É conhecido o estudo empreendido pelos militares para saber as causas psicológicas que levavam os jovens a se engajar em atividades subversivas. A conclusão: tais jovens procediam de famílias mal estruturadas nas quais encontrava-se prevalência de mães depressivas.

Os anos 1980-1990 representam uma alteração substancial de cenário. Isso não se pode atribuir apenas à chegada da fluoxetina e da paroxetina nem à relativa popularização das psicoterapias e da psicanálise. É preciso notar que a depressão emerge como paradigma geral do sofrimento psíquico quando deixa de ser uma afecção eminentemente feminina. O tratamento colateral, representado pelos primeiros antidepressivos, é substituído pela normatização dos efeitos terapêuticos na forma de um diagnóstico universal. Adotam-se amplamente o *Manual diagnóstico e estatístico de transtornos mentais* (*DSM*) e a classificação internacional de doenças (CID). A psiquiatria brasileira deixa de formar seu compromisso com abordagens psicanalíticas e seus derivados e torna-se um empreendimento técnico em escala de massa. Testes de autodiagnóstico popularizam-se, explorando o leito já formado da literatura de divulgação ou testemunho e das revistas femininas. A antiga obediência ao nominalismo psiquiátrico contém agora uma narrativa pré-fabricada. A palavra que se deve desenvolver, a história que se deve levar adiante, já vem pronta, funcionando como resposta rápida e antecipada para a pergunta. A depressão sai do universo da produção e de temas correlatos – amor, liberdade e trabalho – e migra para o universo do consumo. A ênfase recai agora na intensificação e na modulação das sensações, na administração de estados subjetivos e na observação dietética da experiência com o próprio corpo. Depressão ou estresse, talvez os dois juntos.

Nesse movimento, a depressão deixa de ser signo de determinado funcionamento subjetivo, de dada forma de vida ou condição correlata, e passa a ser uma substância em si, um estado universal. Isso implica que ela pode e deve ser universalmente tratada. Fragmentam-se os antigos quadros clínicos dos quais a depressão é sintoma, tais como a histeria e a neurose obsessiva ou a melancolia e a psicose maníaco-depressiva. As redescrições diagnósticas são feitas às avessas, seguindo a sequência histórica desse tema: primeiro o medicamento, depois o nome daquilo que ele trata, como nos tônicos. Depressões infantis são objetos de tratamento há décadas, efeitos colaterais combatidos por contramedicações, pacientes cronicamente dependentes. A mais universal das enfermidades transformou-se na mais universal das drogadições.

Se tivéssemos que arriscar uma hipótese que justifique a elevada incidência da depressão no Brasil, depois desse breve percurso, seria preciso salientar a sucessão de lutos mal tratados de nossa história. A ausência de retratação com os escravos, a renegação dos massacres indígenas, a negação da violência da ditadura militar, o descaso com a violência contra jovens negros de periferia, formam uma série que não é apenas de violência e desigualdade, muitas outras nações estão à nossa frente nesse quesito, mas da notória ausência social de atos de reconhecimento e reparação.

Que São Elias nos ajude...

12

O CASO BRÁS CUBAS: UM DEPRIMIDO LITERÁRIO

Sigmund Freud publicou sua obra-prima, *A interpretação dos sonhos*, em 1900,[147] e nela ele declara que o sonho é a via régia para o inconsciente. Para epígrafe desse livro, foi escolhida uma frase do poeta latino Virgílio: *"Flectere si nequeo superos, Acheronta movebo"*, que significa "se não posso mover os céus, me dirijo aos infernos", alegoria que frequentemente é lida como um movimento de inversão do horizonte apolíneo e celestial de investigação da consciência e de seus ideais de elevação para a pesquisa sobre o mundo subterrâneo, o mundo do inconsciente e do Averno, onde o barqueiro Aqueronte transportava as almas deste mundo para outro pelo custo de duas moedas.

Lembremos que *Eneida*,[148] texto do qual procede essa citação de Virgílio, é uma espécie de continuação da *Ilíada*, de Homero,[149] mas, em vez de retratar a glória dos gregos contra os troianos, narra a fuga do herói Eneias, o derrotado de Troia, que imigra e funda uma nova cidade, Roma. Portanto, na epígrafe de Freud, infiltra-se uma segunda leitura: os derrotados de uma guerra dão origem a um império muito mais poderoso que a força vencedora. No caminho para a península Itálica, Eneias para em Cumas, onde faz um pe-

---

147. FREUD, S. Interpretación de los sueños. In: *Obras completas*. Buenos Aires: Amorrortu, 1900, v. IV e V.
148. VIRGÍLIO. *Eneida*. São Paulo: Martins Fontes, 2004.
149. HOMERO. *Ilíada*. São Paulo: Ubu, 2018.

dido aos deuses: aconselhar-se mais uma vez com seu falecido pai. É nesse contexto que ele desce ao reino dos mortos no capítulo VI e escuta de seu pai um desígnio favorável decorrente da fundação da cidade de Roma. Portanto, no canto VII, do qual procede a citação de Freud, ele já sabe que seu destino será glorioso. Tanto Freud como Virgílio referem-se a um mesmo processo: o luto. A derrota, a perda do pai, a crise com as próprias preensões profissionais atravessam Freud à época da redação de sua obra magna. É também do reencontro com o pai morto que Eneias tira forças para um recomeço, depois de uma perda vigorosa em Troia.

Machado de Assis (1839-1908) publicou sua obra-prima *Memórias póstumas de Brás Cubas* em 1881,[150] nove anos antes do texto de Freud. E adotou como dedicatória a expressão: "Ao verme que primeiro roeu as frias carnes do meu cadáver dedico com saudosa lembrança estas memórias póstumas".[151] Assim como Freud e Virgílio, o narrador machadiano posiciona-se no reino dos mortos. Assim como Freud, ele nos conta uma epopeia e uma travessia. Dos vivos aos mortos e retorno, da vigília ao sono, deste mundo ao outro. As duas viagens têm em comum o sentido de uma travessia na qual o narrador é incerto e problemático. Temos aqui um bom exemplo da posição de hiato, equidistante da realidade e de si mesmo, na qual o depressivo se instala.

Freud compõe seu texto para demonstrar como o sonho é a realização alucinada de um desejo sexual recalcado. Seu material são seus próprios sonhos, constando entre os biógrafos o consenso de que o livro é parte de sua autoanálise, ou seja, de sua própria viagem ao inconsciente. Nessa época, Freud sentia-se deprimido. Ele chegou a estudar a cocaína, observando os efeitos da droga em si mesmo, como um tratamento para tal estado de humor. Quando receita essa droga para seu amigo dependente de morfina, com

---

150. ASSIS, M. *Memórias póstumas de Brás Cubas*. São Paulo: Ateliê, 2004.
151. Ibidem, p. 1.

o objetivo de aplacar as dores causadas pela abstinência, o amigo torna-se duplamente dependente e, ao fim, suicida-se. Freud abandona seus estudos sobre a cocaína, do qual restam dois artigos, para ver seu colega oftalmologista da Universidade de Viena receber o prêmio Nobel pela descoberta das propriedades anestésicas de um derivado da coca.

Machado também encontra em Brás Cubas um representante de sua própria miséria. Ele escreve seu texto com "a pena da galhofa e a tinta da melancolia".[152] A dedicatória de Machado é irônica. Estando ele "firmemente persuadido que cada vez que um homem sorri – mas muito mais quando ele ri –, ele acrescenta algo a este fragmento de vida", sua posição é de quem quer adicionar algo ao mundo. Sabe-se que essa menção procede de Laurence Sterne (1713-1768), em seu monumental *A vida e as opiniões do cavalheiro Tristam Shandy*,[153] publicado em 1768 e considerado o marco zero do metarromance, ou seja, um texto que não cessa de lembrar ao leitor o fato de que ele está lendo um livro, ou seja, uma peça de ficção e que não deve se esquecer dos limites ilusivos que determinam sua experiência.[154]

Notemos como a melancolia é uma das maneiras de nomear e de narrar a individualização do sofrimento: ela parece retirar o sujeito do convívio, retraí-lo para si, ensimesmá-lo em um estado de solidão e solipsismo. Finalmente, ao contrário da hipocondria, cujo curso e característica nos torna a todos iguais e monotonamente adoentados, a melancolia nos diferencia:

> Muitas são as melancolias deste mundo. A de Saul não é a de Hamlet, a de Lamartine não é a de Musset. Talvez as nossas, amigo leitor, se-

---

152. Ibidem, p. 2.
153. STERNE, L. *A vida e as opiniões do cavalheiro Tristam Shandy*. São Paulo: Companhia das Letras, 1998.
154. PAES, J. P. Sterne ou o horror à linha reta. In: STERNE, L. *A vida e as opiniões do cavalheiro Tristam Shandy*, op. cit., p. 37.

jam diferentes uma da outra, e nesta variedade se pode dizer que está a graça do sofrimento.[155]

Machado e Freud poderiam concordar a respeito desta declaração: "Eu sou a matéria do meu livro e eu sou a substância de meus sonhos". Vemos nisso uma afinidade entre a expressão e a representação depressiva. Se Freud tratou o sofrimento considerando a hipótese do inconsciente por meio da técnica do hipnotismo e da associação livre, Machado e Sterne reinventaram o romance por meio da técnica da digressão e da autocrítica paradoxal do narrador onisciente, característico da posição narrativa na depressão:

> A digressão é um artifício deliberadamente utilizado no *Tristam Shandy* para desviar o foco de interesse, dos sucessos em si para a maneira com que são narrados. E esse desvio faz com que a luz incida mais no narrador que nos personagens, num lance típico daquela técnica do narrador "intruso" ou "dramatizado".[156]

Essas estratégias narrativas aproximam duas perspectivas que, no limite, seriam incompatíveis: de um lado, o ponto de vista do sujeito realizado por uma posição específica inserida em um lugar particular de enunciação da verdade; do outro, o saber total, a onisciência, representada pela perspectiva do ponto de vista da totalidade da realidade.[157] A solução para a tensão entre o sujeito particular e o sujeito universal – ou, em topologia lacaniana, para a relação entre o ponto (vazio) e a linha – realiza-se por meio de estratégias de negação. Machado ironiza sua própria prática de escrita ao dizer: "Acresce que a gente grave achará no livro umas aparências de puro romance; ei-lo aí privado da es-

---

155. ASSIS, M. *A semana*. São Paulo: Jackson, 1895.
156. STERNE, L. *A vida e as opiniões do cavalheiro Tristam Shandy*, op. cit.
157. RODRIGUES, A. M. Forma e sentido nas Memórias póstumas de Brás Cubas. In: ASSIS, M. *Memórias póstumas de Brás Cubas*. São Paulo: Ateliê, 1998.

tima dos graves e do amor dos frívolos, que são as duas colunas máximas da opinião".[158]

Se Freud viveu entre 1856 e 1939 e Machado esteve entre os vivos entre 1839 e 1908, deduz-se que, entre 1856 e 1908, precisamente durante cinquenta e dois anos, ambos partilharam o reino dos viventes. Como teóricos da modernidade, ambos redigiram teorias sobre a melancolia. Para Freud, essa é uma espécie de luto patológico, por meio do qual a sombra do objeto perdido cai sobre o "eu", que se identifica com esse objeto, gerando uma dor moral e uma atitude de autocrítica interminável. A depressão é uma patologia intermediária entre o luto infinito e o luto normal. Ela pode se apresentar como fixação, suspenção ou adiamento do trabalho de luto. Se Freud convoca Virgílio para guiar sua aventura do mundo dos vivos ao mundo dos mortos, Machado conclama Virgília, a amante de Brás Cubas, para guiar sua aventura dos mortos aos vivos.

Para Machado, teria sido a ideia fixa de imortalidade que o teria levado a uma morte precoce. A ironia aqui é que, justamente por ambicionar demasiadamente os céus, por ambicionar a fama e a glória, ele mais rapidamente se move para os infernos: "Do emplastro anti-hipocondríaco destinado a aliviar a nossa melancólica humanidade", ou seja, "trazia comigo a ideia fixa dos doidos e dos fortes".[159] Como teóricos da negatividade, Machado de Assis e Freud abordam o sujeito com base na hipótese da divisão primária e da perda da experiência de si como unidade autoconsciente e autoconsistente. Ambos pensam o sujeito tragicamente divido entre suas aspirações desmedidas e o fracasso de suas realizações, apresentando vivamente o contraste entre as grandes idealizações e a realidade da inação depressiva.

---

158. ASSIS, M. *Memórias póstumas de Brás Cubas*, op. cit., p. 67.
159. Ibidem, pp. 75-79.

O principal deles foi o divino emplastro Brás Cubas, que morreu comigo, por causa da moléstia que eu apanhei. Divino emplastro, tu me darias o primeiro lugar entre os homens, acima da ciência e da riqueza, porque eras genuína e direta inspiração dos céus. O acaso determinou o contrário; e vós ficais eternamente hipocondríacos. Não alcancei a celebridade do emplastro, não fui ministro, não fui califa, não conheci o casamento [...]. Não tive filhos, não transmiti a nenhuma criatura o legado de nossa miséria.[160]

Fazendo novamente uso do trecho machadiando acima, ocorre que aqui aparece um primeiro déficit narcísico assumido pelo narrador machadiano. Sua condição impõe a produção *do que se foi* e *do que se é,* mas há *o que se será*. Esse narcisismo sem futuro faz parte da crítica de Machado à elite da época. Uma aristocracia incapaz de pensar seu próprio futuro, que não vê a crise abolicionista como um progresso e um obstáculo. O narrador machadiano é um mestre irônico. A paratopia imposta por sua condição mortuária não se transforma. Ele é um narrador sem esperança, o que não quer dizer, nesse caso, melancolia, mas desamparo (*Hilflosichkeit*). Isso é contrastado por sua inconstância diante do saber. Há uma copresença entre a subjetividade como ponto de vista particular e a onisciência, como saber total de um narrador atual, para o qual o passado narrado e os sentidos subentendidos estão sempre disponíveis. Assim como no inconsciente não há tempo, para Brás Cubas não há futuro. Um problema derivado dessa condição é o da perda da memória e do esquecimento. A divisão do sujeito, revelada pelas falhas da memória de um autor onisciente, é uma impossibilidade lógica.

Como tentei mostrar em *Mal-estar, sofrimento e sintoma*,[161] faltou ao Brasil um capítulo da história da loucura, se é que segui-

---

160. Ibidem, pp. 252-253.
161. DUNKER, C. I. L. *Mal-estar, sofrimento e sintoma*. São Paulo: Boitempo, 2015.

mos a narrativa foucaultiana.¹⁶² Enquanto os franceses tiveram Pinel (1745-1826), miticamente libertador de loucos, agora tomados como cidadãos, por aqui nossos primeiros asilos foram muito posteriores e tinham a função mais psiquiátrica. O nosso verdadeiro alienista não era médico, mas escritor. Percebe-se tal vocação quando ele tematiza, classicamente, a alienação da razão:

> A razão que voltava a casa e convidava a sandice a sair, clamando [...] — Não, senhora, replicou a razão [para a sandice], estou cansada de lhe ceder sótãos, cansada e experimentada, o que você quer é passar mansamente do sótão à sala de jantar, daí a de visitas e ao resto.¹⁶³

Machado também tinha sua teoria sobre o infantil. Se Freud entendia que a sexualidade das crianças era a matriz de nossa experiência de reconhecimento e que, uma vez recalcada, retornava em forma de fantasia nos sintomas e nas demais formações do inconsciente, Machado tinha uma perspectiva mais direta. O menino é pai do homem, e a loucura é um fracasso civilizatório. Isso surge em um dos momentos em que a escravidão aparece no livro, como recordação infantil da relação com o Juvêncio:

> "*Ai 'nhô-nhô!*", ao que eu retorquia: "*— Cala a boca besta*". Esconder chapéus das visitas, deitar rabos de papel a pessoas graves, puxar pelo rabicho das cabeleiras, dar beliscões nos braços das matronas, e outras muitas façanhas, eram mostras de um gênio dócil, mas devo crer que eram também expressões de um espírito robusto, porque meu pai tinha-me em grande admiração e, se às vezes me repreendia, à vista da gente, fazia-o por simples formalidade: em particular dava-me beijos.¹⁶⁴

---

162. FOUCAULT, M. *História da loucura*. São Paulo: Perspectiva, 1966.
163. ASSIS, M. *Memórias póstumas de Brás Cubas*, op. cit., p. 84.
164. Ibidem, p. 88.

Está aqui o clássico pai permissivo, que ensina uma moral dupla e de ocasião. A cumplicidade entre pai e filhos é um capítulo central da convergência entre Freud e Machado. Quando se trata de narrativas de sofrimento, o narcisismo, em sua face de complexo de exibicionismo, é uma espécie de saldo necessário de uma cultura que se percebe em déficit repressivo, que lamenta a ausência de uma subjetividade internalizada e de uma dinâmica de conflitos apropriada aos processos modernos de civilização e cultura. Temos aqui um bom exemplo de como a realidade da experiência se dissocia da verdade sobre sua enunciação. Dessa dissociação decorre o sentimento crônico de inautenticidade, de esvaziamento ou de sentir-se performando um personagem postiço que frequenta o discurso depressivo. A forma da lembrança carrega outro detalhe importante: a ausência de afetos. Não há culpa nem desejo de reparação, mas descrição de fatos.

Isso aparece também na relação de Brás Cubas com os estudos em Coimbra: "Era um acadêmico estroinha, superficial, tumultuário e petulante, dado a aventuras, fazendo romantismo prático e liberalismo teórico, vivendo na pura fé dos olhos pretos e das constituições escritas"[165].

Mas, se há de fato uma homologia funcional entre o sonho e a vigília e a morte e a vida, isso propõe como ponto de convergência entre Freud e Machado a experiência da morte como perda. Esse é um ponto alto do livro, um dos raros momentos em que o sofrimento narcísico de Brás Cubas dá luz ao sofrimento como perda real, ligada ao trabalho de luto. Isso acontece na cena da morte da mãe:

> Fiquei prostrado. E contudo era eu, neste tempo, um fiel compêndio de trivialidade e presunção. Jamais o problema da vida e da morte me oprimia o cérebro: nunca até este dia me debruçara sobre o abismo do inexplicável; faltava-me o essencial, que é o estímulo, a vertigem.[166]

---

165. Ibidem, p. 110.
166. Ibidem, p. 114.

Se em Freud a consciência perturba-se com o retorno do que ela sabe intolerável e inaceitável, em Machado há uma espécie de recalque bem-sucedido. Autoengano eficaz, por meio do qual a consciência consegue livrar-se da culpa com raras ocasiões emergentes para o sintoma. Há falsas razões, mas para Freud há ainda as falsas razões verdadeiras. Um momento agudo desse confronto entre a verdade e o real dá-se diante de Eugênia, a mulher coxa, mas por quem Cubas vem a nutrir sentimento amoroso:

> Se a borboleta preta fosse azul, eu não a teria matado [...]. Para ela teria sido melhor ter nascido azul. [...] Fiquei aliviado e fui dormir. Mas o sonho, que é uma fresta do espírito, deixou novamente entrar o bichinho, e aí fiquei eu a noite toda a cavar o mistério.[167]

Aqui o suporte do sonho é uma aproximação direta. Ao matar, despropositadamente, uma borboleta preta, ele se interroga, deslocadamente, ou seja, de forma ainda alienada, sobre por que teria recuado em sua inclinação por Eugênia. O conflito, pela primeira vez exposto e desenvolvido, invade o sonho. Chegamos, assim, à economia moral do sofrimento em Machado e em Freud. Depois de abandonar Eugênia,

> quatro ou cinco dias depois, saboreava este inefável e incoercível momento de gozo, que sucede a uma dor pungente, a uma preocupação, um incômodo [...]. Daqui, inferi eu que a vida é o mais engenhoso dos fenômenos, porque só aguça a fome, com o fim de deparar a ocasião de comer, e não inventou os calos, senão porque eles aperfeiçoam a felicidade terrestre. Em verdade vos digo que toda sabedoria humana não vale um par de botas.[168]

---

167. Ibidem, p. 123.
168. Ibidem, p. 130.

A elaboração da culpa e da perda como recuo e covardia diante do desejo prescreve freudianamente a emergência de um sintoma. Há uma espécie de metabolismo que torna o prazer e a satisfação, anestesiados ou transformados pela ligação com a angústia. Temos o sonho que é um equivalente; contudo, a acomodação narcísica de Brás Cubas é mais extensa que sua capacidade de subjetivar o conflito: "Quem escapa a um perigo ama a vida com outra intensidade"[169].

Freud teria tentado mostrar que o preço de tal acomodação acaba sendo alto e que, ao fim, esse processo, ainda que lento, é a gênese de um sintoma. Isso se torna explícito na confusão subsequente ao encontro com Marcela, um amor de juventude. Ele transporta as bexigas de um amor de infância, alucinatoriamente, para seu novo amor, Virgília:

> Virgília, seria Virgília aquela moça? Fitei-a muito, e a sensação foi tão penosa que recuei um passo e desviei a vista. Tornei a olhá-la. As bexigas tinham-lhe comido o rosto; a pele, ainda na véspera fina e rosada e pura, aparecia-me agora amarela, estigmada pelo mesmo flagelo, que devastara o rosto da espanhola. Os olhos que eram travessos, fizeram-se murchos, tinha o lábio triste e a atitude cansada. Não me enganava, eram as bexigas. Creio que fiz um gesto de repulsa. [...] Creio que isto é metafísica.[170]

Seguindo o roteiro freudiano, a formação de um novo sintoma passa, necessariamente, por uma retomada da fantasia. É o que vemos emergir com a teoria das janelas. Aqui não se pode deixar de evocar o papel que essas fendas e essas molduras exercem na estrutura da fantasia neurótica. Freud, aliás, estudou com a lembrança

---

169. Ibidem, p. 187.
170. Ibidem, p. 136.

infantil de Goethe:[171] lançar objetos pela janela poderia ser uma versão do desejo inconsciente de lançar seus irmãos, que vieram a lhe tomar o lugar especial junto à mãe, pelo mesmo caminho. Temos aqui um exemplo de luto originário, ou seja, a elaboração da perda do lugar de fala para os pais e a confrontação de que a chegada de um irmão é um indício de nossa insuficiência para o desejo parental. O luto do que imaginamos um dia ter sido é um dos movimentos mais importantes e predisponentes para processos depressivos mais crônicos.

Muitos melancólicos amparam-se na narrativa infinita de não terem sido suficientemente amados ou desejados em sua chegada ao mundo. Em todos esses casos, há uma fantasia organizando nossa resposta. Uma fantasia que é nossa resposta a uma janela ou porta que se fecha na vida, nossa maneira particular de lidar com a indisponibilidade (*Versagung*) do objeto, que causa e desloca nosso desejo: "Assim eu, Brás Cubas, descobri uma lei sublime, a lei da equivalência das janelas, e estabeleci que o modo de compensar uma janela fechada é abrir outra, a fim de que a moral possa arejar continuamente a consciência".[172]

Poucos se atentaram para o fato de que Machado, nosso alienista, tenha trazido em *Memórias póstumas de Brás Cubas* uma versão literária do *Tratado médico filosófico da mania*, de Philippe Pinel, publicado em 1809. Uma evolução tão clara e ordenada dos temas ligados à loucura é coroada pela sucessão entre o episódio sobre a alucinação e a aparição direta *"in praesentia"* de um doido: "Eu sou o ilustre Tamerlão, dizia ele. Outrora fui Romualdo, mas adoeci, e tomei tanto tártaro, tanto tártaro, tanto tártaro, que fiquei Tártaro, e até rei dos Tártaros. O tártaro tem a virtude de fazer Tártaros".[173]

A cura por identificação é o que caracteriza, para Freud, a

---

171. FREUD, S. Una recordación infantil de Dichtung und Wahrheit de Goethe. In: *Obras completas*, op. cit., v. XII.

172. ASSIS, M. *Memórias póstumas de Brás Cubas*, op. cit., p. 142.

173. Ibidem, p. 170.

psicoterapia por sugestão ou influência. A psicanálise nasce porque a influência e a autoridade para mantê-la ao longo do tempo mostram-se precárias, e seus efeitos, insuficientes. Ademais, ela depende de um personalismo que Freud não está propenso a admitir como condição de método. Contudo, o episódio do tártaro é um exemplo didático de que a identificação opera em relação ao significante, como argumentava Lacan, não pela primazia do significado. A substância química "tártaro" (ácido tartárico) não tem nenhuma relação semântica com o povo "tártaro", habitante das planícies centrais da Rússia. No entanto, o doido de Machado procede exatamente pelo tipo de confusão, baseada no fracasso do funcionamento metafórico, tal qual descrito por Lacan em seu texto clássico sobre o assunto.[174]

O terceiro capítulo da psicopatologia machadiana é naturalmente representado pelas perturbações da memória. Tal qual é demonstrado em "Psicopatologia da vida cotidiana",[175] lapsos e esquecimentos são apenas efeitos de nossos desejos de esquecer. Em muitos casos, esse esquecimento possui uma estrutura irônica, por exemplo, diante daquele que leva uma vida sacrificada e comedida, com o interesse de ser reconhecido e lembrado pela observância das leis, podemos responder justamente com um lapso de lembrança, que retém a nobreza de seus atos, mas apaga o gozo narcísico de seu autor: "Digo apenas que o homem mais probo que conheci em minha vida foi um certo Jacó Medeiros ou Jacó Valadares, não me recordo bem o nome. [...] Ah, lembra-me agora: chamava-se Jacó Tavares".[176]

Ou seja, todo o esforço de uma vida feita para gerar lembrança e reconhecimento em seus pares, todos os esforços de Jacó, é negado pelo esquecimento daquele que, de certa forma, comporta-se

---

174. LACAN, J. Questão preliminar a todo tratamento possível das psicoses. In: *Escritos*. Rio de Janeiro: Jorge Zahar, 1998.

175. FREUD, S. Psicopatologia da vida cotidiana. In: *Obras completas*, op. cit., v. VI.

176. ASSIS, M. *Memórias póstumas de Brás Cubas*, op. cit., p. 189.

como anti-Jacó, sem pretensões de honra ou glória para além de seus benefícios imediatos, no reino dos vivos. É essa indiferença moral que ele imediatamente percebe em Virgília, no episódio da carta anônima:

> Ouvi tudo um pouco turbado não pelo acréscimo de dissimulação que era preciso empregar de ora em diante, até afastar-me inteiramente da casa do Lobo Neves, mas pela tranquilidade moral de Virgília, pela falta de comoção, de susto, de saudades e até de remorsos.[177]

Uma das definições mais simples e até hoje mais práticas em termos clínicos para a neurose é a que a descreve como incapacidade ou excesso de restrições ou condições impostas à capacidade de amar. Ao contrário de "Delírio e sonho na Gradiva de Jensen",[178] no qual Norbert Hanold apaixona-se por um afresco romano, que é na verdade sua vizinha de infância, Zoe Bertgang, ainda que deformada e não reconhecida, Virgília é incapaz de despertar em Brás Cubas a mesma capacidade de amor. Se o delírio é uma tentativa de cura, por isso o amor tem uma estrutura delirante, na hora da verdade o que aparece é um fracasso da experiência amorosa, reduzida a seu realismo incurável:

> Nem então nem ainda agora cheguei a discernir o que experimentei. Era medo e não era medo, era dó e não era dó, era vaidade e não era vaidade, enfim, era amor sem amor, isto é, *sem delírio*, e tudo isso dava uma combinação assaz complexa e vaga, uma coisa que não poderia entender, como eu não entendi.[179]

A alienação mostra-se, assim, a consequência lógica do pacto moral de conveniência, com o qual Brás Cubas se depara no capítu-

---

177. Ibidem, p. 200.
178. FREUD, S. Delírio e sueño en la Gradiva de Jensen. In: *Obras completas*, op. cit. v. IX.
179. ASSIS, M. *Memórias póstumas de Brás Cubas*, op. cit., p. 209.

lo anterior. Vê-se, assim, como Machado percorre diferentes narrativas de sofrimento ao longo de seu personagem melancólico. Ele começa em uma posição de perda da experiência, posto que morto e defunto, ainda que dividido e excêntrico a si, como cabe ao sujeito para a psicanálise. A consecução da narrativa tem como propósito justamente a recuperação da vida que é agora perdida. A formação de um conjunto de enunciados para uma enunciação impossível. Por isso, o livro tem estrutura de luto.

No entanto, é um luto que se vê substituído por artimanhas narcísicas. Ele começa pela apresentação de uma espécie de pacto social mal elaborado. Uma criação centrada na imagem de si, mais que no conflito real com o objeto. Segue-se um momento de catástrofe, a morte da mãe, e uma retomada, ainda que breve, da questão do desejo. Aqui o livro encaminha as decisões amorosas de Cubas. Para isso, passa pela narrativa do objeto intrusivo. A borboleta que está a mais, bexigas que aparecem fora de hora, a escolha de Virgília como amante. Sobrevém, então, o momento da alienação progressiva. O autoengano forçado e a retomada das razões narcísicas.

A última e mais interessante narrativa de sofrimento retoma a posição de início. Trata-se agora da dissolução de seus laços com a vida terrena. O abandono de suas ilusões de imortalidade atribuída à descoberta de um emplastro que curaria a hipocondria. O ponto de passagem de um sistema imaginário de ilusões para a realidade simbólica dessas mesmas ilusões. Neste, para Freud, o sonho é o ponto essencial de passagem para o que há de real em nossos desejos alucinados. Brás Cubas pertence a esse mundo, porque, se pudesse saber e reconhecer os impasses da própria vida, ele não seria mais Brás Cubas.

Fato é que a narrativa de *Memórias póstumas de Brás Cubas* apresenta de forma clara e contundente as quatro estratégias fundamentais de apresentação do sofrimento depressivo. Há, por toda parte, violação do pacto. Pacto entre brancos e negros, entre europeus e brasileiros, entre a aparência e a essência, mas principalmente o pacto que vige a relação entre narrador e narratário.

Em segundo lugar, há presença constante de objetos intrusivos, como a borboleta negra, as bexigas, o almocreve. Objetos que voltam em sonhos e pesadelos em esboços de autorrecriminação e escrupulosidade moral.

Em terceiro lugar, somos apresentados aos movimentos regrados da dissolução da unidade simbólica do espírito, basicamente esse é o tema crucial da ausência relativa de seus laços de pertencimento: a perda da mãe, a má-educação dispensada pelo pai, os maus costumes políticos, mas principalmente a decomposição do morto que fala de um lugar de autodegradação.

O quarto tópico, e talvez mais elaborado do trabalho, é o sofrimento por alienação. Aqui se encontram as passagens nas quais o texto nos provoca com a incapacidade de Brás Cubas em reconhecer-se no outro, em convencer-se com racionalizações vazias, em enganar-se com subterfúgios, ou seja, por toda parte negar certo compromisso entre suas palavras e seus desejos. Brás Cubas não consegue realizar a operação mais elementar e que lhe seria facilitada pela posição de recuo mortuário: autoavaliação e transformação de si.

Por isso, encontramos o desenvolvimento articulado e quase metódico de narrativas de sofrimento, mas sem o efeito clássico que delas é esperado: a transformação do narrador. Este narrador intermitente, que se comporta como um personagem entre outros,[180] com motivos e intenções pouco estimáveis, mas cuja característica central é fazer a função de tampão ou inibição para os conflitos. O sofrimento torna-se, assim, um sofrimento descrito e não narrado, no sentido do narrador benjaminiano. O livro contém inúmeras vivências de sofrimento (*Erlebnis*), mas nenhuma experiência de sofrimento (*Erfahrung*). O narrador volúvel, que desdiz e descumpre as regras que acaba de enunciar, que retrata de forma cínica e frívola uma época normalizada, que usa uma terminologia

---

180. SCHWARZ, R. (2020) *Seja como for*. São Paulo: Duas Cidades - Editora 34, p. 159.

europeia sem síntese com os modos de vida locais, que naturaliza as contradições sociais e que interioriza o conflito como forma de evitar sua subjetivação, [181] é principalmente um narrador cujo sofrimento não traz transformação nem de si, nem do mundo, nem agora, nem no futuro.

Falta ao narrador o que falta aos analisantes que falam da vida em estado de desimplicação, que relatam a miséria do mundo sem exatamente se questionarem sobre a parte que lhes cabe. A depressão de Brás Cubas padece de um excesso de experiências improdutivas de determinação. Ele recupera os laços causais de sua vida irrelevante, mas isso não o move a outro lugar. Daí a genialidade de Machado de Assis: por assim construir sua personagem, ele nos inquieta para acrescentar ao livro aquilo que lhe falta.

---

181. SCHWARZ, R. *Um mestre na periferia do capitalismo:* Machado de Assis. São Paulo: Duas Cidades, 1998.

13
ÚLTIMAS ETERNAS PALAVRAS

Sócrates havia ingerido cicuta e sentia os primeiros sintomas de adormecimento pelo corpo. Os discípulos a seu lado esperavam as últimas palavras do velho sábio. A ideia de que a vida é uma história, porque depende de como a contamos, de como será recontada pelos que nos sobrevivem, assim as mensagens que nos antecederam sempre acentuaram o valor do último capítulo. A morte solitária, particularmente a morte violenta, era um pesadelo para os antigos porque, nesse caso, perdiam-se também as últimas palavras. Daí a mítica de que aquele que é colhido pelo acidente deixa uma espécie de dívida em aberto, que o poderá fazer voltar como fantasma. No cerimonial da grande morte, que vigorou até o século XVIII e que antecedeu seu silenciamento em hospitais, cercada de invisibilidade e vergonha, alguém prestes a morrer reunia seus entes queridos, fazia declarações públicas e, sobretudo, meditava a céu aberto sobre o que teria sido sua existência. Foi, portanto, com relativa ironia e não sem algum constrangimento que os alunos de Sócrates ouviram de seu mestre que eles não deveriam esquecer que "deviam um galo a Asclépio". A formulação é irônica, porque Asclépio é o pai mítico da medicina grega, senhor dos remédios e da cura e que naquela hora não poderia mais salvar o inventor da filosofia. Se devemos um galo a Asclépio, é porque ele merece o sacrifício e o agradecimento por seu invento primeiro e maior: o *phármakon*, termo que significa, em grego, simultaneamente "veneno que mata" e "palavra que salva".

O suicídio de Sócrates deu margem a muitas interpretações que são, ao mesmo tempo, novos envios de uma carta cujo sentido bem poderia ser o sentido da filosofia. Para o bem ou para o mal, reencontramos essa dimensão trágica em todo suicídio. Ele deixa uma espécie de mensagem tão aberta e tão fechada que permanece como tarefa para os que ficam. Como todo luto, essa mensagem começa como uma espécie de testemunho de um acontecimento inacreditável: alguém que tira a própria vida parece ofender não apenas uma crença específica, na soberania da vida, na relevância da existência, mas o próprio princípio mesmo da crença. Isso explicaria por que a maior parte das religiões condena impiedosamente o suicídio. Mas explicaria também por que, comparativamente, ateus suicidam-se menos que crentes.

Quando perdemos alguém, sentimos que não conseguimos amá-lo suficientemente. Caso contrário, ele não teria ido embora. O lado soturno, nem sempre tão perceptível para aquele que vive o luto, é que se ele se foi é porque não nos amava tanto assim. Culpa por tê-lo deixado ir e raiva porque nos deixou, par de afetos em torno do qual circula uma pergunta sobre a realidade e o sentido da perda. No caso do suicídio, o processo se torna mais agudo, o convívio entre remorso e ódio é mais agudo.

Alguns indígenas brasileiros acreditam que os mortos têm inveja dos vivos. Esse efeito de sucção ou de atração para o mundo dos mortos é semelhante ao medo ocidental de fantasmas e espíritos que viriam nos buscar. Ao deliberadamente escolher ir embora, aquele que tira a própria vida cria uma espécie de paradoxo, pois, indo sem ser "forçado", ele fica e permanece como mensagem permanente. Como disse Torquato Neto (1944-1972) em sua poesia de despedida:

> De modo que fico
> sossegado por aqui mesmo
> enquanto dure. [182]

---

182. Torquato Pereira de Araújo Neto, "Fico".

Se os vivos em geral lutam para ficar, mas acabam indo, o poeta decide ficar, deixando uma carta de permanência. Como o psicanalista que encerra a sessão dizendo "ficamos por aqui" e deixa o paciente na dúvida se é para ir ou para ficar, o autor diz que fica, em suas palavras, ao mesmo tempo que diz que vai, em seu ato.

Cartas de despedidas podem ser divididas em dois grupos: aquelas que acusam, denunciam ou endereçam o ato suicida a algo ou alguém, e aquelas que perdoam, absolvem ou agradecem os mais próximos. Neste segundo caso, está a mensagem deixada por Virginia Woolf (1882-1941) para seu marido:

> Tenho a certeza de que estou novamente enlouquecendo: sinto que não posso suportar outro desses terríveis períodos. E desta vez não me restabelecerei. Estou começando a ouvir vozes e não consigo me concentrar. Por isso vou fazer o que me parece ser o melhor. Deste-me a maior felicidade possível. Fostes em todos os sentidos tudo o que qualquer pessoa podia ser. Não creio que duas pessoas pudessem ter sido mais felizes até surgir esta terrível doença. [...] Se alguém me pudesse ter salvo, esse alguém terias sido tu. Perdi tudo, menos a certeza da tua bondade. Não posso continuar a estragar a tua vida. Não creio que duas pessoas pudessem ter sido mais felizes do que nós fomos. [183]

Quando alguém se vai, é sempre uma perda da nossa capacidade de mantê-lo entre nós e, ao mesmo tempo, uma traição. Ainda que saibamos, cognitivamente, dessa limitação, que possamos atribuí-la à enfermidade, à insuficiência médica, ao envelhecimento, aos acidentes da existência, a morte de alguém sempre evoca esse primeiro momento de culpa e de fracasso.

---

183. CONTI OUTRA. *A carta de suicídio que Virginia Woolf deixou para seu marido*. Disponível em: <https://www.contioutra.com/a-carta-de-suicidio-que-virginia-woolf-deixou-para-seu-marido/>. Acesso em: out. 2020.

Com frequência esse fracasso é antecipado pelo que vai aos que ficam. O ato de se matar é um ato trágico, porque é uma individualização do destino. Uma individualização que pode ser sentida tanto como excessiva quanto como deficitária. Retenhamos o grão de verdade contido na leitura ordinária do ato suicida, extrema covardia ou coragem radical? Coragem para separar-se da existência coletiva, o que explica o repúdio das instituições sociais contra ele, mas também covardia por realizar a derrota e o fracasso, como vemos na carta deixada por Kurt Cobain (1967-1994):

> Eu não posso suportar a ideia de Frances se tornar uma triste, autodestrutiva e mortal roqueira, como eu. Eu tive muito, muito mesmo, e sou grato por isso, mas, desde os sete anos, passei a ter ódio de todos os humanos em geral. Apenas porque parece tão fácil para as pessoas que têm empatia se darem bem. Apenas porque eu amo e lamento demais pelas pessoas, eu acho. Obrigado do fundo do meu ardente e nauseado estômago por suas cartas e preocupação nestes últimos anos. Eu sou um bebê errático e triste! Eu não tenho mais a paixão, e por isso, lembre-se, é melhor queimar de vez do que se apagar aos poucos. Paz, amor, empatia.[184]

A perda da intensidade na vida, a tristeza e o desalento são sentimentos comuns nas cartas dos que nos fazem ler o suicídio como um ato de desistência. Para o autor de "Smells Like Teen Spirit", o suicídio se acompanha de amor e agradecimento, mas também de ódio a todos e intolerância com a repetição de seu destino em seu filho. Um suicídio que evoca certa noção de desperdício e egoísmo, traído pela repetição da palavra "empatia". Os outros, o público,

---

184. ASTUTO, B. Carta de suicídio de Kurt Cobain, na íntegra e com grafia original, vira camiseta sucesso de vendas. *Época*, 15 out. 2015. Disponível em: <https://epoca.globo.com/colunas-e-blogs/bruno-astuto/noticia/2015/01/carta-de-suicidio-debkurt-cobainb-na-integra-e-com-grafia-original-vira-camiseta-sucesso-de-vendas.html>. Acesso em: out. 2020.

as multidões, os fãs estão aí, mas não causam a mesma experiência ardente. É essa perda da presença do outro que cria a impressão de individualização, que, aliás, é um dos sinais mais conspícuos de risco para suicídio: isolamento. Comparemos com o suicídio ritual dos anciões japoneses, retratado em *A balada de Narayama*[185] (Shohei Imamura, 1926-2006), diante do qual sentimos respeito e admiração pela coragem de concluir uma vida bem realizada, em seus próprios termos, uma vida para a qual tornar-se um peso para os outros seria uma traição. É esta a mensagem deixada pelo milionário George Eastman (1854-1932), inventor do filme fotográfico: *Meu trabalho está concluído. Por que esperar?* Quando a vida se torna uma obra, ela pode também ser concluída, no contexto do trato entre viventes, como se vê na carta de Van Gogh a seu irmão Theo:

> Num momento em que as coisas estão muito tensas entre *marchands* de quadros de artistas mortos e de artistas vivos. Pois bem, em meu próprio trabalho, arrisco a vida, e nele minha razão arruinou-se em parte – bom –, mas pelo quanto eu saiba você não está entre os mercadores de homens, e você pode tomar partido, eu acho, agindo realmente com humanidade, mas, o que é que você quer?[186]

Quando alguém se mata, escrevendo ou não uma carta de despedida, deixa para sempre aberta a pergunta: por quê? Aprendemos na clínica que essa pergunta é geralmente a busca por alocar em algo ou alguém a culpa. Responder a isso muito rapidamente torna-se uma maneira de afastar a culpa e de redirecionar a raiva. Impedir-se de deixar essa pergunta trabalhar ou confiar demais na resposta abre um espaço perigoso para que aquilo se repita. Sabe-se que famílias em que acontece um suicídio tornam-se mais vulneráveis para ou-

---

185. A BALADA de Narayama. Direção: Keisuke Kinoshita.
186. L&PM BLOG. *As últimas palavras de Van Gogh*. Disponível em: <http://www.lpm-blog.com.br/?p=24724>. Acesso em: out. 2020.

tros casos. É possível que isso ocorra porque nos momentos agudos, que toda vida comporta, particularmente na adolescência, quando essa questão torna-se incontornável, ou toda vez que decidimos entrar no mundo ou não, a solução ancestral se tornará disponível, como a confirmar uma filiação pelo gesto de dizer, mais uma vez, não.

Vê-se, assim, que o suicídio é um assunto de palavras. Palavras não ditas. Palavras por dizer. Palavras que não encontraram destinatário ou alguém que as compartilhasse, mas também palavras apressadas, feitas para manter o silêncio. Até hoje, as principais estratégias para prevenir o suicídio baseiam-se em disponibilidade imediata para escuta e indisponibilidade de meios para execução. Um estudo comparativo entre diferentes iniciativas para redução de suicídio concluiu que as mais eficazes não eram medicação, psicoterapia, grupos de apoio ou telefones de plantão, mas instruir porteiros e guardas que tomam conta de prédios e lugares públicos. Como escreveu Marilyn Monroe (1926-1962): "Quero pôr fim à minha vida, mas como? Sempre existem pontes. Mas teria de ser uma realmente feia. E a verdade é que eu nunca vi uma ponte que me parecesse feia o suficiente".[187]

Isso se relaciona a uma dificuldade muito mais grave. É simples levantar e confirmar perfis de risco para suicídio: depressão, bipolaridade, consumo de substâncias psicoativas legais e ilegais, tentativas anteriores, personalidade impulsiva, falta de tratamento, isolamento social etc. Depois do ocorrido, facilmente remetemos o acontecimento a suas causas, mas os pesquisadores se interrogam por que, então, não conseguimos prever os casos individuais. Ocorre que causas não são razões e razões não são motivos. O fotógrafo Kevin Carter (1960-1994), que foi submetido ao escrutínio mundial ao tirar a foto de uma criança prestes a ser devorada por um abutre (em vez de salvar criança), enfatiza os motivos para se matar:

---

187. MCNEIL, L.; DOWD, K. E. Read Marilyn Monroe's Harrowing Letter Going Up for Auction Detailing Her Sanitarium Stay: It 'Had a Very Bad Effect' on Her. *People*, maio 2016. Disponível em: <https://people.com/movies/marilyn-monroes-harrowing-letter-detailing-her-sanitarium-stay/>. Acesso em: out. 2020.

> Estou deprimido, sem telefone, sem dinheiro para o aluguel, sem dinheiro para a manutenção dos filhos, para as dívidas. Dinheiro! Estou atormentado pelas lembranças vividas dos assassinatos e dos cadáveres da ira e da dor... Das crianças feridas e que morrem de fome, dos loucos do gatilho leve, com frequência da polícia, dos assassinos e verdugos.[188]

Se nesse caso a culpa é soberana, no caso do intelectual e dissidente cubano, Reinaldo Arenas (1943-1990), as razões políticas são o que o levam ao ato:

> Só há um responsável: Fidel Castro. Os sofrimentos do exílio, as penas do desterro, a solidão e as enfermidades que eu contraí no desterro seguramente não haveria sofrido se houvesse vivido livre em meu país. Ao povo cubano, tanto em exílio quanto na ilha, o exorto a que siga lutando pela liberdade. Minha mensagem não é de derrota, senão de luta e esperança.[189]

Assim como a culpa pode ser um motivo para a punição, ou autopunição, as razões pedem por responsáveis. A primeira demanda vingança enquanto a segunda pede por justiça. Dizemos que o primeiro foi movido pelo desespero, assim como o segundo encontrou uma razão para seu ato na denúncia política. Comparemos, agora, essas duas atitudes com a *implicação* que percebemos na carta poética deixada por Sylvia Plath (1932-1963):

> A mulher está perfeita.
> Seu corpo

---

188. JN (JORNAL DE NOTÍCIAS). *Criança sobreviveu ao abutre, fotógrafo sucumbiu à dor*, fev. 2011. Disponível em: <https://www.jn.pt/media/interior/crianca-sobreviveu-ao-abutre-fotografo-sucumbiu-a-dor-1789058.html>. Acesso em: out. 2020.

189. CARVALHO, B. A risada trágica de um cubano. *Folha de S.Paulo*. Disponível em: <https://www1.folha.uol.com.br/fsp/1995/9/10/mais!/20.html>. Acesso em: out. 2020.

> Morto enverga o sorriso de completude,
> A ilusão de necessidade.[190]

Aqui não há pedido nem acusação, apenas colocação de uma imagem que funciona com causa ausente do ato. Em *A redoma de vidro*,[191] ela narra em detalhes sua luta contra a depressão, a forma como o mundo se fecha em uma espécie de túnel, os pensamentos se encolhem em um círculo cada vez menor, a impossibilidade de dar início a qualquer coisa, a anestesia e a indiferença diante de tudo.

O suicídio é uma patologia social por excelência. Por isso ele é covariante com processos sociais de individualização, com sentimentos sociais como a solidão e o tédio, bem como sofrimentos derivados da lógica do reconhecimento, como a depressão, o apego e o desamparo. Não é por acaso que ele tenha sido objeto de estudo dos três fundadores da sociologia.

Em seu ensaio de 1846, baseado nos relatos do oficial de polícia Jacques Peuchet, Marx (1818-1883) faz um estudo sobre as vidas "no deserto" e em estado de luta de "todos contra todos" em que "em temporadas de encarecimento dos meios de vida e de invernos rigorosos, esse sintoma [o suicídio] é sempre mais evidente e assume um caráter epidêmico". Portanto, quando Lacan diz que foi Marx, e não Hipócrates ou Bichat, quem inventou o sintoma, essa afirmação pode se endereçar ao suicídio. A miséria, o patriarcado, a família, bem como os amores traídos e as falsas amizades são elementos da série causal do suicídio. Uma jovem que passa a noite com seu noivo antes do casamento, e é escorraçada pelos pais no dia seguinte, mata-se de vergonha. Outra linda jovem afastada

---

190. CULT. *Relacionamento abusivo vivido por Sylvia Plath é revelado em cartas inéditas*, 12 abr. 2017. Disponível em: <https://revistacult.uol.com.br/home/relacionamento-abusivo-de-sylvia-plath/>. Acesso em: out. 2020.

191. PLATH, S. *A redoma de vidro*. Trad. Chico Mattoso. 2. ed. São Paulo: Biblioteca Azul, 2019.

do convívio social por seu marido mata-se como revolta por sentir-se propriedade privada. Uma mulher grávida tira a própria vida quando não consegue realizar o aborto, assim como um homem desempregado tomado pelo desespero. A análise de Marx mostra como a comunidade é uma proteção natural contra o suicídio sendo o isolamento ou a perda desse laço um fator de indução do suicídio. Tal fato, que seria corroborado pela ascensão súbita do suicídio nos países do leste europeu depois da queda do muro de Berlim em 1989 e por situações em que a dissolução da unidade simbólica à qual se pertence, família ou comunidade, nação, língua, ou comunidade de destino, parece induzir ao ato suicida.

Em 1897, mesmo ano da aparição da psicanálise, Durkheim (1858-1917) examina o suicídio ligando-o tanto ao excesso ou à falta de integração social (relação com os outros) quanto à regulação social (relação com a lei). O suicídio egoísta e o altruísta são casos do primeiro tipo. O suicídio anômico ou o fatalista são exemplos do segundo. A diagnóstica do autor de *As regras do método sociológico*[192] permite opor suicídios narcísicos ou paranoides, em que vigora a alienação ao reconhecimento do Outro e o excesso de sentido, a suicídios dissociativos ou esquizoides, prevalecendo a falta de sentido. Pessoas se matam tanto pelo excesso como pela falta de sentido. Por isso taxas de suicídio oscilam tanto em ondas covariantes com crises como em longos platôs de estabilidade social. A tese é consistente com o fato de que, nos últimos quarenta anos, taxas de suicídio cresceram sem trégua ou oscilação, período no qual o neoliberalismo desenvolveu um modelo econômico baseado em crises permanentes.

Max Weber (1864-1920), o terceiro grande fundador da sociologia também teceu comentários sobre o suicídio. Em seu parecer negativo ao artigo de Otto Gross (1877-1920), discípulo de Freud, interessado na emancipação sexual, ele adverte que a convivência

---

192. DURKHEIM, É. *As regras do método sociológico*. Petrópolis: Vozes, 2019.

conflituosa entre a *ética heroica*, convocada em momentos agudos da existência, e a *ética média*, necessária para responder às demandas cotidianas, pode interferir na determinação social do suicídio. Para Weber, Gross estava traduzindo, rápido demais, descobertas da ética da ciência psicanalítica, atinentes a como *as coisas são*, para políticas dos costumes, própria da ética da convicção ou de como as coisas *deveriam ser*. Em carta à sua esposa, Weber sugere que o isolamento de uma comunidade, como a do Monte Verità, da qual Gross e sua esposa Frieda participaram, onde vigora disciplina ascética combinada com liberdade sexual, poderia elevar o risco de suicídio. Independentemente da pertinência de tais observações, elas enfocam o suicídio sob uma quarta perspectiva, nem falta ou excesso de sentido, nem perda de unidade simbólica, mas como fracasso na reformulação do pacto social e decepção com a realização de ideais.

Como se vê pelos estudos clássicos, vários são os caminhos e tantas são as formas pelas quais alguém coloca fim em sua própria vida, de maneira sempre tão única. Mesmo assim o assunto costuma ser abordado com números. Mais de 800 mil pessoas morrem por suicídio anualmente. Mais do que todas as vítimas de conflitos armados somadas no mundo.[193] Crescimento de 40% nos últimos cinquenta anos. Segunda causa de morte entre pessoas entre 15 e 29 anos de idade. Um suicídio a cada quarenta segundos. Crescimento de 29,5% entre 1980 e 2006[194] no Brasil, com destaque para a população de mais de 70 anos e para os jovens entre 15 e 24 anos. Aumento de 9,3% na região sul do país. Expansão constante entre indígenas da etnia Guarani, no Mato Grosso, em decorrência da privação de laços e marcos de ancestralidades. O suicídio afeta mais

---

193. ORGANIZAÇÃO MUNDIAL DE SAÚDE (OMS). *Prevenção do suicídio:* um recurso para conselheiros. Genebra, 2006. Disponível em: <https://www.who.int/mental_health/media/counsellors_portuguese.pdf >. Acesso em: nov. 2020.

194. LOVISI, G. M. et al. Análise epidemiológica do suicídio no Brasil entre 1980 e 2006. *Revista Brasileira de Psiquiatria*, v. 31, out. 2009.

jovens mulheres de baixa renda, em ambiente rural. Homens preferem armas de fogo, mulheres envenenamento por pesticida. Os dados assim, erraticamente compostos, apenas confirmam as observações dos clássicos.

A Organização Mundial da Saúde (OMS) e a Organização Pan-americana da Saúde (OPAS), os dois principais órgãos de saúde no mundo, elegeram o suicídio como uma de suas prioridades. Falar em epidemia mundial de suicídio, porém, é impreciso. Epidemia implica aumento de casos segundo uma regra de contágio ou etiologia comum. Aumento da prevalência ou da incidência nem sempre significa epidemia. Contudo, o próprio uso da palavra nos informa sobre a percepção social de que estamos "pegando" a impulsão ao suicídio uns dos outros: ou seja, de que ele menos do que uma doença é um fato social. A proximidade com eventos de suicídio, seja na família, na escola ou no trabalho, pode aliciar a ideação suicida. Também o suicídio próximo pode ser o modelo que precipita o gesto impulsivo, determinando, por exemplo, um suicídio sem sinais precedentes. O desafio representado pelo suicídio expõe nossa incapacidade atual de pensar causalidades complexas e singulares.

Essa dificuldade manifesta-se na forma como lidamos discursivamente, na imprensa e no espaço público, com o suicídio. Depois de anos tratado como tema proibido, a OMS sugere que se evite expressões como "epidemia de suicídio" ou "suicídio bem-sucedido", assim como "evitar teses que explicam o comportamento suicida como uma resposta a mudanças culturais ou degradação social". Na mesma direção recomenda-se evitar fotografias e descrições detalhadas, especialmente do método utilizado. A ênfase deve ser posta no luto e no sofrimento decorrente para a família ou para a comunidade. A recomendação que mais chama atenção, contudo, é de que não se deve insistir no discurso da culpa ou nas interpretações religiosas do suicídio. Essas recomendações denunciam algumas hipóteses latentes: contagioso e imprevisível, conexo a conflitos sociais e responsivo a intensificação de emoções coletivas.

Poderíamos reunir essas condições em um paradigma clássico para tramitação social da angústia: a tragédia. Diante de um suicídio, este é provavelmente o primeiro adjetivo convocado: ato trágico, acontecimento ético e estético que nos silencia. Lembremos que o modelo grego da tragédia requeria a encenação pública de narrativas, geralmente de origem mítica. Nessas encenações, segundo Aristóteles, iria ser realizada uma *catharsis* dos afetos retidos, de tal maneira que o público, ao experimentar em si a piedade e o temor, vividos particularmente pelo protagonista, poderia purificar a cidade (*polis*) desse elemento impuro. Daí que toda tragédia fosse composta por um ato de ultrapassamento (*hubris*), ato pelo qual o herói vai além de sua medida (*metron*) ou do limite de seu destino (*ate*). A condição exemplar para a boa realização da função social da tragédia reside no fato de que ela é uma reprodução (*mimese*), capaz de representar conflitos, como, por exemplo, a lei formulada pelos homens (*nomos*) e a lei ancestral figurada pelos deuses (*dikê*). Talvez tenha sido por isso que Freud deslocou o termo *catharsis* para designar o método que antecedeu o surgimento da psicanálise, mas que manteve no horizonte os seus fins, o *método catártico*. Talvez as recomendações da OMS sobre o suicídio traduzam procedimentos para evitar o contágio catártico. Questão que convoca a pergunta: por que viver? Pergunta que demanda meditação e reflexão. Pergunta que está historicamente ligada à emergência da adolescência, desde o movimento romântico Trovão e Tempestade (*Sturm und Drang*) até a juventude transviada, no cinema americano e na revolução cultural de 1968. A liberdade como tarefa nos leva ao dilema dos *Millennials*, oprimidos pelo imperativo ético de felicidade e adequação.

O caráter transformativo e terapêutico da tragédia consiste na eficácia de sua estrutura de ficção, capaz de criar alguma distância imaginária e certa exterioridade simbólica com relação à presença do Real do qual o suicídio é uma das figuras. Disso se depreende porque a divulgação dos atos suicidas deveria ser desinvestida, ao máximo, de seus recursos estetizantes. Nenhuma sensação induzida, aceleradora ou intensificadora. Nenhum enquadre heroico ou culposo, nenhum efeito retórico de persuasão, nenhuma mensagem, nem de excepcionalidade, nem de fracasso deve ser incentivada. Mas, agindo assim, tentando deflacionar qualquer estetização da violência e da transgressão potencialmente contida no ato, não estaríamos agindo de maneira semelhante àquela que nos faz viver a morte como um processo silencioso, invisível e acolhido com vergonha dentro dos hospitais? Fato que sabidamente torna nosso luto, enquanto processo psíquico e social, mais lento e mais difícil.

A assepsia estética do suicídio, recomendada pela OMS, contrasta com o valor que as cartas de suicidas revelam, seja no sentido da perpetuação de uma mensagem ética, seja na busca de uma compensação estética para o ato. Se a tragédia é a forma que encontramos para abordar essa experiência radical de indeterminação e liberdade, compreende-se por que o discurso espontâneo sobre a matéria nos convoca a pensar, imediatamente, em culpa e causalidade. Surgem, assim, perfis e grupos de risco compostos por traços como: depressão, presença de ideação suicida, tentativas anteriores, comportamentos de risco (como consumo de álcool e drogas), automutilação, situação de iminência de morte ou sofrimento extremo. Como se, ao modo de uma verdadeira doença, pudéssemos nos proteger, com a detecção de traços, intervindo no processo de modo a impedir a progressão das estatísticas e proteger nossos adolescentes e, em última instância, nós mesmos. Psicoterapia, antidepressivos, intervenções em grupos, grupos de ajuda e campanhas de esclarecimento incluem-se na ideia de que é preciso fazer alguma coisa para que o suicídio se apresente de forma menos incompreensiva.

Lacan dizia que não há nada mais disparatado do que a realidade humana. E de fato a realidade do suicídio pode ser bem mais disparatada quando a olhamos de perto. Contra essa aspiração de produzir medidas locais para causas sistêmicas, uma meta-análise recente examinou o valor preditivo dos últimos quarenta anos de pesquisas sobre o suicídio nos Estados Unidos, trazendo um dado simples e desconcertante: nenhum dos fatores de risco para suicídio é realmente suficiente para antecipar o ato real. Das medidas práticas tomadas para evitá-lo, as mais efetivas são as mais ridiculamente genéricas, tais como: evitar armas de fogo e medicações perigosas em casa ou treinar porteiros de lugares preferidos por suicidas (por exemplo, a ponte Golden Gate em São Francisco). Isso ocorre porque o raciocínio estatístico populacional nos leva a pensar as coisas de trás para a frente, ou seja, depois do ato consumado revemos o percurso e encontramos uma depressão aqui, um pedido de ajuda lá, uma situação de risco ignorada, e assim por diante. É muito fácil, principalmente se pensamos de modo retrospectivo, deixar de atribuir a alguém algum dos trezentos tipos de diagnósticos disponíveis no *Manual diagnóstico e estatístico de transtornos mentais* (*DSM*). Estima-se que apenas 5 a 10% da população satisfaria os critérios de normalidade em um rastreamento desse tipo. O raciocínio populacional traz outros inconvenientes. Ele estimula o medo e a incerteza do lado dos que cuidam. Oferece a perspectiva do contágio (*#suicídiometoo*), para os que estão considerando o assunto ou tomando coragem, efeito semelhante ao que se teme em jogos como Baleia Azul, séries como *13 Reasons Why* ou nos recentes clubes de suicídio que se espalham pela internet com casos particularmente chocantes no Japão (onde é possível combinar serviços de suicídio coletivo para baixar custos e evitar encargos aos familiares). Novamente contra os perigos do contágio mobilizamos estratégias de trivialização e indiferença calculada, de tal maneira a valorizar os sinais e indícios que podem ser reconhecidos em pessoas próximas, mas não incentivar a formação de um agrupamento de identificações. Ou seja, por um lado precisamos de estratégias específicas para escutar e acolher a singularidade ou a perda de singularidade que tantas vezes concorre para o suicídio; a autodesvalorização e o sentimento de irrelevância ou indiferença são fortes indutores de suicídio, sejam eles causados por patologias mais ou menos persistentes, sejam eles circunstâncias de vida.

Maat, a deusa egípcia da justiça e da verdade, era esposa de Tot, o deus da escrita e da sabedoria. Na sua cabeça pendia uma pena de avestruz. Quando no julgamento de Osíris que pesava o corpo contra o coração (alma), definindo o destino de alguém, ocorria um empate na balança, Maat tirava sua pena e a depositava no prato da vida eterna. Todos nós, ou pelo menos os normais, já pensamos, ao menos uma vez na vida, seriamente, em suicídio. Podemos chamar de "a pena de Maat" os fatores decisivos, que fazem a balança pender para o lado de cá. Ora, o principal fator protetivo no caso do suicídio é fácil de apontar e difícil de praticar: a escuta singular daquela pessoa. A escuta do sofrimento é o tratamento espontâneo, natural e social que dispomos para enfrentar o suicídio. O sofrimento mal tratado evolui para sintomas e quando os sintomas não bastam para nos separar da angústia somos tentados a passar ao ato. Quando isso acontece, a balança de Toth é invertida e somos tomados pela certeza, pelo impulso, pela convicção de que fugir da dor é realmente melhor do que procurar outros caminhos. Isso não significa que fugir da dor seja uma covardia moral ou uma afronta à vida coletiva, vivida como valor, assim defendida por tantas formas de religiosidade ou de comunitarismo. Aqui outro dado disparatado: pessoas com fortes crenças religiosas são mais vulneráveis ao suicídio do que ateus convictos. Protestantes mais que católicos. Talvez isso aconteça porque o suicídio, assim como a depressão, está menos ligado à falta de crença, ao otimismo ou à confiança em um futuro melhor do que pela certeza necessária para o ato. A capacidade de manter-se em incerteza parece ser um fator decisivo na pena de Maat. Essa capacidade expande-se quando estamos com o outro, quando falamos e quando nos sentimos escutados. Ser escutado é oposto de ser doutrinado, convencido ou coagido a pensar de um jeito ou de outro. Por isso o isolamento é um perigo, mas a experiência de compartilhamento, uma proteção. Por isso também a solidão é um risco, assim como a solitude, a capacidade de ficar consigo nos piores momentos, é uma potência protetiva.

Se o suicídio é uma experiência social e singular em estrutura trágica, podemos dizer que ela demanda uma escuta trágica que esteja à sua altura. Não negar, não relativizar, não fazer de conta que se trata de outra coisa é muito importante nesse processo. Não foi por outro motivo que Lacan dizia que a ética da psicanálise é uma ética trágica. Há suicídios, mas não todos, que são atos de desejo decidido, por exemplo, certas eutanásias. Mas há suicídios impulsivos, que deixam atrás de si um sabor de desperdício. Ambos podem e devem ser escutados.

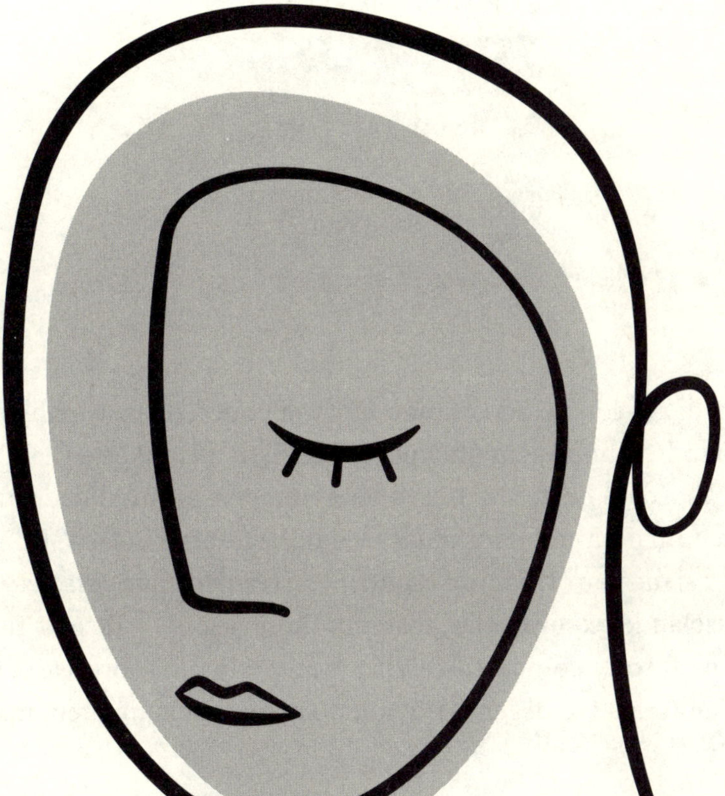

Conheça outros títulos do selo Paidós

Se de médico e louco todo mundo tem um pouco, de psicanalista e palhaço todo mundo tem um pedaço. Christian Dunker e Cláudio Thebas abordam neste livro, com bom humor e profundidade, um tema comum para ambos os ofícios: como escutar os outros? Como escutar a si mesmo? E como a escuta pode transformar pessoas?

Mesclando experiências, testemunhos, casos e reflexões filosóficas, os autores compartilham o que aprenderam sobre a arte da escuta, um tema tão urgente no mundo atual, onde ninguém mais se escuta.

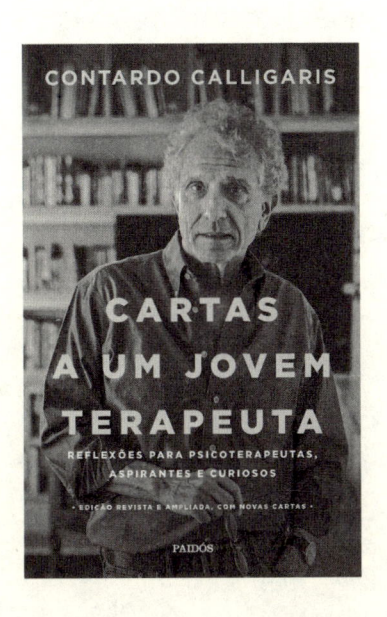

Respeitado pelos seus pares, admirado pelos intelectuais e querido pelos pacientes e leitores, Contardo Calligaris é uma unanimidade no país. Italiano de nascimento, ele conquistou os brasileiros com seu jeito lúcido, claro e provocativo de abordar questões comuns a homens e mulheres, não importando a idade e convicções políticas, filosóficas e religiosas.

Há pouco mais de dez anos publicou a primeira edição de *Cartas a um jovem terapeuta*. Fez tanto sucesso que, agora, Calligaris lança uma nova edição ampliada com mais conteúdo para os temas já abordados, como a vocação profissional, o primeiro paciente, amores terapêuticos, o dilema "curar ou não curar" e até questões práticas e o que fazer para ter mais pacientes.

Alexandre é um psicólogo e terapeuta familiar que escreve cartas. Mas aqui, elas se revestem de poesia num encontro da intensidade com a beleza. Os remetentes das cartas são os sentimentos humanos, que chegam para uma conversa honesta e terna sobre como eles cumprem uma jornada viva dentro de cada um de nós.

Abra o livro e leia a carta da saudade, da tristeza, do medo e da esperança, entre outras tantas que certamente encontrarão em você o melhor endereço de destino. Estas cartas dialogam com sua sensibilidade, com sua vontade de se aceitar, de viver uma vida mais autêntica e de construir um mundo melhor à sua volta.

Mais uma vez, você foi dormir chorando. Ou ficou no telefone com uma amiga, ouvindo-a repassar, ato a ato, uma briga que se repete toda semana. Mais uma vez, você pensou: vou terminar. De manhã, porém, repensou: ele não é uma pessoa ruim, só é muito nervoso. Ele me ama tanto, apesar de ter esse gênio forte. Ele explode... E eu também não sou flor que se cheire. Sei que não sou fácil.

Quantas vezes essas ponderações passaram pela sua cabeça? Quantas vezes você ouviu essas frases durante uma conversa com outras mulheres, na qual todas desabafam sobre as coisas que "todo homem faz"? Isso faz sentido pra você?

Então, vamos direto ao ponto? O AMOR NÃO DÓI!

O amor não foi feito para doer. O amor deve ser um refúgio e não uma prisão. E isso é algo que vou repetir muitas vezes neste livro, porque você precisa não apenas entender essa mensagem, mas absorvê-la e se tornar uma embaixadora dela.

Acompanhe-me nessa jornada de autoconhecimento e na busca para ajudar as mulheres a se livrarem de um relacionamento ruim, abusivo e tóxico.

Ter uma autoestima elevada não tem nada a ver com ser arrogante e egoísta; quem apresenta esse tipo de postura tem, na verdade, a autoestima soterrada. Autoestima também não tem nada a ver com a posição financeiro-social, com o gênero, com o tipo físico... Mas com o que a autoestima está relacionada?

Como ela é formada? E o que fazer para ter a autoestima alta? E mais ainda, o que é preciso fazer e deixar de fazer para que a autoestima de quem você ama e quer bem também seja elevada? Será que é possível transformar uma pessoa que sempre teve a autoestima baixa? O que a psicologia e a neurociência falam sobre isso? Em *Autoestima como hábito*, a psicóloga Gislene Isquierdo apresenta caminhos para uma vida emocional saudável, pautada na psicologia e na neurociência. Como a autoestima é formada e porque é tão importante, o que está por trás dos comportamentos de uma pessoa, o que destrói e o que impulsiona a autoestima, como ela influencia tantos os relacionamentos e técnicas da psicologia para te ajudar a viver a sua melhor versão.

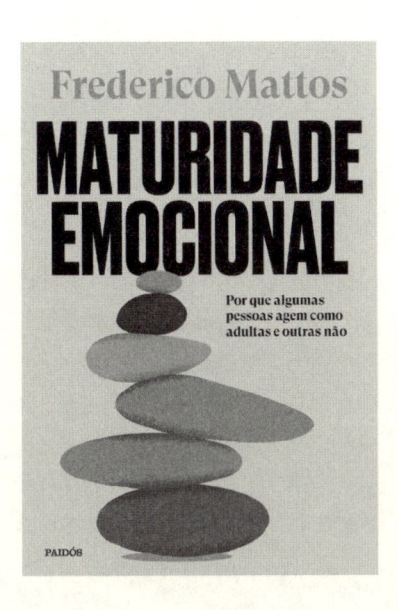

Suas emoções são suas aliadas ou inimigas? Você tem controle sobre elas a ponto de fazê-las serem ferramentas para conquistar seus sonhos?

A maturidade emocional é o que nos garante uma vida mais leve e plena, uma vida em que o problema não é o foco, mas sim um caminho para o amadurecimento. Ao amadurecer, você amplia o olhar para dentro e para os outros; ganha mais tempo emocional antes de reagir impulsivamente e aumenta sua estabilidade; melhora a presença no mundo e se conecta com os outros sem cair em jogos emocionais; deixa de ser duro consigo mesmo, fluindo com uma personalidade mais aberta e sábia, e vive leve e sem desequilíbrios nas emoções.

Neste livro, o psicólogo clínico Frederico Mattos apresenta ferramentas para você encontrar a maturidade emocional e viver a vida que sempre quis viver.

**Acreditamos
nos livros**

Este livro foi composto em Chronicle Text
e impresso pela Geográfica para a Editora
Planeta do Brasil em março de 2024.